U0147934

新文京開發出版股份有限公司

新世紀・新視野・新文京 — 精選教科書・考試用書・專業參考書

New Wun Ching Developmental Publishing Co., Ltd.

New Age · New Choice · The Best Selected Educational Publications — NEW WCDP

第四版

統計學

楊惠齡／編著

STATISTICS

04th
Edition

　　本書以深入淺出的方式，對常用的統計方法及原理做一基本的介紹，並藉由例題的說明，引導讀者了解統計方法的使用及公式的計算。

　　由於軟體工具 EXCEL 的普遍化，藉著其簡單易用的功能，本書於可用到該軟體工具的章節中，皆附有操作步驟之介紹，讓讀者認識該軟體工具的功能。另有些統計方法，需用到 SPSS 軟體，本書亦附有操作步驟之說明，藉此讓讀者了解不同軟體工具在統計學上的應用。

　　統計學與數學一樣，都是需要多做練習的學科，因此，本書於各章之後皆附有習題，供讀者練習，並於附錄中提供習題解答，供讀者參考，以提高學習上的成效。

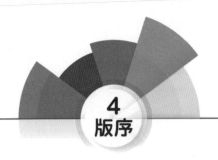

　　多數人一聽到統計學，都覺得和數學一樣很難，其實不然，雖然在統計學中有許多的數學公式，但若配合著統計軟體來使用，不僅可解決計算上的麻煩，亦可很快速的得知結果。

　　一般而言，多數的人都覺得學統計，只要會用電腦的統計軟體，懂得操作就可以了，但往往用了之後，對於報表上所呈現的數字，卻不知其涵義為何，該如何解釋。如此，將使得之前所花的時間及人力都白白浪費，失去當初使用統計軟體的目的。因此，要用統計方法有效的解決問題，了解事實的真相，以得到所需的研究目標，就不僅要對統計學的基本原理有相當的了解，還要對統計軟體工具的性能有基本的認識，才能在面對不同的問題時，正確的使用統計方法，作出適當的分析。

　　有鑑於此，本書以深入淺出的方式，對常用的統計方法及原理作一基本的介紹，並藉由例題的說明，來了解方法的使用及公式的計算。由於軟體工具 EXCEL 的普遍化，本書便以 EXCEL 為輔助工具，藉著其簡單易用的功能，於可用到該軟體工具的章節中，皆附有操作步驟之介紹，讓讀者認識該軟體工具的功能；而有些統計方法，則需用到 SPSS 軟體，本書亦附有操作步驟之說明，藉此讓讀者了解不同軟體工具的功能。

　　統計學與數學一樣，都是需要多作練習的學科，因此，本書於各章之後皆附有習題，供讀者練習，並於附錄中提供習題解答，供讀者參考，以提高學習上的成效。本次改版再次將全書圖文勘誤更正，使本書更加完善。希望讀者能藉由此書的學習，在統計學的學理上有一基本的認識，在統計方法的計算上及使用的時機有一初步的了解，並且能將所得的資料作適當的分析、整理，以得到所需的結果及達到學習的效果。

　　　　　　　　　　　　　　　　　　　　　　楊惠齡 謹識

楊惠齡

學歷

國立清華大學工業工程學系博士

國立台灣師範大學數學研究所碩士

國立台灣師範大學數學系學士

現職

弘光科技大學教授

目錄

CONTENTS

CHAPTER 04 機率分配 75

CHAPTER 05 抽樣分配 101

CHAPTER 06 區間估計 111

緒　論

1-1 什麼是統計學

　　近年來，由於經濟的不景氣，許多公司、企業不斷地裁員，導致人民就業機會普遍降低，再加上物價指數的不斷提升，股市指數的連日下滑，不禁讓人們對於日後的就業率、物價指數、股市指數的變化感到憂心忡忡，而這些報導所呈現的數值資料，都是統計的應用。而若想要有進一步的了解，或得知其未來的變化，就得利用統計的功能來加以分析了。

　　統計學是什麼呢？簡單的說，就是**依據目的，蒐集、整理所觀察或測量到的資料，加以分析，作為判斷及推論的一門學問。**

　　以功能來分，統計學可分為二個主要部分，**敘述統計**(Descriptive Statistics)及**推論統計**(Inference Statistics)。如通膨率的持續增加，根據行政院主計處統計資料顯示，消費者物價指數年增率於 2019 年二月為 0.23%，三月 0.58%，四月 0.23%。或腸病毒的再現，報章報導腸病毒重症再添十例，根據各地的醫療院所回報的資料，分別為臺南市四例、臺北與新北市各二例、花蓮縣、嘉義縣各一例，這都是敘述統計，只是對事實加以陳述。而若想得知日後消費者物價指數年增率是否會再繼續升高，攀升至多高？根據以往資料顯示，只要通膨不破壞經濟成長的步調，消費者物價指數年增率將不至於持續增加。或為避免腸病毒疫情繼續擴大，相關單位隨即繼續加強國小及幼托機構的消毒作業。連續觀察數週後，腸病毒病例減少，疫情似乎有趨緩的傾向，這就是推論統計，依據現有資料做出推論。

　　又由學術的觀點來看統計學的發展，可分為理論統計和應用統計。理論統計係以數學的方法，推演統計的原理，及證明各種統計公式和定理，以理論研究為主，適合數學基礎較好的理工科學生研讀；而應用統計則著重在討論統計方法，如何應用於實務上，由於應用的方向不同，而有人口、政治、經濟、教育、商業、工程、生物、醫學……等統計學。

　　雖有不同類別的統計學名稱，但其原理及方法均大同小異，其主要的目的，都是希望能藉由少數資料，以有效的分析方法，得知一般事物的真相。很多人一談到統計學，都認為那是一門難度很高，不易學習的

學科,其實不然,統計學的方法,只是一些簡單數學公式的應用,而對於應用統計學,只需要有一般的數學基礎就綽綽有餘。甚至只要能將蒐集或試驗所得的資料,以簡單的數學公式或統計軟體處理後,能對資料的性質及所得的結果加以解釋就可以了。而在碰到問題時,要如何根據試驗所得的資料及性質,加以分析及整理,導出正確的結論,則是一門學問。

因此,在學習統計時,須先了解統計學的專有名詞及其涵意,其次,再了解各種統計方法及其功用,慎選適當的統計方法作分析,如此,即能達到研究的目的。

1-2 資料的取得

一般來說,統計是利用少數的資料對有興趣的母體做推論的一種有效方法,而此處所謂的**母體**(population)或稱為群體,是研究者所欲研究事物對象(數值、人員、測量等)的全部,而從母體內取出的部分個體,就稱為**樣本**(sample)。

例如,公司的行銷部門想知道新商品的銷售情形,對是否需要繼續生產或停產作一決定時,就得做調查,於是,選了 5 家賣場調查該商品的銷售情形。此時,調查的母體就是該公司新產品的所有賣場,而樣本就是被選出來的 5 家賣場。

而如何選出這 5 家賣場呢?這就要利用抽樣(sampling)的方法來做了,所謂抽樣,就是利用適當的方法,從母體中抽出一部分樣本,作為觀察的對象,讓所獲得的資料具有客觀性、代表性,而不影響正確的判斷。一般而言,抽樣的方法分為機率(probability)抽樣與非機率(non-probability)抽樣,較常見的非機率抽樣有便利抽樣(convenient sampling)、判斷抽樣(judgment sampling)、配額抽樣(quota sampling)等,機率抽樣則有**簡單隨機抽樣**(simple random sampling)、**系統隨機抽樣**(systematic random sampling)、**分層隨機抽樣**(stratified random sampling)和**集群隨機抽樣**(cluster random sampling)**等**。以下僅就機率抽樣做一簡單的介紹。

👉 1-2-1 簡單隨機抽樣

從母體抽樣時，每一個個體被抽到的機會都相等，這就是簡單隨機抽樣。在實際操作時，如果母體不大，譬如一個班上有 50 位同學，我們要從中抽出 5 位，擔任畢業旅行的規劃小組，此時可以將班上 50 位同學編號，1~50 號，然後做 50 支寫上號碼的籤，丟到籤筒中，充分攪拌後，再抽出 5 支籤，籤上號碼即為 5 位同學的號碼。可是如果母體很大，如統一發票的開獎，事實上，不太可能對每一張發票都做一支籤，於是就用搖獎機，以號碼球搖出中獎號碼，此仍不失為一公平的作法。

可是如果沒有搖獎機的時候，該怎麼辦呢？這時就可以考慮使用隨機號碼表。隨機號碼表與搖獎機的原理相同，將 0 到 9 的數字一次又一次不斷的搖出，再將這些數字連在一起，就構成一隨機號碼表。在隨機號碼表中，0 到 9 每一個數字出現的機會都相等，整個表內 0 到 9 的數字出現的頻率也差不多。因為每個數字出現的機會都是相等的，所以，隨機號碼表不論橫的、直的、斜的甚至倒的用都可以。表 1-1 為一隨機號碼表。

⊙ 表 1-1｜隨機號碼表

10 09 73 25 33	76 52 01 35 86	34 67 35 48 76	80 95 90 91 17	39 29 27 49 45
37 54 20 48 05	64 89 47 42 96	24 80 52 40 37	20 63 61 04 02	00 82 29 16 65
08 42 26 89 53	19 64 50 93 03	23 20 90 25 60	15 95 33 47 64	35 08 03 36 59
99 01 90 25 29	09 37 67 07 15	38 31 13 11 65	88 67 67 43 97	04 43 62 76 06
12 80 79 99 70	80 15 73 61 47	64 03 23 66 53	98 95 11 68 77	12 17 17 68 33
66 06 57 47 17	34 07 27 68 50	36 69 73 61 70	65 81 33 98 85	11 19 92 91 70
31 06 01 08 05	45 57 18 24 06	35 30 34 26 14	86 79 90 74 39	23 40 30 97 32
85 26 97 76 02	02 05 16 56 92	68 66 57 48 18	73 05 38 52 47	18 62 38 85 79
63 57 33 21 35	05 32 54 70 48	90 55 35 75 48	28 46 82 87 09	83 49 12 56 24
73 79 64 57 53	02 52 96 47 78	35 80 83 42 82	60 93 52 03 44	35 27 38 84 35
98 52 01 77 67	14 90 56 86 07	22 10 94 05 58	60 97 09 34 33	50 50 07 39 98
11 80 50 54 31	39 80 82 77 32	50 72 56 82 48	29 40 52 42 01	52 77 56 78 51
83 45 29 96 34	06 28 89 80 83	13 74 67 00 78	18 47 54 06 10	68 71 17 78 17
88 68 54 02 00	86 50 75 84 01	36 76 66 79 51	90 36 47 64 93	29 60 91 10 62
99 59 46 73 48	87 51 76 49 69	91 82 60 89 28	93 78 56 13 68	23 47 83 41 13
65 48 11 76 74	17 46 85 09 50	58 04 77 69 74	73 03 95 71 86	40 21 81 65 44
80 12 43 56 35	17 72 70 80 15	45 31 82 23 74	21 11 57 82 53	14 38 55 37 63
74 35 09 98 17	77 40 27 72 14	43 23 60 02 10	45 52 16 42 37	96 28 05 26 55
69 91 62 68 03	66 25 22 91 48	36 93 68 72 03	76 62 11 39 90	94 40 05 64 18
09 89 32 05 05	14 22 56 85 14	46 42 75 67 88	96 29 77 88 22	54 38 21 45 98
91 49 91 45 23	68 47 92 76 86	46 16 28 35 54	94 75 08 99 23	37 08 92 00 48
30 38 69 45 98	26 94 03 68 58	70 29 73 41 35	53 14 03 33 40	42 05 08 23 41
44 10 48 19 49	85 15 74 79 54	32 97 92 65 75	57 60 04 08 81	22 22 20 64 13
12 55 07 37 42	11 10 00 20 40	12 86 07 46 97	96 64 48 94 39	28 70 72 58 15
63 60 64 93 29	16 50 53 44 84	40 21 95 25 63	43 65 17 70 82	07 20 73 17 90
61 19 69 04 46	26 45 74 77 74	51 92 43 37 29	65 39 45 95 93	42 58 26 05 27
15 47 44 52 66	95 27 07 99 53	59 36 78 38 48	82 39 61 01 18	33 21 15 94 66
94 55 72 85 73	67 89 75 43 87	54 62 24 44 31	91 19 04 25 92	92 92 74 59 73
42 48 11 62 13	67 34 40 87 21	16 86 84 87 67	03 07 11 20 59	25 70 14 66 70
23 52 37 83 17	73 20 88 98 37	68 93 59 14 16	26 25 22 96 63	05 52 28 25 62
04 49 35 24 94	75 24 63 38 24	45 86 25 10 25	61 96 27 93 35	65 33 71 24 72
00 54 99 76 54	64 05 18 81 59	96 11 96 38 96	54 69 28 23 91	23 28 72 95 29
35 96 31 53 07	26 89 80 93 54	33 35 13 54 62	77 97 45 00 24	90 10 33 93 33
59 80 80 83 91	45 42 72 68 43	83 60 94 97 00	13 02 12 48 92	78 56 52 01 06
46 05 88 52 36	01 39 09 22 86	77 28 14 40 77	93 91 08 36 47	70 61 74 29 41
32 17 90 05 97	87 37 92 52 41	05 56 70 70 07	86 74 31 71 57	85 39 41 18 38
69 23 46 14 06	20 11 74 52 04	15 95 66 00 00	18 74 39 24 23	97 11 89 63 38
19 56 54 14 30	01 75 87 53 79	40 41 92 15 85	66 67 43 68 06	84 96 28 52 07
45 15 51 49 38	19 47 60 72 46	43 66 79 45 43	59 04 79 00 33	20 82 66 95 41
94 86 43 19 94	36 16 81 08 51	34 88 88 15 53	01 54 03 54 56	05 01 45 11 76
98 08 62 48 26	45 24 02 84 04	44 99 90 88 96	39 09 47 34 07	35 44 13 18 80
33 18 51 62 32	41 94 15 09 49	89 43 54 85 81	88 69 54 19 94	37 54 87 30 43
80 95 10 04 06	96 38 27 07 74	20 15 12 33 87	25 01 62 52 98	94 62 46 11 71
79 75 24 91 40	71 96 12 82 96	69 86 10 25 91	74 85 22 05 39	00 38 75 95 79
18 63 33 25 37	98 14 50 65 71	31 01 02 46 74	05 45 56 14 27	77 93 89 19 36
74 02 94 39 02	77 55 73 22 70	97 79 01 71 19	52 52 75 80 21	80 81 45 17 48
54 17 84 56 11	80 99 33 71 43	05 33 51 29 69	56 12 71 92 55	36 04 09 03 24
11 66 44 98 83	52 07 98 48 27	59 38 17 15 39	09 97 33 34 40	88 46 12 33 56
48 32 47 79 28	31 24 96 47 10	02 29 53 68 70	32 30 75 75 46	15 02 00 99 94
69 07 49 41 38	87 63 79 19 76	35 58 40 44 01	10 51 82 16 15	01 84 87 69 38

* Reproduced from Table A-1 of Wifred J. Dixon and Frank J. Massey, Jr., Introduction to Statistical Analysis, 2nd edition, McGraw-Hill Book Co., New York, 1957.

假設有一餐廳想得知上個月 200 名來店用餐的顧客，對餐廳服務品質的看法，想從中抽出 10 位進行調查。若用隨機號碼表來選取，則須先將顧客加以編號 1~200，每一位顧客編號皆為一 3 位數，因此，由隨機號碼表中任意找三列或三行為一三位數，逐一找出小於或等於 200 的 10 個三位數，即為所要的抽樣號碼。譬如說從表 1-1 中之第 11、12、13 行，由第 1 列開始，找到數字 7、6、5，用直尺在其旁，畫二條垂直線，由上而下比對（大於 200 或重複的號碼即捨棄），直至額滿為止。

行 列	11	12	13			
1	7	6	5	→	765(×)	
2	6	4	8	→	648(×)	
3	1	9	6	→	196(∨)	(1)
4	0	9	3	→	093(∨)	(2)
5	8	0	1	→	801(×)	
6	3	4	0	→	340(×)	
7	4	5	5	→	455(×)	
8	0	2	0	→	020(∨)	(3)
9	0	5	3	→	053(∨)	(4)
10	0	2	5	→	025(∨)	(5)
11	1	4	9	→	149(∨)	(6)
12	3	9	8	→	398(×)	
13	0	6	2	→	062(∨)	(7)
14	8	6	5	→	865(×)	
15	8	7	5	→	875(×)	
16	1	7	4	→	174(∨)	(8)
17	1	7	7	→	177(∨)	(9)
18	7	7	4	→	774(×)	
19	6	6	2	→	662(×)	
20	1	4	2	→	142(∨)	(10)

因此，決定對編號 196, 93, 20, 53, 25, 149, 62, 174, 177, 142 等 10 位顧客，進行訪問，如果抽樣的數目太多，垂直的三行不夠用時，可轉到其他的三行（但不可重複），直到得到所需的樣本數為止。不過，若抽樣的個數太多，隨機號碼表則不適用了。一般而言，可改用電腦軟體，如 EXCEL 中的「亂數產生器」的功能選項，來達到所需的樣本數及抽樣號碼。

若是出外作田野調查，沒帶隨機號碼表怎麼辦呢？還是可以由其他方法來獲得，例如，我們要從 12 個地點，抽出 4 個地點，這時可利用所經過之車輛之牌照號碼數字，如 5932, 2772, 8359, 0458。

$$5932 \div 12 = 494 \text{ 餘 } 4，4+1=5$$
$$2772 \div 12 = 231 \text{ 餘 } 0，0+1=1$$
$$8359 \div 12 = 696 \text{ 餘 } 7，7+1=8$$
$$458 \div 12 = 38 \text{ 餘 } 2，2+1=3$$

由於除以 12 之後的餘數為 0 至 11，而地點編號為 1 至 12，所以須將餘數各加 1，最後，就可對 1, 3, 5, 8 四個地點取樣，或者考慮鈔票上的號碼也可。

以「**隨機**」方式取得樣本，得到所需資料，是很重要的。例如想知道逛百貨公司的人數一天之中，平均有多少人。若是都選在中午以前調查，人數可能過少，而若是選在下班後調查，人數又可能過多，此即不符「母體中每個單位被選取的機會都均等」的隨機抽樣原則，以此種抽樣所計算出來的平均人數，就無法代表整個母體，而沒有代表性。又有時因抽樣所產生的誤差，無法很容易得知或計算出來。所以，當我們懷疑抽樣可能有偏差時，就應特別注意，並於結果加以說明。

👉 1-2-2 系統隨機抽樣

系統隨機抽樣又稱等距抽樣，也就是規則的從母體中，每間隔一定的距離抽取一個樣本。例如，班上有 50 名學生，想從其中抽出 5 名學生出公差。若採用系統抽樣法，則須先計算抽樣區間的長度，即 50/5=10，再以簡單隨機抽樣，由 1 到 10 中選一個數，此為起始號，假設為 2，則號碼為 2, 12, 22, 32, 42 的 5 名學生，即為出公差的學生。

使用此法的優點有三：

1. 可節省編製名冊及抽取號碼的手續，此外，系統隨機抽樣法也可用相同的間隔、時間、距離、空間作為抽樣的標準。例如飲料工廠的生產線上，品管人員常每隔一定的數目抽出一瓶，測量其容量是否合乎標準，因為機器生產的速度是固定的，也可每隔一段時間來抽測。調查河水的深度每一百公尺測量一次是用相同的距離。調查都市內土地的利用情形，若把土地分成若干相等的小塊，每隔 5 塊調查一塊，則是用相同的空間作抽樣的標準。

2. 讓抽出的樣本單位普遍出現於母體各部分，而不過分集中。雖然，簡單隨機抽樣法中母體的各單位出現的機會都相等，可是由於機會的變化性（就像一顆骰子六面朝上的機會是相等的，可是丟了 12 次之後，不見得 1~6 的數字都是各出現 2 次），樣本單位的分佈常有集中而不普遍的現象，例如自全省抽出數戶作樣本，用簡單隨機抽樣法，常會發生若干鄉鎮沒有樣本，或樣本過於集中少數地區的情形，用系統抽樣法就可以避免這種現象，而使樣本均勻的散佈於各鄉鎮，以增加樣本的代表性。

3. 若事先把母體各單位按一定的層次排列，系統隨機抽樣法則具有下述分層隨機抽樣法的效果。

👉 1-2-3 分層隨機抽樣

　　如果個體在母體中分佈並不平均，我們可以先把性質類似的個體歸類在一起，稱為「層」，然後在每一層中，依簡單隨機抽樣法，抽出需要的樣本數，為什麼需要這麼做呢？假設學校有三個系的學生修統計學，甲系有 60 名，乙系有 120 名，丙系有 180 名。現在欲從中選取 30 名學生來調查其學習上的反應，如果依照前述的簡單隨機抽樣法，先把學生編號 1~360，再從中選取 30 名，結果是甲系 8 名，乙系 13 名，丙系 9 名，如此一來，丙系學生樣本人數所佔的比例，似乎和其原來人數比例不太相稱，因此，為了避免簡單隨機抽樣的樣本，過分集中於某種特性或缺乏某種特性的現象發生，就要用到分層隨機抽樣。

此時抽樣的方式可改為：

$$甲系抽 \quad 30 \times \frac{60}{360} = 5名$$

$$乙系抽 \quad 30 \times \frac{120}{360} = 10名$$

$$丙系抽 \quad 30 \times \frac{180}{360} = 15名$$

這種以各層所佔的比例，來決定抽樣個數的方法，又稱為比例抽樣法。

採用此法之優點有四：

1. 如母體之某些部分所要求之準確度已知時，則將各層視為獨立的母體，來處理較為有利。

2. 行政上的方便，各層由專人負責，不但費用可減少，且準確度亦可提高。

3. 在母體內不同部分，抽樣的問題，可能有顯著的差異，分層抽樣則可做適當的調整，運用各種可行的方法來處理。

4. 分層抽樣通常可使樣本推算值之差異減小，亦可使整個母體特徵的推論值的精密度提高。

👉 1-2-4　集群隨機抽樣

集群隨機抽樣是將母體按某種標準分成若干**集群**(cluster)，然後在所有的集群中，隨機抽出數個集群，並對被抽到的集群作全面調查。各集群之間應具同質性 (homogeneity)，而各集群之內則具異質性 (heterogeneity)。例如教育部欲對全國中學生做升學調查，此時，學校可視為集群（因為學校可看成是母體的縮影），在抽出數個學校之後加以全部調查，而不必長途跋涉到每個學校去抽樣，可以節省更多的時間、金錢和人力。

採用此法有二個優點：

1. 當母體資料缺少可資利用的名冊時，集群抽樣法可以解決此問題。

2. 有時雖可編造名冊，但由於編造名冊費用太高，可採用集群抽樣法避免之。

分層隨機抽樣與集群隨機抽樣之比較：

若將母體各分為三層與三群，則分層隨機抽樣後的各層及集群隨機抽樣後的各群，可圖示如下：

分層抽樣後的各層			集群抽樣後的各群		
高收入層	中收入層	低收入層	第一群	第二群	第三群
高高高	中中中	低低低	高中低	高中低	高中低
高高高	中中中	低低低	高中低	高中低	高中低

一般而言，當母體很大時，常採用**多步驟抽樣**(multi-stage sampling)，例如欲調查台中市各國小學童的平均身高，此時可以簡單隨機抽樣法抽取若干學校，再由被抽中的學校中，以集群隨機抽樣法抽出若干班級，對全班的學生都做調查。

抽樣的方法有很多，但是基本的原則都是類似的。而每次在抽樣時，樣本數要多少才合適呢？如果樣本數太少，將缺乏母體的代表性，也就失去調查或實驗的意義，而樣本數太大，將花費許多的時間、金錢和人力。樣本數大小的決定，將在後面章節提到。不過，一般作任何實驗所需的樣本數，至少需要三個以上，如果樣本內個體之間的差異較大，樣本就要多一些，而有時所要研究的對象個數很少，或資料不易取得時，樣本數當然就不可能多。例如使用新藥物治療某種疾病，因為實驗對象來源較複雜，所需病人數就要多一些，倘若這些病人是幼兒，因其身體狀況的差異較小，則可採用較少的樣本。有時，在某些特定地區或時間內，無法取得足夠的樣本，則此種樣本要當作隨機樣本來處理，可能不太合理，因此，在選擇研究對象及決定樣本數時，必須謹慎。

1-3 資料之性質

當我們依據目的去觀察或試驗得到一些資料，這些資料可能是非數字性的，例如消費者的性別、地區……等性質資料；或數字性的，如年齡、身高、體重……等數字資料。數字資料可能是無秩序排列，亦可能是成對排列（如下列兩表）。

練習前分數	85	53	67	58
練習後分數	98	54	79	70

工作時間（時）	4	3	5	2
所得薪資	330	250	410	170

　　一般來說，統計分析的方法，會受到資料的性質和結構的影響，如上所示成對的分數資料，我們所關心的是經過練習後，分數的增加是否有顯著性差異。另一成對的資料是工作時間及所得薪資，所關注的重點則是兩種資料間是否有某種關聯性存在。此即需使用不同的統計方法來處理及分析。經由以後各章主題的探討，將可更清楚地了解到資料的性質和結構，都會影響到統計分析方法的選擇。

　　數字資料的取得可由計數或測量而得到，其型態可分為**離散**（**間斷**）(discrete)和**連續**(continuous)二種，**離散**資料是由有限個可能數值或可計數的可能數值產生。例如人數、病床數、施藥後存活的昆蟲數……等（為一整數）。而**連續**資料則是由無限個可能數值產生，這些數值對應的點密集分佈在一連續線段上（為一實數），例如出生嬰兒的體重、身高、體溫等。

　　另一常用資料分類的方式，係將測量的尺度分為名目、順序、等距、比率四種。

👉 1-3-1　名目尺度(Nominal Scale)

　　由資料的名稱、科別或特徵來代表資料，例如性別可分為男性和女性，血型可分為 O 型、A 型、B 型、AB 型，調查可回答：是、否、無意見，其他如種族、宗教、婚姻狀況……等皆是。此類型資料沒有數字大小或比率的意義，純粹只是為了分類方便而已，有時又稱為類別尺度。

👉 1-3-2　順序尺度(Ordinal Scale)

　　可依某種次序排列的資料，但資料數值間的差距，不是不確定就是無意義，例如收入的高、中、低，比賽的金牌、銀牌、銅牌，冠軍、亞軍、季軍，其他如考試的名次、滿意度、社會地位……等。對考試的第

一名、第二名、第三名而言，雖然第一名比第二名好，第二名比第三名好，但不能說第一名、第二名的程度差距和第二名、第三名的差距是一樣的。再請注意，此類資料不能用來做加減乘除的計算。

👉 1-3-3 等距尺度(Interval Scale)

以相同的距離刻度為度量單位，除了有順序尺度所能表達的訊息(<，>)外，資料間的差數，具有意義，但和下述的比率尺度又有所不同，常用的攝氏溫度是一個最好的例子，因為溫度計上的每一刻度都是相等的，我們可以說 40°C 和 30°C 間的差距與 20°C 和 10°C 間的差距是一樣的。但其缺點是沒有一絕對的零點，因為 0°C 是設定的，並不表示沒有溫度。我們不能說 20°C 是 10°C 的兩倍熱，因若將 20°C 與 10°C 換算成華氏溫度，那就不是兩倍了。

👉 1-3-4 比率尺度(Ratio Scale)

可看成是等距尺度的修正，能涵蓋慣常的零起點，有一絕對的零點。例如 0 公分表示沒有高度，0 公斤表示沒有重量，0 元表示沒有錢，即使換算成公尺、噸、美金等單位，其值還是 0，其表示的意義還是一樣。這類數值的差和比值，均有意義，長度、重量、時間、體積都是這類型資料。因此我們可以說 50 公斤是 100 公斤的一半，20 呎的樹是 10 呎的樹的兩倍高，即使換了單位，也不會改變此種性質。

前述四種尺度所常用的統計分析如下所示：

尺度	集中趨勢	統計檢定
名目尺度	眾數	卡方檢定
順序尺度	中位數	符號檢定 連檢定 Mann Whitney 檢定 Kruskal Wallis 檢定
等距尺度	算術平均數	Z, t, F 檢定
比率尺度	算術平均數 幾何平均數	Z, t, F 檢定

1-4　EXCEL 與統計

　　目前最常用的統計軟體有 Minitab、SPSS（社會科學統計軟體）、SAS（統計分析系統）和 BMDP（生物醫學資料處理）。我們今天要介紹的是一般電腦上都有的 OFFICE 中之 EXCEL，其內附的功能，也可以處理許多統計上的計算，此節僅就與此章有關的功能作介紹。

　　在 Excel 中，統計的相關功能有三大部分，第一是【資料／資料分析】，第二是統計圖表的繪製，第三是統計函數。

> 若是在右上方找不到【資料分析】，則依下列步驟操作，即會出現。檔案→選項→增益集→執行→分析工具箱→確定→資料→資料分析（右上方）

例題　01

　　假設要從 50 位同學中，選出 10 位出公差的同學，1~50 代表相對座號，那麼要如何隨機產生 10 個號碼呢？

解

步驟 1：

　　選取【資料／資料分析】

步驟 2：

　　選【亂數產生器】後，按【確定】

步驟 3：

在亂數產生器視窗下

變數個數：1（因為現在只有一個變數，座號）

亂數個數：10（因為要產生 10 個座號）

(1) 分配：**均等分配**

Between：0 到 60（均勻的從大於 0 到小於 60 之間抽出數字）

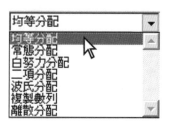

(2) 亂數基值：2938

（隨意給的數字，電腦程式會根據此數去運作，如果不知道該給多少，可參考手錶的時間）

(3) 輸出範圍：A1

（將產生的 10 個數字放在儲存格 A1 至 A10 上）

按【確定】

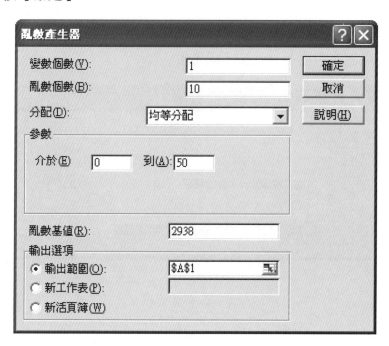

此時可看到 10 個數字已經出現在儲存格 A1 至 A10 上,但是跟原來預期的好像有差別,因為這些數字帶有小數,而我們要的座號是整數,要將帶有小數的數字變成整數,最直接的想法是四捨五入,可是在此是行不通的,因為均等分配所產生的數字是大於 0 而小於 50 之間的數字,有可能是 0.753642,四捨五入後會得到 0,是無意義的座號,因此,須利用函數 INT(**儲存格**),它的功用是將數字中小數部分無條件捨去,但只用 INT(　　)仍然不夠,因為得到的數字將是 0、1、2、3、…、49,所以正確的寫法應為 INT(儲存格)＋1。

步驟 4：

　　在儲存格 B1 內輸入=INT(A1)+1

	B1	▼	=	=INT(A1)+1	
	A	B	C	D	E
1	14.69771	15			
2	47.23197		自動填滿控制點		
3	18.06391				
4	30.32929				
5	4.080325				
6	21.65746				
7	15.98254				
8	26.19709				
9	37.93756				
10	34.72549				

　　在上圖中,儲存格 A1 的內容為 14.6977142,經過函數 INT 運算後得 14,再加 1 變成 15。

步驟 5：

　　接下來儲存格 B2 到 B10 的內容,只要重複步驟 4 即可。在此介紹一下 Excel 的快速複製功能,只要使用儲存格的自動填滿控制點,即可快速完成,方法是移動指標到儲存格 B1 的自動填滿控制點上,這時指標會變成＋,再向下拖曳到 B10 就大功告成。

	A	B
1	14.697714	15
2	47.231971	
3	18.063906	
4	30.329295	
5	4.0803247	
6	21.65746	
7	15.982543	
8	26.197089	
9	37.937559	
10	34.725486	

⇨

	A	B
1	14.697714	15
2	47.231971	48
3	18.063906	19
4	30.329295	31
5	4.0803247	5
6	21.65746	22
7	15.982543	16
8	26.197089	27
9	37.937559	38
10	34.725486	35

如果想把資料變成橫式，則選取儲存格 B1 至 B10，按【編輯／複製】，再將指標移到儲存格 C1 按一下，按【編輯／選擇性貼上】，點選 ⊙ 值 及勾選 ☑ 轉置，按【確定】。

最後，所選出的 10 位出公差同學的座號如下：

15	48	19	31	5	22	16	27	38	35

習 題

1. 今有顧客 50 名，欲抽取 5 名得獎者，試利用表 1-1 之隨機號碼表的第 19 及第 20 行，由第 6 列開始，選取 5 名得獎者。

2. 今有員工 100 名，欲選取 10 名員工，測其工作績效，試利用系統抽樣的方法，設起始號為 6，選取 10 名員工。

3. 今有部門 A 員工 100 名，部門 B 員工 80 名，部門 C 員工 120 名，試利用分層隨機抽樣的方法，選取 60 名調查其年齡，則各部門員工各該選取幾名？

4. 判別下列資料是屬於何種資料型態，離散或連續型態。
   (1) 飯店員工的薪資等級
   (2) 超商顧客的等候人數
   (3) 餐廳用餐的預約次數
   (4) 公司員工的薪資
   (5) 公司員工的年資
   (6) 賣場商品的重量

5. 判別下列資料是屬於何種測量尺度，名目、順序、等距、或比率尺度。
   (1) 員工的出生年月日
   (2) 套餐的種類
   (3) 貴賓卡號
   (4) 衣服的尺寸
   (5) 冷藏的溫度
   (6) 地熱的熱度
   (7) 員工的身高
   (8) 員工的體重

資料的整理

2-1　次數分配表的編製

統計資料經過蒐集後，往往甚為零散且無秩序，如能加以整理，編製成次數分配表(Frequency Distribution Table)，將可使讀者在短時間內，了解資料的意義。表 2-1 為某班 50 名學生的學期成績分佈，經由表中數據，我們可以知道在各範圍內人數的分佈。次數分配表其實就是數值組別與對應的次數所組成的表。

◎ 表 2-1｜學期成績分配表

成績	人數
30~40	2
40~50	3
50~60	3
60~70	17
70~80	16
80~90	7
90~100	2
總計	50

今以某班 50 名學生的統計學小考成績為例，製作次數分配表，其步驟如下。

座號	分數	座號	分數	座號	分數	座號	分數	座號	分數
1	92	11	38	21	72	31	92	41	65
2	78	12	43	22	65	32	48	42	72
3	96	13	**10**	23	78	33	26	43	48
4	48	14	92	24	72	34	48	44	28
5	83	15	49	25	36	35	83	45	**98**
6	92	16	88	26	52	36	96	46	53
7	73	17	65	27	83	37	78	47	39
8	34	18	83	28	33	38	77	48	32
9	55	19	96	29	68	39	29	49	72
10	24	20	95	30	78	40	36	50	49

步驟 1：決定全距

全距(Range)為樣本資料中最大值和最小值之差。

本例，樣本中最大值為 98，最小值為 10，全距為 98－10=88。

步驟 2：決定組數

一般來說，組數很少有小於 5 組或超過 15 組。組數太多，整個表看起來太煩瑣，失去整理資料的意義，組數太少容易遮蔽資料的特徵，所含資訊損失太多，容易產生誤差，故組數的多寡應視研究的目的與資料的特性而定，基本上，我們可以根據下表來決定組數，尤其是分配較對稱的資料。

○ 表 2-2｜組數參考表

樣本數	樣本數	組數
$2^4+1\sim2^5$	17~32	5
$2^5+1\sim2^6$	33~64	6
$2^6+1\sim2^7$	65~128	7
⋮	⋮	⋮
$2^{m-1}+1\sim2^m$	$2^{m-1}+1\sim2^m$	m

本例的樣本數為 50，由上表，可決定取組數為 6 組。

步驟 3：決定組距

$$組距＝\frac{全距}{組數}$$

組距=88/6=14.67≈15（通常為了方便及容納所有資料，可對組距作適當處理，取稍大而較整齊的數字）。

步驟 4：決定各組的界限

用來確定每一組數值的界限範圍者稱為組限，其中數值較小者稱為下限，數值較大者稱為上限。例如表 2-1 中第一組【30~40】之數字 30,40 即為組限，30 為該組下限，40 為該組上限。在決定各組組限時，務必使最小一組的下限，比樣本資料中最小值為低，而最大一組的上限，比樣本資料中最大值為高。

本例由於決定將資料分成 6 組,而資料中的最小值為 10,所以可定最小一組的下限為 10,組距為 15,因此 6 組的組限分別為:

| 10~25 | 25~40 | 40~55 | 55~70 | 70~85 | 85~100 |

步驟 5:歸類與劃記

將樣本資料逐一歸類於各組別中,五畫成一「正」字,在劃記時,須注意不要將與組限相同的數值資料,重複計數,通常在歸類劃記時,採用不含上限的分類法,也就是各組下限≦原始資料值<各組上限。

○ 表 2-3 | 分數劃記表

分數	劃記
10~25	丅
25~40	正 正
40~55	正 丅
55~70	正
70~85	正 正 丅
85~100	正 正

步驟 6:計算次數

次數分配表正式列表時,劃記的符號並不列出,如表 2-4。另外,由於分組後,原始資料已無法由表中得知,因此,以每組的中點作為各組的代表,組中點=(組下限+組上限)÷2。

○ 表 2-4 | 50 名學生統計學小考成績的次數分配表

分數	次數
10~25	2
25~40	10
40~55	9
55~70	5
70~85	14
85~100	10
總計	50

編製次數分配表時,應注意下列原則:

1. 各組應具**互斥性**,讓每一個數值僅有一組可歸類。
2. 各組應具**周延性**,讓每一個數值都有組別可歸類,即使有的組別次數為 0 亦無妨。
3. 各組的組距應相等,但有時無可避免用到敞開組,例如調查嬰兒死亡時間,有些嬰兒一出生不久即死亡,所以可能會有一組歸類為【一小時以下】。
4. 各組的組限應多利用簡便數值。
5. 組數應在 5 至 15 之間選擇,樣本數小,用較少組數;樣本數大,則用較多組數。

2-2 相對及累積次數分配表的編製

為了方便與其他資料相互比較,我們將次數分配表中的組次數,計算出佔全部資料的比率,即

$$相對次數 = \frac{各組次數}{總數}$$

除了容易顯示與其他資料的差異外,並可協助我們對母體資料特性的了解。如表 2-5 即為相對次數分配表。

○ 表 2-5｜50 名學生統計學小考成績的相對次數分配表

分數	次數	相對次數
10~25	2	0.04
25~40	10	0.20
40~55	9	0.18
55~70	5	0.10
70~85	14	0.28
85~100	10	0.20
總計	50	1.00

另外，從表 2-1 中，我們想知道觀察值小於或大於某一數值的個數有多少，此時可以使用累積次數分配表加以表示。所謂累積次數係指低於每組上限所佔的次數。若再除以總數，則為相對累積次數。

● 表 2-6｜50 名學生統計學小考成績相對累積次數表

成績	人數	累積次數	相對累積次數
30~40	2	2	0.04
40~50	3	5	0.10
50~60	3	8	0.16
60~70	17	25	0.50
70~80	16	41	0.82
80~90	7	48	0.96
90~100	2	50	1.00
總計	50		

由表 2-6 可知，分數低於 60 分的人數有 8 人，其相對累積次數為 0.16。

2-3　統計圖

2-3-1　直方圖(Histogram)

此種圖形適用於連續型態的資料。經過表格化的資料，在閱讀上的確方便了許多，對資料的分佈也較易掌握，可是如果能以圖示的方式來呈現，將可讓讀者對各組間重要性的差異及整體分佈的形態特徵，更加地清晰。直方圖的製作方式是以縱座標表示次數，橫座標為組界數值，以一長方形代表一組，組距為長方形的寬度，次數為長方形的高度。圖 2-1 即為表 2-4 之次數分配圖。

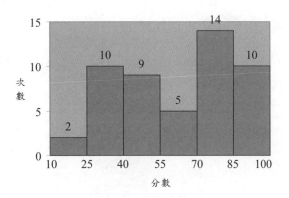

圖 2-1　表 2-4 的直方圖

👉 2-3-2　長條圖(Bar Chart)

此種圖形適用於不連續的間斷型態數值資料。我們以調查某地區 20 戶家庭的所擁有的電視機數為例，表 2-7 為其次數分配表，圖 2-2 即為其次數分配圖，必須注意的是在此圖形內每一長條並不相連。

☒ 表 2-7｜某地區 20 戶家庭擁有電視機數次數分配表

電視機數	次數
1	6
2	9
3	3
4	1
5	1
總計	20

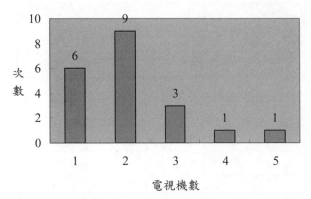

圖 2-2　表 2-7 的次數分配圖

2-3-3 圓餅圖(Pie Chart)

表 2-7 的資料亦可用圓餅圖來表示,只要計算出各組相對次數,然後依照適當比例切割圓形即可,如圖 2-3 所示。

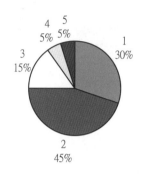

圖 2-3　表 2-7 的圓餅圖

2-3-4 次數多邊圖

如果以次數分配表為基礎,改用折線圖表示,則稱為次數多邊圖,這是另一種表達次數分配表的圖形。在繪製次數多邊圖時,須先計算組中點,而後將各組中點標示在橫軸上,再以各組次數為高度,標以圓點,然後將相鄰各點以直線相連,最後再將第一組和最後一組的連線各延長半個組距和橫軸相交,即可得到次數多邊圖。表 2-4 之各組組中點及累積次數,如表 2-8 所示。其次數多邊圖則如圖 2-4 所示。

● 表 2-8│各組組中點及累積次數表

分數	組中點	次數	累積次數
10~25	17.5	2	2
25~40	32.5	10	12
40~55	47.5	9	21
55~70	62.5	5	26
70~85	77.5	14	40
85~100	92.5	10	50
總計		50	

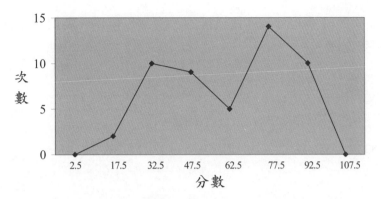

圖 2-4　50 名學生統計學小考成績的次數多邊圖

👍 2-3-5 　累積次數多邊圖

　　若以累積次數為縱軸的次數多邊圖，則稱為累積次數多邊圖，或稱為肩形圖。在繪製累積次數多邊圖時，須先計算累積次數，如表 2-8 所示，必須注意起點是從第一組的下限開始，並假設其出現次數為 0，接著連往各組的上限，以該組對應的累積次數為高度，即可完成。表 2-4 之累積次數多邊圖如圖 2-5 所示。

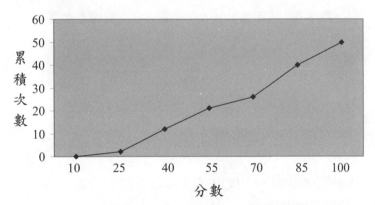

圖 2-5　50 名學生統計學小考成績的累積次數多邊圖

👍 2-3-6 　莖葉圖(Stem-Leaf Chart)

　　次數分配表最大的缺點是將資料歸類於各組後，原來資料就無從考察，造成資訊的損失，尤其是需要使用資料作各種運算時，更容易產生誤差。莖葉圖就是一種合併圖與表用以表達資料的方法。莖葉圖乃是將每個觀測值之數字分成兩部分，前段部分稱為導數(Leading Digit)，後段部分稱為繼數(Trailing Digit)。以導數為「莖」，由上往下排，再以繼數

為「葉」，依次橫排。而若將各橫排的數字加以排序，所得之莖葉圖，即稱為有序莖葉圖。

例題 01

將下列數字整理成一有序的莖葉圖。

54, 63, 24, 35, 42, 27, 49, 56, 60, 51, 38, 25, 36, 32, 45。

2	475		2	457
3	5862		3	2568
4	295		4	259
5	461		5	146
6	30		6	03

十位數‖個位數　　　　　十位數‖個位數

導數　繼數　　　　　　導數　繼數

圖 2-6　莖葉圖　　　　　圖 2-7　有序莖葉圖

2-4　EXCEL 與統計圖

　　Excel 為繪製統計圖表，提供了強大且方便的功能，藉此工具，可以很快地完成本章的主要圖表。

　　一般在製作次數分配表時，雖然步驟很簡單，但在歸類與劃記時，如果樣本數很大，會覺得工程浩大，難以完成。但若利用 Excel，將原始資料輸入後，即可很容易達成所需。

👉 2-4-1　次數分配表的製作及直方圖的繪製

今以 2-1 節，某班 50 名學生的統計學小考成績資料為例作說明。首先，將原始資料輸入 Excel 儲存格範圍 A1 至 E10 中。

	A	B	C	D	E
1	92	38	72	92	65
2	78	43	65	48	72
3	96	10	78	26	48
4	48	92	72	48	28
5	83	49	36	83	98
6	92	88	52	96	53
7	73	65	83	78	39
8	34	83	33	77	32
9	55	96	68	29	72
10	24	95	78	36	49

原來的分組為

10~25	25~40	40~55	55~70	70~85	85~100

將組界輸入 Excel 儲存格範圍 A12 至 E12 中

	A	B	C	D	E
11					
12	25	40	55	70	85

步驟 1：

選取【資料／資料分析】，在分析工具下選【直方圖】，按【確定】。

步驟 2：

在「直方圖」視窗內，鍵入

輸入範圍：A1：E10

組界範圍：A12：E12

⊙輸出範圍：A14

☑圖表輸出

按【確定】。

在儲存格 A14 處，即出現次數分配表及直方圖。

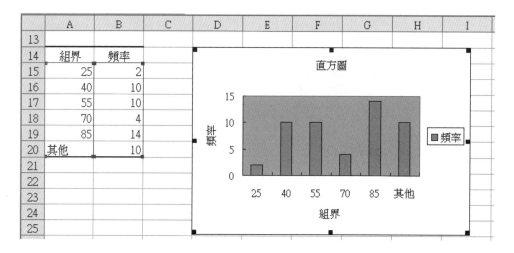

不過，在比較出現於儲存格 A14 的次數分配表及原先做好的表 2-4，會發覺二者有差異，主要的分別在於歸類的原則不同，原先為各組下限≦原始資料值<各組上限，而 Excel 的歸類原則為 各組下限<原始資料值≦各組上限。

範圍	組界	頻率
原始資料≦25	25	2
25<原始資料≦40	40	10
40<原始資料≦55	55	10
55<原始資料≦70	70	4
70<原始資料≦85	85	14
85<原始資料	其他	10

如果要產生累積相對次數，只要在前面「直方圖」視窗內，勾選 ☑ 累積百分率即可。

組界	頻率	累積%
25	2	4.00%
40	10	24.00%
55	10	44.00%
70	4	52.00%
85	14	80.00%
其他	10	100.00%

稍微修飾 ⇒

分數	次數	累積相對次數
10~25	2	4.00%
25~40	10	24.00%
40~55	10	44.00%
55~70	4	52.00%
70~85	14	80.00%
85~100	10	100.00%

附註：各組下限<原始資料值≦各組上限

👉 2-4-2 直方圖的修飾

從上述幾個簡單步驟所得到的直方圖，和原先預期的圖形不太一樣，長方形沒有相連，此時，可依下列步驟加以修正，使之變成相連。

步驟 1： 將指標任選一長條，按右鍵，選資料數列格式。

在資料數列格式視窗下，將類別間距從 150%改變成 0%，按【關閉】。

直方圖

步驟 2：修改橫軸組界

有兩種方式，第一種以組中點表示，只需直接將分配表內各組組界改成組中點。

組界	頻率
25	2
40	10
55	10
70	4
85	14
其他	10

改成 ⇨

組界	頻率
17.5	2
32.5	10
47.5	10
62.5	4
77.5	14
92.5	10

直方圖

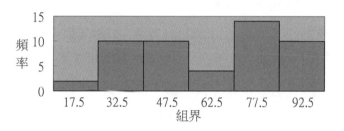

　　如果橫軸欲改成平常的**組界**，首先為了保持空白位置，將指標移至水平軸，按右鍵，將字型字彩改成白色，再插入水平文字方塊，調整適當大小後，鍵入 10, 25, 40, 55, 70, 85, 100 等數字。

直方圖

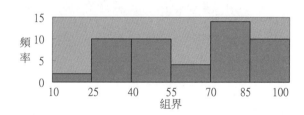

步驟 3：修改標題

　　將指標移至欲修改的標題，選取後，

　　圖表標題：50 名學生統計學小考成績直方圖

　　水平（類別）軸標題：分數

　　垂直（數值）軸標題：次數

50名學生統計學小考成績直方圖

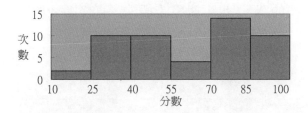

👉 2-4-3 長條圖的繪製

前面主要介紹如何將樣本觀察值，依給定的組界，得到次數分配表及直方圖，但是如果是已經完成的次數分配表，那麼又如何快速畫好直方圖呢？現在以表 2-7 為例作說明。

步驟 1：首先，將表 2-7 的資料，輸入 Excel 儲存格範圍 A1 至 B7 中。

	A	B
1	電視機數	次數
2	1	6
3	2	9
4	3	3
5	4	1
6	5	1
7	總計	20

步驟 2：選取儲存格範圍 A1 至 B6。

	A	B
1	電視機數	次數
2	1	6
3	2	9
4	3	3
5	4	1
6	5	1

步驟 3： 按 F11 後，便見到 Excel 出現一張新的工作表 chart1，裡面有我們所要的圖。（也可使用【插入／直條圖／群組長條圖】）

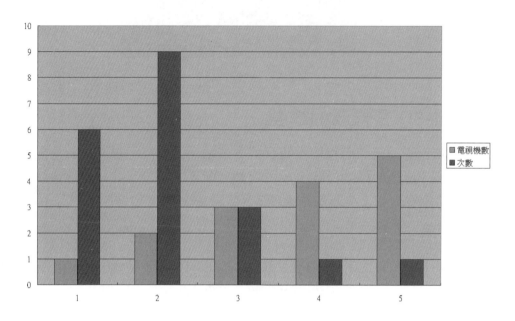

步驟 4： 修改標題，可依據前一例子的步驟做修改，完成圖如下。

某地區20戶家庭電視機數長條圖

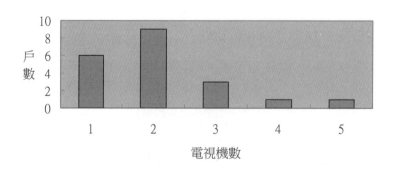

👉 2-4-4　圓餅圖的繪製

在 Excel 中，想將畫好的圖形變更類型是容易的，只要選取所需資料，而後選取【插入】，在圖表類型中，選取圓形圖即可。

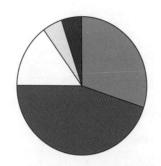

圖 2-8　某地區 20 戶家庭電視機數圓餅圖

如果希望將電視機數及百分比顯示在圖形旁，選【設計／圖表版面配置／版面配置】，即可得到下圖。

圖 2-9　某地區 20 戶家庭電視機數圓餅圖

👍 2-4-5　次數多邊圖的繪製

根據表 2-4 的資料，在儲存格範圍 A1 到 B10 輸入下列資料。繪製次數多邊圖時，須在前後各加一組，次數為 0。

	A	B
1	分數	次數
2	0~10	0
3	10~25	2
4	25~40	10
5	40~55	9
6	55~70	5
7	70~85	14
8	85~100	10
9	100~115	0
10	總計	50

步驟 1：將原本組限改為**組中點**。

	A	B
1	分數	次數
2	2.5	0
3	17.5	2
4	32.5	10
5	47.5	9
6	62.5	5
7	77.5	14
8	92.5	10
9	107.5	0

步驟 2：資料範圍：選取儲存格範圍 B2 到 B9。

步驟 3：選【插入／折線圖】。

步驟 4：修改標題。完成圖如下。

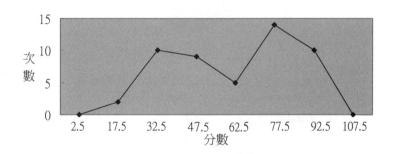

次數多邊圖

👉 2-4-6 累積次數多邊圖的繪製

　　根據表 2-4 的資料，在儲存格範圍 A1 到 B8 輸入下列資料。在繪製累積次數多邊圖時，須在前加一組，次數為 0。

	A	B
1	分數	累積次數
2	0~10	0
3	10~25	2
4	25~40	12
5	40~55	21
6	55~70	26
7	70~85	40
8	85~100	50

步驟 1：將原本組限，改為下表數據。

	A	B
1	分數	累積次數
2	10	0
3	25	2
4	40	12
5	55	21
6	70	26
7	85	40
8	100	50

步驟 2：資料範圍：選取儲存格範圍 B2 到 B8。

步驟 3：選【插入／折線圖】。

步驟 4：修改標題。完成圖如下。

累積次數多邊圖

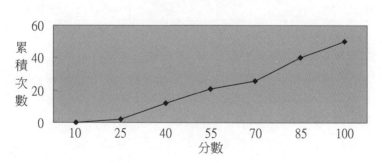

習 題

1. 某加油站 20 名工讀生之年齡調查結果如下，試以每一年齡為一組，製作次數分配表、次數分配圖、圓餅圖。

20	21	19	20	20	19	19	20	20	19
20	21	20	21	19	18	21	19	21	22

2. 已知某公司員工年齡資料如下（個數 40）：

30	29	44	37	24	23	33	40	40	25
32	34	28	36	35	41	32	34	39	32
24	25	29	34	35	25	35	36	35	31
25	42	25	37	35	43	38	34	35	34

(1) 試作莖葉圖及完成下表。

(2) 依據所完成之下表，作次數分配圖、次數多邊圖及累積次數多邊圖。

年齡	劃 記	次 數	累積次數	相對次數
20~25				
25~30				
30~35				
35~40				
40~45				
總 計				

敘述統計

STATISTICS

當我們將資料整理製成圖表後，可以很容易了解這些資料的分佈情形，若想進一步了解資料的集中趨勢及散佈的範圍，就得藉由敘述統計量來加以呈現了。

敘述統計量主要有兩種：一是位置統計量(statistic of location)，這種統計量是用來描述一群資料的位置，是一位置的代表值（或稱為集中趨勢量數），如平均數、中位數、眾數等；另一種是離勢統計量(statistic of dispersion)，這種統計量是用來描述資料的分散範圍，得知個體彼此之間的差異，如全距、標準差、四分位差等。

3-1 算術平均數(Mean)

統計資料經過蒐集、整理、製表後，須加以分析、比較，因此，在一般情形下，經常以一簡單的數值，來代表資料的集中程度，作為統計分析的標準，但由於個體彼此之間有差異存在，很難以某一個量數來顯示整體的共同性，因此，為了了解整個母體的集中趨勢，我們常以平均數來顯示這種特性，即算術平均數(arithmetic mean)。

算術平均數的算法，是把所有的觀測值加起來，然後除以所有觀測值的個數。一般而言，以 $x_1, x_2 \cdots x_N$ 代表母體資料，$x_1, x_2 \cdots x_n$ 代表樣本資料，則母體算術平均數及樣本算術平均數之計算如下，分別以 μ 及 $\bar{x}$ 表示。

$$\mu = \sum_{i=1}^{N} x_i / N = \frac{x_1 + x_2 + \cdots + x_N}{N}$$

$$\bar{x} = \sum_{i=1}^{n} x_i / n = \frac{x_1 + x_2 + \cdots + x_n}{n}$$

👉 3-1-1 由未分組的資料求算術平均數

 例題 01

設有 20 個樣本觀測值的資料如下,試求其算術平均數。

20.1	14.5	12.4	14.2	12.3
10.8	13.2	13.6	12.1	17.8
17.6	12.6	16.5	12.8	19.2
18.4	13.9	11.7	18.9	17.4

解

$$\bar{x} = \sum_{i=1}^{20} x_i / 20$$
$$= (20.1 + 14.5 + 12.4 + \cdots 17.4) / 20$$
$$= 300 / 20$$
$$= 15$$

今有一調查者想了解甲乙兩公司的營運收入,依據某月甲乙兩公司的資料;得知甲公司該月某 8 天的收入分別為:(單位:千元)

31.60	32.30	30.50	32.95
28.30	34.20	35.75	27.60

乙公司該月某 10 天的收入分別為:(單位:千元)

27.50	32.68	30.85	31.80	29.30
33.48	3.40	32.90	32.54	28.75

其算術平均數分別為 31.65（千元）及 28.32（千元）。一般來說，算術平均數常被用來當作資料中心位置的數值。不過，它有個缺點，就是容易受到極端數值的影響，這類資料我們稱為離群值(outlier)。

此例中，乙公司中有一天的收入只有 3.40（千元）特別少，使得計算出的平均收入偏低，那麼，是否可以將這些資料中的離群值捨去，以免造成平均數的低估呢？在此介紹另一種算術平均數：α%截尾平均數(trimmed mean)，例如想要計算 10%截尾平均數，則該如何算呢？其計算方式如下：

首先，將各數值依小至大排列，其次將最前 10%和最後 10%之數值去掉，再求剩餘數值的平均數即可。如前述，將乙公司資料中的最小值 3.40 及最大值 33.48 移除，計算平均數得 30.79（千元），此即所謂的 10% 截尾平均數。若欲計算 20%截尾平均數，則將資料中最小及最大的 $n \times 20\%$ 個資料移除，再計算 $n - 2n \times 20\%$ 個資料的平均數即可。

👉 3-1-2　由已分組的資料求算術平均數

一群數值資料中常有許多相同的數值，若將此相同的數值資料整理，作成次數分配表，再計算其算術平均數，將比使用未分組時的計算來得容易。設有 n 個數值資料的次數分配表如下：

變量	x_1	x_2	x_3	$\cdots$	x_k	總計
次數	f_1	f_2	f_3	$\cdots$	f_k	n

則算術平均數為：

$$\bar{x} = (f_1 x_1 + f_2 x_2 + \cdots + f_k x_k)/n$$

$$= (\sum_{i=1}^{k} f_i x_i)/n$$

| 例題 02

　　若一調查員想調查 20 戶家庭中子女的個數，分類整理後結果如下，試求其算術平均數。

子女個數	1	2	3	4	5
次數	2	8	5	3	2

解

　　則其算術平均數為：

$$\bar{x} = (1\times2 + 2\times8 + 3\times5 + 4\times3 + 5\times2)/20$$

$$= 55/20$$

$$= 2.75$$

則可知每戶家庭中子女的個數平均為 2.75 個。

　　若是已分組的連續資料的次數分配表，則以各組的組中點來代替變量。設有 n 個數值資料的次數分配表如下：

組別	次數 f_i	組中點 x_i
$L_1 \sim U_1$	f_1	x_1
$L_2 \sim U_2$	f_2	x_2
$L_3 \sim U_3$	f_3	x_3
⋮	⋮	⋮
$L_k \sim U_k$	f_k	x_k
總計	n	

則其算術平均數為

$$\bar{x} = (f_1 x_1 + f_2 x_2 + \cdots + f_k x_k)/n$$

$$= (\sum_{i=1}^{k} f_i x_i)/n$$

例題 03

已知某班成績,分類整理後結果如下,試求其算術平均數。

成績	30~40	40~50	50~60	60~70	70~80
次數	10	12	16	8	4

 先求各組的組中點 x_i,並計算 $f_i x_i$:

成績	次數 f_i	組中點 x_i	$f_i x_i$
30~40	10	35	350
40~50	12	45	540
50~60	16	55	880
60~70	8	65	520
70~80	4	75	300
總計	50		2590

故其算術平均數為 $\bar{x} = 2590/50 = 51.8$。

一般而言,統計資料通常很多,實在有必要簡化計算的方法,我們可在計算時,將各個數據予以簡化,先平移,再縮小,以使計算的數字更形簡單。

如上例:

1. 因在第三組 50~60 中的人數最多,故可將各組的組中點減去該組的組中點,($x_i - 55$)。

2. 因各組的組距皆為 10,故可再將所得的數字除以 10,即($x_i - 55$)/10,令為 d_i。

3. 再以此數字乘上各組的 f_i,則算術平均數 $\bar{x} = 55 + 10 \times (-16/50)$。

如此計算,將可使結果更易得到。

成績	次數 f_i	組中點 x_i	x_i-55	d_i	f_id_i
30~40	10	35	−20	−2	−20
40~50	12	45	−10	−1	−12
50~60	16	55	0	0	0
60~70	8	65	10	1	8
70~80	4	75	20	2	8
總計	50				−16

$$\bar{x} = 55 + 10 \times (-16/50) = 51.8$$

例題 04

　　某植物學家想了解植物葉片生長的情形。今隨機抽樣抽取 100 個葉片做調查，資料整理後，得其次數分配表如下，試求其算術平均數。

長度（公分）	次數 f_i	組中點 x_i	d_i	f_id_i
1.5~3.5	3	2.5	−3	−9
3.5~5.5	16	4.5	−2	−32
5.5~7.5	25	6.5	−1	−25
7.5~9.5	26	8.5	0	0
9.5~11.5	20	10.5	1	20
11.5~13.5	6	12.5	2	12
13.5~15.5	4	14.5	3	12
總計	100			−22

解

$$\bar{x} = 8.5 + 2 \times (-22/100) = 8.06$$

除了算術平均數之外，還有幾何平均數、調和平均數等。幾何平均數通常用在微生物或血清資料的研究，而調和平均數則用在求平均速度、平均價格上。一般對於滴定濃度的資料，在序列的稀釋過程中，其稀釋濃度可為 2 的乘方次數，如稀釋濃度為 16、8、4、2、1M，由於資料的間隔愈來愈小，故通常這類資料是屬於右偏的分佈。若將這些資料取對數，則資料的間隔幾乎是相同的，如 log2=0.3010、log4=0.6020、log8=0.9030、log16=1.2040，兩兩之間隔為 0.3010。由經驗得知偏斜的資料經對數轉換後，較具有對稱性，然後再求其算術平均數較為適當。

設樣本資料為 $x_1, x_2, \cdots, x_n$，取對數後之平均值為

$$\bar{x} = \frac{1}{n} \sum_{i=1}^{n} \log x_i$$

$$= \frac{1}{n} \log(x_1, x_2, \cdots, x_n)$$

$$= \log(x_1, x_2, \cdots, x_n)^{\frac{1}{n}}$$

$$= \log \sqrt[n]{x_1, x_2, \cdots, x_n}$$

則幾何平均數為

$$\bar{x}_g = 10^{\bar{x}} = \sqrt[n]{x_1, x_2, \cdots, x_n}$$

例題 05

隨機選取 6 名患者，測其血液中之抗體滴定濃度，分別為 4, 8, 16, 16, 16, 64，求其平均數。

 解

此組資料之算術平均數為

(4+8+16+16+16+64)/6=20.67

幾何平均數為

$$(4 \times 8 \times 16 \times 16 \times 16 \times 64)^{1/6} = 14.25$$

對於此偏斜的資料以幾何平均數來表示其中心位置,似乎較為恰當。

調和平均數的計算方式如下:

設樣本資料為 $x_1, x_2, \cdots, x_n$,則調和平均數為

$$\overline{x}_h = \frac{1}{(\sum_{i=1}^{n} 1/x_i)/n}$$

| 例題 **06**

若一群數值資料為 4, 8, 12, 14, 16,試求其調和平均數。

解

此些資料之調和平均數為

$$\overline{x}_h = \frac{1}{(\sum_{i=1}^{n} 1/x_i)/n} = \frac{1}{(\frac{1}{4} + \frac{1}{8} + \frac{1}{12} + \frac{1}{14} + \frac{1}{16})/5} = 8.44$$

| 例題 **07**

小華家距學校 15 公里,每天機車上學,往學校時的速率為 40km/h,回家時的速率為 50km/h,試問其來回的平均速率為何?

到學校所需的時間為 15/40（時），回家所需的時間為 15/50（時），來回所需的時間共為(15/40+15/50)（時），故其平均速率 = 來回距離/來回所需的時間。

$$\frac{15+15}{\dfrac{15}{40}+\dfrac{15}{50}} = \frac{2}{\dfrac{1}{40}+\dfrac{1}{50}} = \frac{400}{9} \approx 44.4\,(\text{km/h})$$

此平均速率即為調和平均數。

 例題 08

受物價波動的影響，雞蛋之售價連續三個月來陸續上漲，其售價分別為每台斤 35、40、45 元，試問三個月來雞蛋的平均售價為何？

解

若每月以 500 元購買雞蛋，則三個月來所購買之雞蛋的總重量為 500(1/35+1/40+1/45)，故其平均售價為（總金額／總重量）。

$$\frac{500\times3}{500\times(\dfrac{1}{35}+\dfrac{1}{40}+\dfrac{1}{45})} \approx 39.58\,（\text{元}）$$

此平均售價即為調和平均數。

3-2　中位數(Median)

將一群數值資料按照其大小順序，由小到大排列後，位置居中的一數，稱為中位數，以符號 Me 表示之，此排列順序的過程稱為排序(sort)。中位數的求法，亦有下列兩種：

👉 3-2-1 由未分組的資料求中位數

設 n 個數值分別為 $x_1, x_2, x_3 \cdots x_n$，按其大小順序排列如下：

$x_{(1)}, x_{(2)}, x_{(3)} \cdots x_{(n)}$

若 n 為奇數，則 $Me = x_{\left(\frac{n+1}{2}\right)}$

若 n 為偶數，則 $Me = \dfrac{x_{\left(\frac{n}{2}\right)} + x_{\left(\frac{n}{2}+1\right)}}{2}$

1 3 $\Big|$ 5 7 $Me = \dfrac{(3+5)}{2} = 4$

　　中位數

1 3 5 7 9 $Me=5$

　　中位數

👉 3-2-2 由已分組的資料求中位數

若整理後之次數分配表的資料為離散型態資料，則其中位數的求法與未分組的資料求法是相同的，視 n 為奇數或偶數而定。

例題 09

調查甲地區 15 戶家庭的孩子數，其次數分配如下表所示。

孩子數	次數
1	4
2	8
3	2
4	1
總計	15

先計算累積次數,因總戶數 15 為一奇數,故中位數指的是全部當中排名第 8 戶的孩子數,中位數為 2。

例題 10

調查乙地區 20 戶家庭的孩子數,其次數分配如下表所示。

孩子數	次數
1	6
2	10
3	2
4	1
5	1
總計	20

先計算累積次數,因總戶數 20 為一偶數,故中位數指的是全部當中排名第 10 與第 11 戶孩子數的平均,中位數為(2+2)/2=2。

若次數分配表之資料為連續型態資料,n 個資料經分組整理後,次數分配如下表所示。

組別	次數	以下累積次數
$L_1 \sim U_1$	f_1	$c_1 = f_1$
$L_2 \sim U_2$	f_2	$c_2 = f_1 + f_2$
$L_3 \sim U_3$	f_3	$c_3 = f_1 + f_2 + f_3$
$\vdots$	$\vdots$	$\vdots$
$L_k \sim U_k$	f_k	$c_k = f_1 + f_2 + f_3 + \cdots + f_k$
總計	n	

若中位數落在第 i 組的下限 L_i 與上限 U_i 之間，並且假設各組內各數值均勻分佈在組距內，則落在 $Me{\sim}L_i$ 之間的次數為 $n/2-C_{i-1}$ 與落在 $U_i \sim L_i$ 之間的次數 f_i 成比例。

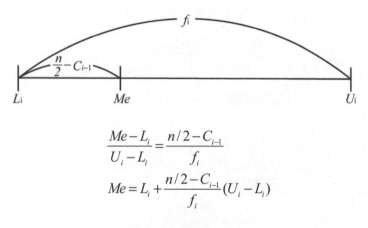

$$\frac{Me-L_i}{U_i-L_i}=\frac{n/2-C_{i-1}}{f_i}$$

$$Me=L_i+\frac{n/2-C_{i-1}}{f_i}(U_i-L_i)$$

同理可求得 $Me=U_i-\dfrac{C_i-n/2}{f_i}(U_i-L_i)$

例題 11

某國小學童一年級甲、乙兩班的智力年齡分組整理如下表所示，試求其中位數。

智力年齡（月）	甲班		乙班	
	次數	累積次數	次數	累積次數
44.5~54.5	1	1	1	1
54.5~64.5	6	7	8	9
64.5~74.5	12	19	16	25
74.5~84.5	20	39	25	50
84.5~94.5	8	47	7	57
94.5~104.5	3	50	3	60

解

(1) 因甲班人數為 50 人，故中位數指的是全班當中排名第 25 位學童的智力年齡，其計算方法如下：

由次數分配表的累積次數得知甲班排名第 25 位的同學位於 74.5~84.5 這組，故由比例來看得知

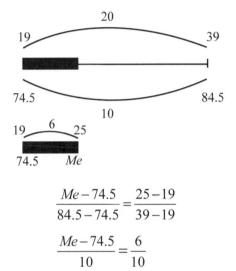

$$\frac{Me - 74.5}{84.5 - 74.5} = \frac{25 - 19}{39 - 19}$$

$$\frac{Me - 74.5}{10} = \frac{6}{10}$$

$Me = 74.5 + 10 \times (6/20) = 77.5$（月）

(2) 因乙班人數為 60 人，故其中位數指的是全班當中排名第 30 位學童的智力年齡，其計算方法如下：

由次數分配表的累積次數得知乙班排名第 30 位的同學位於 74.5~84.5 這組，故由比例來看得知

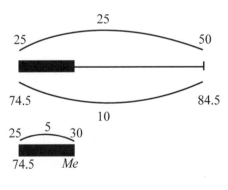

$$\frac{Me - 74.5}{84.5 - 74.5} = \frac{30 - 25}{50 - 25}$$

$$\frac{Me-74.5}{10}=\frac{5}{25}$$

$$Me=74.5+10\times(5/25)=76.5（月）$$

3-3　眾數(Mode)

　　一群數值資料中次數出現最多次的數，稱為眾數，以符號 *Mo* 表之。若是在次數分配圖中，則最高點所指的數值，就是眾數，而在一個分組的次數分配表中，眾數就沒有太大的意義，此時通常只須指明該眾數組(modal class)的組別即可，不須強調某一數值，但有時亦以該組的組中點來表示。

例題 12

　　求數值資料 12, 15, 16, 13, 14, 18, 15, 15, 16, 17, 15, 16 的眾數。

解

　　因數值資料 15 出現 4 次，故其眾數為 15。

例題 13

　　求數值資料 23, 34, 34, 22, 26, 28, 28 的眾數。

解

　　因數值資料 28 及 34 各出現兩次，故眾數為 28 及 34 兩數。

○ 表 3-1 | 集中趨勢量數的比較

量數	存在性	是否受離群值影響	適用的資料類型
平均數	有，唯一	是	名目尺度、順序尺度、等距尺度、比例尺度。
中位數	有，唯一	否	同上，但有離群值存在時，則較平均數常用。
眾數	不一定有，亦可能有一個以上。	否	名目尺度。

　　一般而言，在統計上通常以算術平均數來表示資料的集中趨勢，因為它的標準誤差比其它的位置統計量的標準誤差來得小，而且比較容易計算。但是平均數很容易受特殊的觀測值的影響，而中位數和眾數則比較不會。

　　而平均數、中位數、眾數三者之間的關係，可以下式約略表之：

$$Mo - \bar{x} \approx 3(Me - \bar{x})$$

3-4 全距(Range)

　　在一般情形下，統計經常以一簡單的量數（如平均數），來代表整個母體的中央趨勢，作為統計分析的衡量標準，但由於母體中之個體彼此之間仍然有差異存在，若只用一個數值來代表整個母體的狀況，尚嫌不足，因此，還須尋找另一數值，即差量（離勢），來表示母體內個體彼此之間分散的情形，並藉以測量平均數的可靠程度，此種衡量母體內個體彼此之間差異情形的量數，稱為差量或差異量數，也就是測量數值資料的離散程度。

　　離散程度的一種簡單表示法，就是全距。它是一群數值資料中最大數值與最小數值的差，以符號 R 來表示。

3-4-1 由未分組的資料求全距

設有 n 個觀測值，其數值分別為 $x_1, x_2, x_3, \ldots, x_n$，
若其最大值為 $x_{(n)}$，最小值為 $x_{(1)}$，則全距 $R = x_{(n)} - x_{(1)}$。

例題 14

設有 20 個觀測值的資料如下，試求其全距。

20.1	12.6	16.5	12.8	19.2	17.6	14.5	12.4	14.2	12.3
10.8	18.4	13.9	11.7	18.9	17.4	13.2	13.6	11.5	17.8

解

其最大值 $x_{(20)} = 20.1$，最小值為 $x_{(1)} = 10.8$
則全距 $R = x_{(20)} - x_{(1)} = 20.1 - 10.8 = 9.3$

3-4-2 由已分組的資料求全距

原始資料經分組整理作成次數分配表後，即棄置不用，因此資料經過分組整理後，無法知道原有資料的最大值與最小值，此時，通常以最大組的上限 U_k，代表最大值；最小組的下限 L_1，代表最小值，則其全距 $R = U_k - L_1$。

例題 15

某國小學童一年級甲，乙兩班的智力年齡分組整理如下表所示，試求其全距。

智力年齡（月）	甲班	乙班
	次數	次數
44.5~54.5	0	1
54.5~64.5	6	8
64.5~74.5	12	16
74.5~84.5	20	25
84.5~94.5	8	7
94.5~104.5	4	3

則甲班學童的智力年齡的全距為 $104.5 - 54.5 = 50$

則乙班學童的智力年齡的全距為 $104.5 - 44.5 = 60$

一般而言，全距的大小易受極端數值的影響而改變，所以全距只是估計一個樣本離散程度的粗略統計量。在樣本數不大或樣本資料受抽樣誤差影響較小（如母體資料原本就較集中）時，可考慮使用全距來衡量離勢較方便。例如食品工業的品質管制、股票價格的變動……等。

3-5 標準差(Standard Deviation)

標準差乃是以資料的算術平均數為中心，用以計算全部資料與算術平均數的平均距離，其表明整個資料的離散程度較全距為優。

一群數值資料中各項數值與算術平均數之差，稱為離均差。變異數乃是一群數值資料中各項數值離均差平方的算術平均數，而標準差乃是變異數的正平方根，變異數雖能表示資料的離散程度，但因其單位為原始資料的平方，並不適於表示資料的離散程度，因此，一般均以標準差表示其離散程度。

設 $x_1, x_2, \cdots, x_N$ 為母體資料，母體平均數為 μ，則母體標準差為

$$\sigma = \sqrt{\frac{1}{N}\sum_{i=1}^{N}(x_i - \mu)^2}$$

若 $x_1, x_2, \cdots, x_n$ 為樣本資料，樣本平均數為 $\bar{x}$，則樣本標準差為

$$s = \sqrt{\frac{1}{n-1}\sum_{i=1}^{n}(x_i - \bar{x})^2}$$

而 σ^2 稱為母體變異數(Population Variance)，s^2 稱為樣本變異數(Sample Variance)。

3-5-1　由未分組的資料求標準差

例題 **16**

試求樣本資料 12, 10, 7, 16, 25 的標準差。

解

$$\bar{x} = \frac{(12+10+7+16+25)}{5} = 14 \text{，則}$$

$$s = \sqrt{\frac{1}{5-1}[(12-14)^2 + (10-14)^2 + (7-14)^2 + (16-14)^2 + (25-14)^2]}$$

$$= \sqrt{\frac{194}{4}} = 6.96$$

3-5-2　由已分組的資料求標準差

將 n 個資料分成 k 組，設各組內的次數為 f_i，且各組數值以組中點為代表。

組別	次數 f_i	組中點 x_i
$L_1 \sim U_1$	f_1	x_1
$L_2 \sim U_2$	f_2	x_2
$L_3 \sim U_3$	f_3	x_3
⋮	⋮	⋮
$L_k \sim U_k$	f_k	x_k
總計	n	

則此 n 個資料的標準差為

$$s = \sqrt{\frac{1}{n-1}\sum_{i=1}^{k} f_i(x_i - \overline{x})^2}$$

$$= \sqrt{\frac{1}{n-1}\sum_{i=1}^{k} f_i\left[(x_i - A)^2 - (\overline{x} - A)^2\right]}$$

式中 $\overline{x}$ 為此 n 個數值資料的算術平均數，A 為簡化運算而選定的數。若各組的組距為 h，則上述的計算公式可簡化如下：$d_i = (x_i - A)/h$。

$$s = h\sqrt{\frac{\sum_{i=1}^{k} f_i d_i^2 - \dfrac{\left(\sum_{i=1}^{k} f_i d_i\right)^2}{n}}{n-1}}$$

例題 17

已知某公司 50 名樣本員工年齡，分類整理後，結果如下，試求其標準差。

年齡	次數 f_i	組中點 x_i	d_i	$f_i d_i$	$f_i d_i^2$
35~40	10	37.5	−2	−20	40
40~45	12	42.5	−1	−12	12
45~50	16	47.5	0	0	0
50~55	8	52.5	1	8	8
55~60	4	57.5	2	8	16
總計	50	—		−16	76

 代入公式計算得

$$s = 5 \times \sqrt{\frac{76 - \dfrac{(-16)^2}{50}}{50-1}} = 5 \times \sqrt{1.4465} = 6.01$$

3-6 變異係數(Coefficient of Variation)

一般而言，當比較的資料性質相同時，可以標準差的大小來比較其變異的情形。

假設有兩組母體數值資料如下：

A 組：58, 59, 60, 61, 62

B 組：40, 50, 60, 70, 80

兩組的平均分數皆為 60 分，但顯然兩組學生的學習成果之間有很大的差異，因 A 組學生的成績變異較小（標準差為 $\sqrt{2}$），B 組學生的成績變異較大（標準差為 $\sqrt{200}$），因此，以 60 分來代表 A 組同學的平均程度比以 60 分來代表 B 組同學的平均程度要來得好。

若性質不相同時，則需要一種相對的測度值作為比較的標準，變異係數即是一種相對測度值，其定義如下：

$$變異係數 (\text{C.V.}) = \frac{\sigma}{\mu} \times 100\% \ 或 \ \frac{s}{\bar{x}} \times 100\%$$

其中 σ、s 分別為母體及樣本資料的標準差，$\bar{x}$、μ 分別為其算術平均數。變異係數愈大，表示資料間的變異愈大，反之，則愈小。

例題 **18**

假設隨機選取 40 位女生的平均身高為 160.4 公分，標準差為 4.5 公分；平均體重為 48.5 公斤，標準差為 6.4 公斤，試比較身高與體重的變異情形。

 解

身高的變異係數為

$$\text{C.V.} = \frac{4.5}{160.4} \times 100\% = 2.8\%$$

體重的變異係數為

$$C.V. = \frac{6.4}{48.5} \times 100\% = 13.2\%$$

因 2.8%<13.2%，故體重的變異較身高的變異為大。

例題 19

設 A 組為一雞群，B 組為一象群，其平均重量及標準差各為

μ_A=4 斤，σ_A=1.2 斤

μ_B=2,100 公斤，σ_B=100 公斤

若以標準差來作為判斷的依據，則會認為象群彼此之間的差異比較大，但顯然與實際情形不符合。此時，則須以相對離差（即變異係數）來做比較。

對 A 組而言，$C.V. = \frac{1.2}{4} \times 100\% = 30\%$

對 B 組而言，$C.V. = \frac{100}{2100} \times 100\% = 4.76\%$

可見雞群相互間重量的變異程度較大。

例題 20

在某次測驗中，甲班同學的平均成績為 70 分，標準差為 15 分，乙班同學的平均成績為 65 分，標準差為 8 分，試問哪一班同學的程度比較平均？

解

甲班同學成績的變異係數為 $\dfrac{15}{70} \times 100\% = 21.42\%$

乙班同學成績的變異係數為 $\dfrac{8}{65} \times 100\% = 12.31\%$

因乙班同學成績的變異係數<甲班同學成績的變異係數，故乙班同學的程度比較平均。

3-7 偏態(Skewness)

偏態指的是次數分配曲線的偏斜程度而言。當次數分配曲線有所偏斜，也就是不對稱時，則稱此曲線具有偏態。

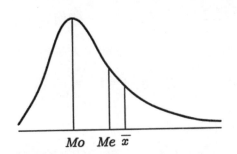

右邊數值資料個數較少，使得圖形往右延伸，是為正偏態（右偏）

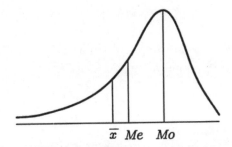

左邊數值資料個數較少，使得圖形往左延伸，是為負偏態（左偏）

圖 3-1

而偏態係數可以公式 $S_k = \dfrac{\bar{x} - Mo}{\sigma}$ 計算，或以「動差」的方法計算之。

（略）

當次數分配曲線呈對稱時，$S_k=0$，

當次數分配曲線呈正偏態時，$S_k>0$，

當次數分配曲線呈負偏態時，$S_k<0$。

3-8 峰度(Kurtosis)

峰度指的是次數分配曲線高峰的高聳程度而言。次數分配曲線較常態分配曲線平坦者,稱為低闊峰。次數分配曲線較常態分配曲線尖峻者,稱為高狹峰。

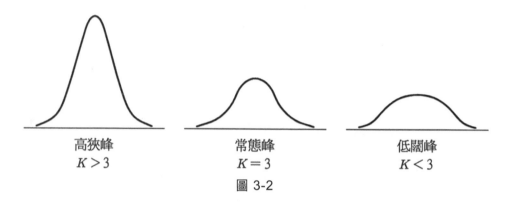

高狹峰　　　　　常態峰　　　　　低闊峰
$K > 3$　　　　　$K = 3$　　　　　$K < 3$

圖 3-2

而峰度係數的計算可以公式 $K = \dfrac{\Sigma(x_i - \bar{x})^4 / n}{\sigma^4}$ 計算之。一般而言,若峰度係數 $K>3$,則為高狹峰,若峰度係數 $K=3$,則為常態,若峰度係數 $K<3$,則為低闊峰。

3-9 相關係數(Coefficient of Correlation)

各種變數(可度量的現象)之間的相互關係,在統計學上稱為相關,相關的種類很多,依變數的多寡,可分為簡單相關與複相關兩大類;簡單相關指的是兩種變量之間的相互關係,而複相關指的是兩種以上的變量之間的相互關係。

簡單相關又可分為直線相關與曲線相關兩種,若兩變量之間的關係成一直線的變化,則稱為直線相關;若兩變量之間的關係,可由曲線方程式適當表示者,稱為曲線相關或非直線相關。在此我們僅討論直線相關,相關係數以符號 r 來表示。

設兩組數值資料如下:

$$x_1, x_2, x_3, \ldots, x_n$$

$$y_1, y_2, y_3, \ldots, y_n$$

其算術平均數各為 $\overline{x}$，$\overline{y}$，則

$$r = \frac{\sum_{i=1}^{n}(x_i - \overline{x})(y_i - \overline{y})}{\sqrt{\sum_{i=1}^{n}(x_i - \overline{x})^2 \sum_{i=1}^{n}(y_i - \overline{y})^2}}$$

$$= \frac{\sum_{i=1}^{n} x_i' y_i'}{\sqrt{\sum_{i=1}^{n}(x_i')^2 \sum_{i-1}^{n}(y_i')^2}}$$

其中 $x_i' = x_i - \overline{x}$，$y_i' = y_i - \overline{y}$。由柯西不等式(Cauchy's inequality)知：

$$\sum_{i=1}^{n}(x_i')^2 \sum_{i=1}^{n}(y_i')^2 \geq (\sum_{i=1}^{n} x_i' y_i')^2$$

故 $\quad \dfrac{(\sum\limits_{i=1}^{n} x_i' y_i')^2}{\sum\limits_{i=1}^{n}(x_i')^2 \sum\limits_{i=1}^{n}(y_i')^2} \leq 1$

即 $r^2 \leq 1$，也就是說，$-1 \leq r \leq 1$。所以相關係數 r 的變動範圍在-1 與 1 之間，其絕對值愈大，表示兩變量之間的相關程度愈大。

相關程度的高低可依相關係數的大小，分為下列數種：

1. $r=1$ .... 表示完全正相關

2. $r=-1$ .... 表示完全負相關

3. $0.7 \leq |r| < 1$ .... 表示高度相關

4. $0.3 \leq |r| < 0.7$ .... 表示中度相關

5. $0 < |r| < 0.3$ .... 表示低度相關

6. $r=0$ .... 表示零相關

| 例題 21

試計算下列兩組數值資料的相關係數。

X：2, 1, 4, 7, 7, 5, 3, 9, 5, 7

Y：1, 3, 4, 5, 7, 6, 7, 8, 9, 10

 解

代號	X	Y	X'	Y'	$X'Y'$	X'^2	Y'^2
1	2	1	−3	−5	15	9	25
2	1	3	−4	−3	12	16	9
3	4	4	−1	−2	2	1	4
4	7	5	2	−1	−2	4	1
5	7	7	2	1	2	4	1
6	5	6	0	0	0	0	0
7	3	7	−2	1	−2	4	1
8	9	8	4	2	8	16	4
9	5	9	0	3	0	0	9
10	7	10	2	4	8	4	16
總計	50	60			43	58	70

代入公式可得

$$r = \frac{43}{\sqrt{58 \times 70}} \approx 0.675$$

由計算結果顯示，此兩組數值資料為中等程度的正相關。

例題 22

下表為某公司廣告費用（單位：萬元）與銷售量（單位：千個）之資料，試求兩者之相關係數。

廣告費用 x	0.5	1.0	1.5	2.0	2.5
銷售量 y	20	34	49	60	72

解

代號	x	y	x'	y'	$x'y'$	x'^2	y'^2
1	0.5	20	−1	−27	27	1	729
2	1.0	34	−0.5	−13	6.5	0.25	169
3	1.5	49	0	2	0	0	4
4	2.0	60	0.5	13	6.5	0.25	169
5	2.5	72	1	25	25	1	625
總計	7.5	235			65	2.5	1696

代入公式，可得

$$r = \frac{65}{\sqrt{2.5 \times 1696}} \approx 0.998$$

由計算結果顯示，可知廣告費用與銷售量有高度的正相關。

公式摘要

	母　　　　　　體	樣　　　　　　本
觀測值	$x_1, x_2, \ldots, x_N$	$x_1, x_2, \ldots, x_n$
算術平均數	$\mu = \sum_{i=1}^{N} x_i \Big/ N$	$\bar{x} = \sum_{i=1}^{n} x_i \Big/ n$
變異數	$\sigma^2 = \sum_{i=1}^{N} (x_i - \mu)^2 / N$	$s^2 = \sum_{i=1}^{n} (x_i - \bar{x})^2 / (n-1)$
標準差	$\sigma = \sqrt{\sum_{i=1}^{N} (x_i - \mu)^2 / N}$	$s = \sqrt{\sum_{i=1}^{n} (x_i - \bar{x})^2 / (n-1)}$
變異係數	$\text{C.V.} = \sigma / \mu \times 100\%$	$\text{C.V.} = s / \bar{x} \times 100\%$
相關係數	$r = \dfrac{\sum_{i=1}^{N} (x_i - \mu_x)(y_i - \mu_y)}{\sqrt{\sum_{i=1}^{N} (x_i - \mu_x)^2 \sum_{i=1}^{N} (y_i - \mu_y)^2}}$	$r = \dfrac{\sum_{i=1}^{n} (x_i - \bar{x})(y_i - \bar{y})}{\sqrt{\sum_{i=1}^{n} (x_i - \bar{x})^2 \sum_{i=1}^{n} (y_i - \bar{y})^2}}$

3-10　EXCEL 與敘述統計

3-10-1　由原始資料求敘述統計量

在這章所提到的平均數、中位數、眾數、變異數、標準差……，如果資料不多，直接用計算機計算倒也方便，不過如果數據太多，任何人都會覺得很煩。接下來，我們以 3-1 節例題的數據為例，了解 EXCEL 中敘述統計的功用。

步驟 1：

首先將原始資料輸入 Excel 儲存格範圍 A1 至 A20 中，為什麼不能像第二章一樣，將資料輸入儲存格範圍 A1 至 B10 呢？這是因為 EXCEL 將不同欄位的資料視為不同組別的資料，如果將資料範圍設成 A1:B10 後，執行 EXCEL 的敘述統計運算，將得到 2 組的平均數、中位數、眾數、變異數、標準差……。

	A		
1	20.1	11	16.5
2	10.8	12	11.7
3	17.6	13	14.2
4	18.4	14	12.1
5	14.5	15	12.8
6	13.2	16	18.9
7	12.6	17	12.3
8	13.9	18	17.8
9	12.4	19	19.2
10	13.6	20	17.4

步驟 2：

選取【資料／資料分析】，在視窗【資料分析】下選【敘述統計】，
按【確定】。

步驟 3：

在敘述統計視窗下，鍵入

輸入範圍：A1：A20

分組方式：⊙逐欄

輸出選項

⊙ 輸出範圍，鍵入 C1

☑ 摘要統計

按【確定】。

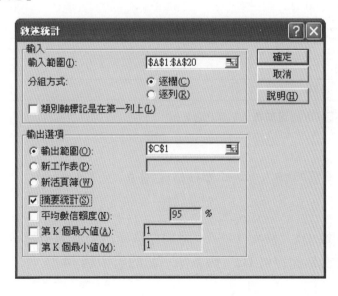

	C	D	E
		欄1	
平均數		15	
標準誤		0.652767388	標準差/√樣本數
中間值		14.05	(中位數)
眾數		#N/A	
標準差		2.919264507	
變異數		8.522105263	
峰度		-1.38049525	
偏態		0.365287291	
範圍		9.3	(全距)
最小值		10.8	
最大值		20.1	
總和		300	
個數		20	

👉 3-10-2 由次數分配表求敘述統計量

雖然 Excel 沒有直接針對次數分配表，給予敘述統計功能的支援，但是利用自動填滿控制點的快速複製，重複上述步驟，也能迅速得到平均數、中位數、眾數、變異數、標準差……等。

◑ 表 3-2 | 下表是某班 50 位學生身高的次數分配表

組限	組中點	人數
145~150	147.5	2
150~155	152.5	9
155~160	157.5	17
160~165	162.5	13
165~170	167.5	6
170~175	172.5	2
175~180	177.5	1

附註：各組下限≤原始資料值<各組上限。

步驟 1：

將表 3-2 資料輸入 Excel 儲存格範圍 A1 至 C8。

步驟 2：

在儲存格 D1，輸入 147.5，將指標移到自動填滿控制點上，按住左鍵，向下拖曳到儲存格 D2（因為第一組的組中點 147.5 有二個）。

C	D			C	D	
人數	147.5			人數	147.5	
2		147.5		2	147.5	
9			⇨	9		
17				17		
13				13		

步驟 3：

在儲存格 D3，輸入 152.5，將指標移到自動填滿控制點上，按住左鍵，向下拖曳到儲存格 D11（因為第二組的組中點 152.5 有 9 個）。

	D				D
1	147.5			1	147.5
2	147.5			2	147.5
3	152.5			3	152.5
4				4	152.5
5				5	152.5
6		⇨		6	152.5
7				7	152.5
8				8	152.5
9				9	152.5
10				10	152.5
11		152.5		11	152.5

步驟 4：

重複上述步驟，將各組中點資料輸入。

	D		D		D		D		D
12	157.5	21	157.5	30	162.5	39	162.5	48	172.5
13	157.5	22	157.5	31	162.5	40	162.5	49	172.5
14	157.5	23	157.5	32	162.5	41	162.5	50	177.5
15	157.5	24	157.5	33	162.5	42	167.5		
16	157.5	25	157.5	34	162.5	43	167.5		
17	157.5	26	157.5	35	162.5	44	167.5		
18	157.5	27	157.5	36	162.5	45	167.5		
19	157.5	28	157.5	37	162.5	46	167.5		
20	157.5	29	162.5	38	162.5	47	167.5		

步驟 5：

選取【資料／資料分析】，在視窗【資料分析】下選【敘述統計】，按【確定】。

步驟 6：

在敘述統計視窗下，鍵入

輸入範圍：D1：D50

分組方式：◉逐欄

輸出選項

◉ 新工作表

☑ 摘要統計

按【確定】。

	A	B
1	欄1	
2		
3	平均數	159.7
4	標準誤	0.8939707
5	中間值	157.5
6	眾數	157.5
7	標準差	6.3213277
8	變異數	39.959184
9	峰度	0.3607214
10	偏態	0.4876927
11	範圍	30
12	最小值	147.5
13	最大值	177.5
14	總和	7985
15	個數	50

◄ ◄ ► ►│ \ Chart1 ⟨ Sheet1 ⟩ Sheet4 ⟨ Sheet5 ⟨ Sheet2 ⟨ Sheet3 ⟩

3-10-3　求相關係數

利用下表資料，求廣告費用與銷售量的相關係數。

廣告費用 x	0.5	1.0	1.5	2.0	2.5
銷售量 y	20	34	49	60	72

步驟 1：

在 Excel 儲存格範圍 A1 至 F2，輸入原始資料。

步驟 2：

選取【資料／資料分析】，在視窗【資料分析】下選【相關係數】，按【確定】。

	A	B	C	D	E	F
1	廣告費用 x	0.5	1	1.5	2	2.5
2	銷售量 y	20	34	49	60	72
3						
4						
5						
6						
7						
8						

步驟 3：

在相關係數視窗下，鍵入

輸入範圍：A1：F2

分組方式：⊙逐列

☑類別軸標記在第一欄上

⊙ 輸出範圍：A4

按【確定】。

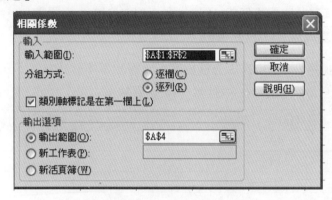

	A	B	C
3			
4		廣告費用 x	銷售量 y
5	廣告費用 x	1	
6	銷售量 y	0.998229565	1

由上表可知，廣告費用與銷售量的相關係數 $r = 0.99822956$。

習 題

1. 某工廠食品包裝檢測,測得 9 包食品的重量如下:9.1, 7.9, 10.4, 12.8, 9.6, 8.8, 10.9, 9.6, 6.4(單位:公克),試求此些觀測值的(1)平均數　(2)中位數　(3)眾數　(4)全距　(5)標準差　(6)變異數　(7)變異係數。

2. 某超商觀察十天來 8:00~10:00 的顧客人數如下:37, 56, 30, 32, 25, 46, 51, 38, 47, 48,試求此些觀察值的(1)平均數　(2)中位數　(3)眾數　(4)全距　(5)標準差　(6)變異數　(7)變異係數。

3. 某餐廳隨機選取 40 位來店光顧的客人,得知其年齡資料如下表所示。試求其(1)全距　(2)平均數　(3)中位數　(4)變異數。

年　　齡	人　　數
40~45	2
45~50	2
50~55	4
55~60	6
60~65	8
65~70	12
70~75	4
75~80	2
總　　計	40

4. 某公司隨機選取 100 名員工,得知每月消費額如下表所示。試求其(1)平均數　(2)中位數　(3) 標準差　(4)變異係數。(單位:千元)

消費額	人數
0~5	12
5~10	15
10~15	27
15~20	20
20~25	18
25~30	8
總計	100

5. 某公司想了解廣告費用 x 與銷售額 y 之關係，半年來每月的資料如下表所示，試求其相關係數。（單位：千元）

廣告費用(x)	39	45	46	66	42	64
銷售額(y)	144	138	140	158	128	162

機率分配

　　機率(Probability)理論為統計學之基礎，通常我們在利用統計方法做推論時，皆須利用到機率分配的理論作為依據，然後才能作進一步的分析與探究。

　　以下先就機率的名詞及定義作一解釋：

樣本空間(Sample Space)：一種實驗的一切所有可能出現的情形所成之集合，以 S 表示。

樣本(Sample)：樣本空間中的每一元素稱之。

事件(Event)：　樣本空間中的每一部分集合（包括空集合）稱之，一般以大寫英文字母 A，B，…表示。

定義

　　樣本空間 S 中，對某一事件的發生，其情形不外兩種：一是發生，另一是不發生。若事件 A 的個數為 $n(A)$，樣本空間的個數為 $n(S)$，則事件 A 發生的機率為

$$P(A) = \frac{n(A)}{n(S)}$$

　　因此，由上述定義可知：

1. 若一事件一定發生，則其機率為 1。若一事件必不發生，則機率為 0。故事件成功機率的極小值為 0，極大值為 1。
2. 一事件成功的機率與失敗的機率之和必為 1。

　　機率分配依隨機變數型態分為兩種：一為離散型機率分配(Discrete Distribution)：如二項分配、卜瓦松分配。另一為連續型機率分配(Continuous Distribution)：如常態分配、t 分配、χ^2 分配、F 分配。以下僅就較常用的機率分配作一介紹。

4-1　二項分配(Binomial Distribution)

　　為了簡單起見，先從只含有兩個元素的樣本空間討論起，若在每一實驗當中，事件的發生只有兩種情況：{成功，失敗}，則此實驗稱為伯

努利試驗(Bernoulli Test)。又因為只有兩種情況,所以又稱為伯努利二項分佈,這是一種離散型的機率分配。

定義

設某一事件試驗一次成功的機率為 p,失敗的機率為 $1-p$,則於 n 次試驗當中,成功 r 次的機率為

$$P(X=r) = C_r^n p^r (1-p)^{n-r}, r = 0, 1, 2, \cdots n$$

其中 $C_r^n = \dfrac{n!}{r!(n-r)!}$ 。

定理

若隨機變數 X 為一試驗 n 次,每次成功機率為 p 之二項分配,以 $X \sim B(n,p)$ 表示,則其期望值 $E(X)=np$,變異數 $Var(X)=np(1-p)$。

例題 01

投擲一公正硬幣 3 次,試求出現 2 次反面的機率為何?

解

出現反面的機率為 1/2,故出現 2 次反面的機率為

$$C_2^3 (\frac{1}{2})^2 (\frac{1}{2}) = \frac{3}{8}$$

| 例題 **02**

投擲一公正骰子 5 次，試求點數 1 出現 3 次的機率為何？

點數 1 出現的機率為 1/6，故點數 1 出現 3 次的機率為

$$C_3^5(\frac{1}{6})^3(\frac{5}{6})^2 = 0.03215$$

| 例題 **03**

某加油站來站加油的客人中，每 10 人之中，就有 2 人是女性，今從該加油站隨機選取 6 人，試求(1)恰有 3 人　(2)至少有 2 人　是女性的機率為何？

由題意知，是女性的機率為 0.2。故

(1) 恰有 3 人是女性的機率為
$$C_3^6(0.2)^3(0.8)^3 = 0.08192 \text{。}$$

(2) 至少有 2 人是女性的機率為
$$1 - C_0^6(0.8)^6 - C_1^6(0.2)(0.8)^5 = 0.3446 \text{。}$$

| 例題 **04**

某餐廳來店用餐的客人中，平均每 5 個人中，有 3 個人喜歡 A 套餐，今從該餐廳隨機抽取 10 人。試求：

(1)恰有 5 人　(2)至少有 8 人　喜歡 A 套餐的機率？

由題意知，喜歡 A 套餐的機率為 3/5，故

(1) 隨機抽取 10 人，恰有 5 人，喜歡 A 套餐的機率為
$C_5^{10}(3/5)^5(2/5)^5 = 0.2007$ 。

(2) 隨機抽取 10 人，至少有 8 人，喜歡 A 套餐的機率為
$C_8^{10}(3/5)^8(2/5)^2 + C_9^{10}(3/5)^9(2/5) + C_{10}^{10}(3/5)^{10} = 0.1673$ 。

4-2 卜瓦松分配(Poisson Distribution)

此為一種離散型的機率分配，是用來估計某單位時間（或地區）內事件發生的次數分配，例如醫院急診室在一日之內就診的人數，某十字路口一天之內發生意外事故的次數等皆是。

此種分配具有下列特性：

1. 在某一時段（或區段）內，事件發生的期望次數是相同的，其隨著時間的長短呈比例性的增減。如高速公路某交流道入口，由上午 8 時至 9 時，每 5 分鐘進入的車輛平均有 30 部，則平均每分鐘進入的車輛為 6 部。

2. 在某一時段（或區段內），事件發生的次數與其他時段（或區段）發生的次數是不相關聯，互相獨立的，例如某一十字路口，今天發生意外事故的次數與明天發生事故的次數相互獨立。

 定義

若一事件在一單位時間內發生的平均次數為 λ，則該事件在另一單位時間內發生 r 次的機率為

$$P(X=r) = e^{-\lambda} \cdot \frac{\lambda^r}{r!} \qquad r=0, 1, 2, 3, \cdots$$

其中 e 為自然指數，$e = 2.71828182\cdots$。

定理

若隨機變數 X 為平均數為 λ 的卜瓦松分配，以 $X \sim P(\lambda)$ 表示，則其期望值 $E(X)=\lambda$，變異數 $Var(X)=\lambda$。

例題 05

某工廠生產的每批（1000 個）產品中，平均有 3 個不良品，試求某批產品中 (1)恰有 5 個　(2)至少有 1 個　不良品之機率？

由題意知，每批產品中不良品的平均個數為 3 個，因此

(1)　$P(X=5)=e^{-3}\dfrac{3^5}{5!}=0.1008$。

(2)　$P(X \geq 1)=1-P(X=0)=1-e^{-3}=0.9502$。

例題 06

據調查，高速公路某交流道入口，從上午 8 時至 9 時進入的車輛數每 5 分鐘平均有 30 部，試求

(1) 1 分鐘內，沒有車輛進入的機率。

(2) 1 分鐘內，恰有 3 輛車進入的機率。

解

由卜瓦松分配的特性得知，在一分鐘內進入該交流道的車輛平均有 6 部，因此

(1)　$P(X=0)=e^{-6}=0.0025$。

(2)　$P(X=3)=e^{-6} \cdot 6^3/3!=0.0892$。

 例題 **07**

　　某推銷員以電話促銷產品,每通電話促銷成功的機率為 0.0001,該推銷員在某月份共撥出 1000 通電話,試問該月份促銷二件產品成功的機率為何?

解

　　若採用二項分配來計算,則所求之機率為

$$P(X=2) = C_2^{1000}(0.0001)^2(1-0.0001)^{998} = 0.004520$$

　　由於 n 很大,p 很小,在計算上頗為煩雜,故可考慮採用卜瓦松分配,此時 $\mu = np = 1000 \times 0.0001 = 0.1$,則

$$P(X=2) = e^{-0.1}\frac{(0.1)^2}{2!} = 0.004524$$

　　一般而言,當 $n \geq 20$,$np \leq 1$ 時,在計算機率的時候,多採用卜瓦松分配來計算,較為簡易。

4-3 常態分配(Normal Distribution)

　　在自然界中,有許多種特質的發生的次數分佈曲線,接近一種左右對稱的鐘形曲線,此種曲線稱為常態分配曲線(Normal Distribution Curve)。常態分配的機率密度函數如下:

$$f(x) = \frac{1}{\sqrt{2\pi}\sigma}\exp\{-(x-\mu)^2/2\sigma^2\}, -\infty < x < \infty$$

其中 μ 為平均數,σ 為標準差。此函數的圖形對稱於平均數 μ,為一鐘形的曲線,以符號 $X \sim N(\mu, \sigma^2)$ 表之。

 例題 08

若 $X \sim N(20, 5^2)$，欲求 $P(10 \leq X \leq 25)$ 之值。

解 此時，其機率即為下圖斜線區域之面積。

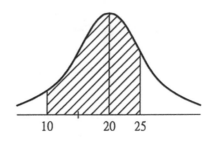

由於每一常態分配之平均數及標準差不一，若經由公式來計算機率，頗為煩瑣，因此，我們可利用「標準化」的過程，將之轉換成平均數為 0，標準差為 1 之標準常態分配，即

$$Z = \frac{X - \mu}{\sigma} \sim N(0,1)$$

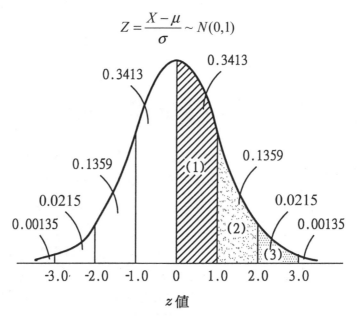

圖 4-1 標準常態分配曲線的面積

由上圖可知，

1. 在 $z=0.0$ 與 $z=1.0$ 之間的面積為 0.3413，亦即 10000 個人當中，有 3413 人得分在 $z=0.0$ 至 $z=1.0$ 之間。

2. 在 $z=1.0$ 與 $z=2.0$ 之間的面積為 0.1359，亦即 10000 個人當中，有 1359 人得分在 $z=1.0$ 至 $z=2.0$ 之間。

3. 在 $z=2.0$ 與 $z=3.0$ 之間的面積為 0.0215，亦即 10000 個人當中，有 215 人得分在 $z=2.0$ 至 $z=3.0$ 之間，如此類推。

若是轉換成一般的常態分配，則可知

總人數的 68.26%，會落在 $\mu \pm 1\sigma$ 之間。

總人數的 95.44%，會落在 $\mu \pm 2\sigma$ 之間。

總人數的 99.74%，會落在 $\mu \pm 3\sigma$ 之間。

據此，我們也可以知道，在某個 z 值以下的人數佔總人數的比例有多少。如

$z=-2.0$ 以下的面積為 0.0013+0.0215=0.0228，即 $P(Z \le -2)=0.0228$

$z=0.0$ 以下的面積為 0.5，即 $P(Z \le 0)=0.5$。

$z=2.0$ 以下的面積為 0.5+0.3413+0.1359=0.9772，即 $P(Z \le 2)=0.9772$。

由附錄一之統計表一，可以查得其他 z 值與 $z=0.0$ 之間的面積，

如 $z=1.28$ 與 $z=0.0$ 之間的面積為 0.3997，則 $z=1.28$ 以下的面積為 0.5+0.3997=0.8997，也可以說 $z=1.28$ 以上的面積為 0.1003。

如 $z=1.96$ 與 $z=0.0$ 之間的面積為 0.4750，則 $z=1.96$ 以下的面積為 0.5+0.4750=0.9750，也可以說 $z=1.96$ 以上的面積為 0.025。

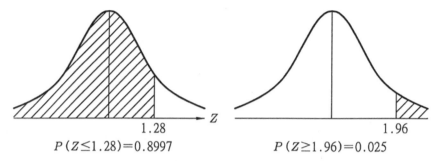

圖 4-2　不同 z 值之標準常態分配曲線下之面積

由於標準常態分配的圖形對稱於平均數 0，故

$$P(Z < -2) = P(Z > 2) = 0.0228 \text{ 。}$$

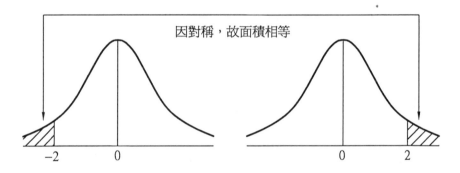

例題 09

已知一常態分配之 $\mu = 10$，$\sigma = 3$，試求資料數值在 15.4 以下所佔的百分比？及資料數值在 7~13 之間所佔的百分比？

解

(1) $z = \dfrac{x - \mu}{\sigma} = \dfrac{15.4 - 10}{3} = 1.8$

　　$P(X < 15.4) = P(Z < 1.8)$，如下圖所示。

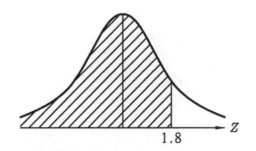

查表可知，在 z=0.0 至 z=1.8 間之面積為 0.4641，因此，資料數值在 15.4 以下所佔的百分比為 50%+46.41%=96.41%。

(2) $P(7 \leq X \leq 13) = P(-1 \leq X \leq 1)$ ，如下圖所示。

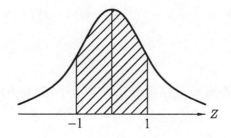

查表可知，在 z=−1 與 z=1 之間的面積為 0.6826，
因此，資料數值在 7~13 之間所佔的百分比為 68.26%。

例題 **10**

已知一常態分配之 μ=100，σ=20，試求資料數值在 110~130 之間所佔的百分比？

解

$$z_1 = \frac{110-100}{20} = 0.5 \quad , \quad z_2 = \frac{130-100}{20} = 1.5$$

$P(110<X<130)=P(0.5<Z<1.5)$，如下圖所示。

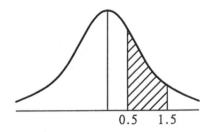

查表可知,在 $z=0.0$ 至 $z=0.5$ 間之面積為 0.1915

$z=0.0$ 至 $z=1.5$ 間之面積為 0.4332

因此,資料數值在 110~130 之間所佔的百分比為

$43.32\% - 19.15\% = 24.17\%$。

例題 **11**

假設成人男性體重接近常態分配,其平均數為 65 公斤,標準差為 5 公斤,試求:

(1) 體重小於 65 公斤者的機率。

(2) 體重介於 60~70 公斤者的機率。

(3) 體重大於 80 公斤者的機率。

(4) 體重小於 55 公斤者的機率。

---

(1) $P(X < 65) = P(Z < 0) = 0.5$

(2) $P(60 \leq X \leq 70) = P(-1 \leq Z \leq 1) = 0.6826$

(3) $P(X > 80) = P(Z > 3) = 0.0013$

(4) $P(X < 55) = P(Z < -2) = 0.0228$

反過來，亦可由已知的機率值 p，求其相對應的 z 值。若欲求在某一 z 值以下的機率為 0.95，也就是在某一 z 值以下的面積為 0.95，查表可知此 z 值為 1.645。又若在某一 z 值以下的機率為 0.975，查表可知，z 值為 1.96。

例題 12

試利用標準常態分配表，求下列 a、b 值。

(1) $P(Z>a)=0.0274$

(2) $P(Z<b)=0.0735$

解

查表可知，$a=1.92$，$b=-1.45$。

例題 13

試利用標準常態分配表，求下列 a、b 值。

(1)$P(-a<Z<a)=0.785$　　(2)$P(-b<Z<b)=0.3616$

解

查表可知，$a=1.24$，$b=0.47$。

例題 14

已知一常態分配之 $\mu=60$，$\sigma=10$，若資料數值在某一數以下佔了百分之九十五，試求此數。

查表得知，z=1.645，故

$$\frac{x-60}{10} = 1.645$$

則 x=76.45。因此，此數為 76.45。

| 例題 **15**

已知一常態分配之 μ=100，σ=10，若資料數值在某一數以上佔了百分之八十，試求此數。

查表得知，$z \approx -0.84$，故

$$\frac{x-100}{10} = -0.84$$

則 x=91.6。因此，此數為 91.6。

| 例題 **16**

已知一常態分配之 μ=90，σ=5，若資料數值在某一範圍以內佔百分之九十五，試求此一範圍。

$$P(x_1 \le X \le x_2) = P(z_1 \le Z \le z_2) = 0.95 ，$$

查表得知，z_1=−1.96，z_2=1.96，故

$$\frac{x_1 - 90}{5} = -1.96 \quad , \quad \frac{x_2 - 90}{5} = 1.96$$

則 $x_1 = 80.2$，$x_2 = 99.8$。因此，範圍為 80.2~99.8。

定理

分配，當樣本數夠大時，樣本平均數 $\overline{X}$ 的分配，會近似於一常態分配，此即為中央極限定理。

如二項分配中，當樣本數 n 夠大時，由中央極限定理可知，二項分配之機率可由常態分配計算之。

例題 17

根據資料顯示，有 30% 之 18 至 24 歲之男孩與父母同住。若隨機抽取 300 位年齡在 18 至 24 歲男孩，試求超過 100 位和父母同住之機率？

解

$$\mu = np = 300 \times 0.3 = 90 \quad , \quad \sigma = \sqrt{np(1-p)} = \sqrt{300 \times 0.3 \times 0.7} = 7.94 \quad ,$$

$$P(X > 100) = P(\frac{X - 90}{7.94} > \frac{100 - 90}{7.94})$$

$$= P(Z > 1.26) = 0.5 - 0.3962 = 0.1038$$

一般而言，$np \geq 5$ 或 $np(1-p) \geq 5$ 時，二項分配的機率值，即可以常態分配計算之。

4-4 t 分配 (Student's t Distribution)

t 分配和常態分配一樣，都是對稱的分配，其平均數 μ 和標準常態分配一樣也是 0，但是它和常態分配有一點重要的不同，就是 t 分配的形狀隨著自由度的大小而改變，也就是說 t 分配不是單一曲線的機率密度函數，而是由一群曲線所組成的曲線族，不同的曲線代表不同自由度的 t 分配圖形。

而自由度（degree of freedom，簡寫為 d.f.）的大小，由樣本數的大小 n 來決定，且 d.f.=n–1。

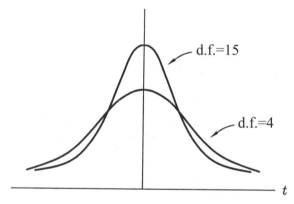

圖 4-3　不同自由度下之 t 分配圖形

當自由度愈來愈大時，t 分配便愈接近標準常態分配，也就是當樣本數 n 愈大，由中央極限定理，可將 t 分配視為標準常態分配 N(0, 1)。當 d.f.=∞，t 分配就相當於標準常態分配。

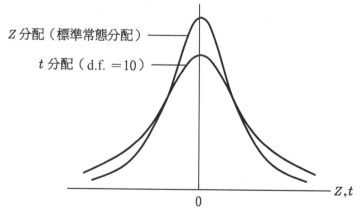

圖 4-4　Z 分配與 t 分配(d.f.=10)之曲線圖形比較

| 例題 **18**

試求自由度為 10，$P(T \geq a) = 0.05$ 之臨界值 a。

解

查附錄表（t 分配表），可知當 d.f.=10 時，a 之值為 1.8125。

| 例題 **19**

試求自由度為 10，$P(T \leq a) = 0.05$ 之臨界值 a。

解

若 $P(T \leq a) = 0.05$，則 $P(T \geq -a) = 0.05$。

查附錄表（t 分配表），可知當 d.f.=10 時，$-a$ 之值為 1.8125。

因此，a 之值為 -1.8125。

| 例題 **20**

試求自由度為 10，$P(-a \leq T \leq a) = 0.95$ 之臨界值 a。

解

若 $P(-a \leq T \leq a) = 0.95$，則 $P(T \geq a) = 0.025$。

查附錄表（t 分配表），可知當 d.f.=10 時，a 之值為 2.2281。

| 例題 21

試求自由度為 5，$P(T \geq a) = 0.05$ 之臨界值 a。

解

查附錄表（t 分配表），可知當 d.f.=5 時，a 之值為 2.015。

| 例題 22

試求自由度為 5，$P(T \leq a) = 0.05$ 之臨界值 a。

解

若 $P(T \leq a) = 0.05$，則 $P(T \geq -a) = 0.05$。

查附錄表（t 分配表），可知當 d.f.=5 時，$-a$ 之值為 2.015。

因此，a 之值為 -2.015。

| 例題 23

試求自由度為 5，$P(-a \leq T \leq a) = 0.95$ 之臨界值 a。

解

若 $P(-a \leq T \leq a) = 0.95$，則 $P(T \geq a) = 0.025$。

查附錄表（t 分配表），可知當 d.f.=5 時，a 之值為 2.5706。

4-5 χ^2分配(Chi-Square Distribution)

當我們在作次數分析的假設檢定時,其檢定統計量即為一χ^2分配。自一個常態分配母體中每一次隨機抽取一個x,並將其轉化成z分數,如此重複進行多次,則最後將形成一平均數為 0,標準差為 1 的標準常態分配,其次,再從這分配中隨機抽取一個z分數,然後加以平方,記為x_1^2,如此重複進行多次,則可得無數多個x_1^2,此時

$$x_1^2 = z^2 \left[\frac{(x-\mu)}{\sigma}\right]^2$$

則此些x_1^2的次數分配將形成一自由度為 1 的χ^2分配,我們稱為自由度為 1 的卡方分配。

若是自一個常態分配母體中每一次隨機抽取兩個 x,並將這兩個 x 都化為z分數後,然後將這兩個z^2相加,即得

$$x_2^2 = z_1^2 + z_2^2 = \left[\frac{(x_1-\mu)}{\sigma}\right]^2 + \left[\frac{(x_2-\mu)}{\sigma}\right]^2$$

如此重複進行多次,則可得無數多個x_2^2,則此些x_2^2的次數分配將形成一自由度為 2 的χ^2分配,我們稱為自由度為 2 的卡方分配。

依此類推,若是自一個常態分配母體中每一次隨機抽取 n 個 x,並將這 n 個 x 都化為z分數後,平方之,再將這 n 個z^2相加,即得

$$x_n^2 = z_1^2 + z_2^2 + \cdots + z_n^2$$

$$= \left[\frac{(x_1-\mu)}{\sigma}\right]^2 + \left[\frac{(x_2-\mu)}{\sigma}\right]^2 + \cdots \left[\frac{(x_n-\mu)}{\sigma}\right]^2$$

如此重複進行多次,則可得無數多個x_n^2,則此些x_n^2的次數分配將形成一自由度為 n 的χ^2分配,我們稱其為自由度為 n 的卡方分配。

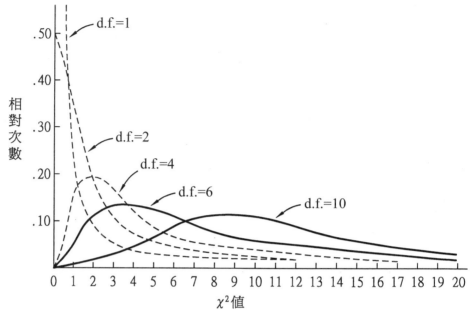

圖 4-5　不同自由度之 χ^2 的次數分配

由圖形可知，自由度不同，χ^2 的次數分配也就不同。

χ^2 分配有幾個重要的特性：

1. 自由度為 n 時，χ^2 分配的平均數為 n，標準差為 $\sqrt{2n}$。

2. 自由度為 2 或 2 以上時，眾數之位置在 $n-2$ 處。

3. 當自由度愈來愈大時，χ^2 分配便愈接近常態分配。

例題 24

試求自由度為 5，(1) $P(\chi^2 \geq a) = 0.1$ 之臨界值 a　(2)　$P(\chi^2 \geq a) = 0.05$ 之臨界值 a　(3) $P(\chi^2 \geq a) = 0.025$ 之臨界值 a。

解

查附錄表，得知 (1) $a=9.236$　(2) $a=11.071$　(3) $a=12.833$。

例題 **25**

試求自由度為 10，(1) $P(\chi^2 \geq a) = 0.9$ 之臨界值 a　(2) $P(\chi^2 \geq a) = 0.95$ 之臨界值 a　(3) $P(\chi^2 \geq a) = 0.975$ 之臨界值 a。

解

查附錄表，得知(1) a=4.865　(2) a=3.940　(3) a=3.247。

4-6 F分配(F Distribution)

在推論統計中，當我們在作母體變異數比的區間估計及母體變異數比的假設檢定，或變異數分析(Analysis of Variance)時，皆須用到 F 分配。如我們從一常態分配的母體去隨機抽樣，此母體的平均數是 μ，變異數是 σ_2，抽樣的第一個步驟是抽取 n_1 個樣本，並計算它們的變異數 s_1^2，然後再抽取 n_2 個樣本，並計算它們的變異數 s_2^2，此時，樣本的大小 n_1、n_2 可以相等也可以不相等，如此重複多次，每次計算它們變異數的比值 $F = s_1^2 / s_2^2$，則這個統計量的分配，將形成一自由度為(n_1-1，n_2-1)的 F 分配。在此，我們對 F 分配作一介紹：

設 U，V 各為自由度 n_1、n_2 的 χ^2 分配，且 U、V 互相獨立，則 $\dfrac{U / n_1}{V / n_2}$ 為一自由度為(n_1，n_2)的 F 分配。記為

$$F = \frac{U / n_1}{V / n_2} \sim F(n_1, n_2) \text{，} 1 < n_1 \text{，} n_2 < \infty$$

這是為了紀念統計學家 R.A.Fisher 而命名的，此種分配的圖形由兩個自由度 n_1、n_2 大小來決定。

| 例題　26

試求自由度 5,10，$P(F \geq a) = 0.05$ 之臨界值 a。

解

查附錄表（F 分配表），可知當 $n_1 = 5$，$n_2 = 10$ 時，a 之值為 3.33。

| 例題　27

試求自由度 5,10，$P(F \geq a) = 0.025$ 之臨界值 a。

解

查附錄表（F 分配表），可知當 $n_1 = 5$，$n_2 = 10$，a 之值為 4.24。

| 例題　28

試求自由度 5,10，$P(F \geq a) = 0.01$ 之臨界值 a。

解

查附錄表（F 分配表），可知當 $n_1 = 5$，$n_2 = 10$ 時，a 之值為 5.64。

定 理

若 F 為一自由度$(n_1，n_2)$的 F 分配，則 $1/F$ 為一自由度$(n_1，n_2)$的 F 分配。

定理

若 $P(F \geq a) = \alpha$ 則 $P(\frac{1}{F} \geq \frac{1}{a}) = 1 - \alpha$。

公式：$F_{(\alpha, n_1, n_2)} = \dfrac{1}{F_{(1-\alpha, n_1, n_2)}}$

例題 **29**

試求自由度為 5,10，$P(F \geq a) = 0.95$ 之臨界值 a。

解

若 $P(F \geq a) = 0.95$，則 $P(\frac{1}{F} \geq \frac{1}{a}) = 0.05$。

查附錄表（F 分配表），可知當 $n_1 = 10$，$n_2 = 5$ 時，$1/a$ 之值為 4.74。故 a 之值為 1/4.74=0.211。

例題 **30**

試求自由度為 5,10，$P(F \geq a) = 0.975$ 之臨界值 a。

解

若 $P(F \geq a) = 0.975$，則 $P(\frac{1}{F} \geq \frac{1}{a}) = 0.025$。

查附錄表（F 分配表），可知當 $n_1 = 10$，$n_2 = 5$ 時，$1/a$ 之值為 6.62。故 a 之值為 1/6.62=0.151。

| 例題　**31**

試求自由度為 5,10，$P(F \geq a) = 0.99$ 之臨界值 a。

若 $P(F \geq a) = 0.99$，則 $P(\frac{1}{F} \geq \frac{1}{a}) = 0.01$。

查附錄表（F 分配表），可知當 $n_1=10$，$n_2=5$ 時，$1/a$ 之值為 10.1。故 a 之值為 1/10.1=0.099。

習 題

1. 假設某餐廳來店用餐的客人中，每 10 人之中，就有 3 人是男性，今從該餐廳隨機選取 5 人，試求(1)恰有 2 人　(2)至少有 1 人　是男性之機率。

2. 假設某一公司每位員工每月請假之機率為 0.05，今從該公司隨機選取 6 人，試求過去這一個月中，(1)恰有 3 人　(2)無人　請假之機率。

3. 假設某超商某產品的顧客購買率為 0.9，今從該商店隨機選取 500 名顧客，試求其產品購買人數的期望值及標準差。

4. 假設某超商 7:00~7:10，平均有 6 位顧客來店光顧，若來店購物人數為一卜瓦松分配，試求該時段(1)恰有 5 人　(2)至少有 2 人　來店購物之機率。

5. 假設某高速公路交流道入口，每 10 分鐘平均有 30 部車輛進入，試求 1 分鐘內，(1)恰有 5 輛　(2)沒有車輛　進入之機率。

6. 一般人對藥物有過敏現象之機率為 0.2%，在 1000 人中，假設對藥物有過敏現象的人數分配為一卜瓦松分配，試求(1)恰有 3 人　(2) 至少有 3 人　對藥物過敏之機率。

7. 假設隨機變數 Z 為一標準常態分配，試求下列各題之機率。
   (1) $P(Z \leq 1)$　(2) $P(Z \leq -1)$　(3) $P(Z \geq 1.5)$　(4) $P(Z \geq -1.5)$。

8. 假設隨機變數 X 為一常態分配，平均數為 100，標準差為 10，試求下列各題之機率。
   (1) $P(X \leq 110)$　(2) $P(X \leq 90)$　(3) $P(X \geq 115)$　(4) $P(X \geq 85)$。

9. 假設某班及某次測驗分數為一常態分配，平均分數為 70 分，標準差為 5 分，試求班上學生分數(1)高於 85 分　(2)低於 60 分　(3)介於 65 分至 70 分之間(4)介於 60 分至 75 分之間　之機率。

10. 假設隨機變數 Z 為一標準常態分配，試求 a 之值，使得
   (1) $P(Z \leq a) = 0.8$　(2) $P(Z \leq a) = 0.1$　(3) $P(Z \geq a) = 0.75$
   (4) $P(Z \geq a) = 0.05$　(5) $P(-a \leq Z \leq a) = 0.8$　(6) $P(-a \leq Z \leq a) = 0.9$。

11. 假設隨機變數 X 為一平均數為 50，標準差為 3 之常態分配，試求 a，b 之值，使得(1) $P(X \le a) = 0.95$ (2) $P(X \ge a) = 0.95$ (3) $P(a \le X \le b) = 0.95$。

12. 假設隨機變數 X 為一自由度為 12 之 t 分配，試求 a 之值，使得
(1) $P(X \le a) = 0.9$ (2) $P(X \ge a) = 0.9$ (3) $P(-a \le X \le a) = 0.9$。

13. 假設隨機變數 X 為一自由度為 8 之 χ^2 分配，試求 a 之值，使得(1) $P(X \le a) = 0.95$ (2) $P(X \ge a) = 0.95$。

14. 假設隨機變數 X 為一自由度為 8、12 之 F 分配，試求 a 之值，使得(1) $P(X \le a) = 0.9$ (2) $P(X \ge a) = 0.9$。

抽樣分配

STATISTICS

　　若研究調查的對象，已包含了所有可能的個體，則由調查資料所得的統計量，即可代表母體的特徵，母體平均數、標準差、變異數等數值，稱為母體**參數**(Parameter)。而由樣本資料所計算得到的統計量，如平均數、標準差、變異數等，則稱為為**樣本統計量**(Sample Statistic)。這些樣本統計量的分配，即為**抽樣分配**(Sampling Distribution)。在此章中，我們將介紹樣本統計量的抽樣分配。

5-1 樣本平均數的抽樣分配

　　由一已知的母體中，隨機選取一組大小為 n 的樣本，計算此 n 個觀測值的平均數，此平均數稱為樣本平均數，令為 $\bar{x}$，重複為之，當次數夠多時，此些 $\bar{x}$ 的分配，根據數學上機率理論中的中央極限定理，可知其為一常態分配。通常我們會利用樣本平均數 $\bar{x}$，來推論母體平均數 μ，或與母體平均數 μ 做比較。若母體為一平均數 μ，標準差為 σ 的常態分配，則此樣本平均數的抽樣分配，具有下列兩個特性：

1. 此分配是以母體平均數 μ 為中心的分配，即 $\mu_{\bar{x}} = \mu$。
2. 此分配的變異數為母體變異數除以樣本個數，即 $\sigma_{\bar{x}}^2 = \sigma^2 / n$。

　　而此樣本平均數抽樣分配的標準差稱為標準誤(standard error)。若母體的分配未知或不為一常態分配時，只要樣本數 n 夠大，利用中央極限定理，樣本平均數的抽樣分配，仍可視為一常態分配。因此，

$$Z = \frac{\bar{X} - \mu}{\frac{\sigma}{\sqrt{n}}} \sim N(0,1)$$

　　當母體個數為有限個時，我們須對樣本平均數的抽樣分配的標準差作修正，乘以一校正因子，此時，

$$\sigma_{\bar{x}} = \frac{\sigma}{\sqrt{n}} \sqrt{\frac{N-n}{N-1}}$$

其中 σ 為母體標準差，N 為母體個數，n 為樣本個數，$\sqrt{\dfrac{N-n}{N-1}}$ 稱為

有限母體的校正因子(The correction factor for a finite population)。

例題 01

已知某一地區人口的體重分配為一平均數 60 公斤，標準差 8 公斤的常態分配。今從該地區中隨機選取一樣本數為 16 的樣本，試求其平均體重大於 62 公斤之機率。

 解

由題意知，此樣本平均數的抽樣分配，為一平均數 60 公斤，標準差 2 公斤之常態分配。因此，

$$P(\overline{X} > 62) = P(Z > 1) = 0.1587$$

例題 02

已知某一班級的數學成績為一平均數 57 分，標準差 10 分的常態分配。今從中隨機選取一樣本數為 9 的樣本，試求其平均分數：(1)大於等於 60 分　(2)介於 50 至 62 分之間　(3)低於 55 分之機率。

解

由題意知，此樣本平均數的抽樣分配，為一平均數 57 分，標準差 10/3 分之常態分配。因此，

(1)　$P(\overline{X} \geq 60) = P(Z \geq 0.9) = 0.1841$

(2)　$P(50 \leq \overline{X} \leq 62) = P(-2.1 \leq Z \leq 1.5) = 0.4821 + 0.4332 = 0.9153$

(3)　$P(\overline{X} < 55) = P(Z < -0.6) = 0.2743$

例題 03

已知某產品的重量為一常態分配,平均數 180 公克,標準差 30 公克。今從產品中隨機選取 36 個樣本,測其重量,試求其平均重量:(1)大於 190 公克 (2)小於 175 公克 之機率。

由於樣本數夠大,故此樣本平均數的抽樣分配,仍可視為一平均數 180 公克,標準差 5 公克之常態分配。因此,

(1) $P(\overline{X} > 190) = P(Z > 2) = 0.0228$ 。

(2) $P(\overline{X} < 175) = P(Z < -1) = 0.1587$ 。

例題 04

已知某旅館一年來每週投宿的旅客人數分配為常態分配且其平均數為 180 人,標準差為 30 人,今隨機選取 36 週,記錄每週投宿的旅客人數,試問樣本平均數分配的平均數及標準誤各為何?

由於母體個數有限,故此樣本平均數的抽樣分配之平均數為 180 人,標準誤為 $\dfrac{30}{\sqrt{36}}\sqrt{\dfrac{52-36}{52-1}} = 2.8$ 。

5-2 兩樣本平均數差的抽樣分配

由一平均數為 μ_1,標準差為 σ_1 的常態分配母體 A 中,隨機選取一組大小為 n_1 的樣本,計算此 n_1 個觀測值的平均數,令為 $\overline{x}_1$,再由另一平均數為 μ_2,標準差為 σ_2 的常態分配母體 B 中,隨機選取一組大小為 n_2 的

樣本，計算此 n_2 個觀測值的平均數，令為 $\bar{x}_2$，重複為之，當次數夠多時，此些樣本平均數差，$\bar{x}_1 - \bar{x}_2$，的抽樣分配亦為一常態分配，且其平均數為 $\mu_1 - \mu_2$，標準差為 $\sqrt{\dfrac{\sigma_1^2}{n_1} + \dfrac{\sigma_2^2}{n_2}}$。因此，

$$Z = \frac{(\bar{X}_1 - \bar{X}_2) - (\mu_1 - \mu_2)}{\sqrt{\dfrac{\sigma_1^2}{n_1} + \dfrac{\sigma_2^2}{n_2}}} \sim N(0,1)$$

例題 05

假設生產 A 產品所需的時間為一平均數 45 分，標準差 15 分的常態分配。而生產 B 產品所需的時間為一平均數 30 分，標準差 20 分的常態分配。今隨機選取各 35 及 25 個產品，記錄其生產所需的平均時間，試求兩種產品生產所需的平均時間相差超過 20 分鐘之機率。

解

由題意知，此兩樣本平均數差 $(\bar{X}_1 - \bar{X}_2)$ 的抽樣分配，為一平均數 $45-30=15$（分），標準差 $\sqrt{\dfrac{15^2}{35} + \dfrac{20^2}{25}} = 4.74$（分）之常態分配。

因此，$P(|\bar{X}_1 - \bar{X}_2| > 20) = P(\bar{X}_1 - \bar{X}_2 > 20) + P(\bar{X}_1 - \bar{X}_2 < -20)$

$= P(Z > \dfrac{20-15}{4.74}) + P(Z < \dfrac{-20-15}{4.74})$

$= P(Z > 1.05) + P(Z < -7.34)$

$= (0.5 - 0.3531) + 0 = 0.1469$

例題 06

已知甲、乙兩零售商的日收入為常態分配，其平均數相等，變異數分別為 100 及 80（單位：百元）。今分別從甲、乙兩零售商中，隨機選取 25 日及 16 日的記錄，試求兩組樣本平均數差小於 6 之機率。

 由題意知，此兩組樣本平均數差 $(\bar{X}_1 - \bar{X}_2)$ 的抽樣分配，為一平均數為 0，標準差為 $\sqrt{\dfrac{100}{25} + \dfrac{80}{16}} = 3$ 之常態分配。

因此，$P(|\bar{X}_1 - \bar{X}_2| < 6) = 2P(0 < \bar{X}_1 - \bar{X}_2 < 6)$

$$= 2P(0 < Z < \frac{6-0}{3})$$

$$= 2P(0 < Z < 2) = 0.9544$$

　　若母體的分配未知或不為一常態分配時，只要樣本數 n_1 及 n_2 夠大，同樣地，利用中央極限定理，兩樣本平均數差的抽樣分配，仍可視為一常態分配。

 例題 07

　　甲乙兩系學生的學期成績分佈，分別為平均數 60 分，標準差 10 分，及平均數 50 分，標準差 5 分之常態分配，今從兩系學生中，隨機各選取 200 名及 50 名，試問甲系學生之平均分數高於乙系學生平均分數 9 分之機率為何？

 由題意知，此兩組樣本平均數差 $(\bar{X}_1 - \bar{X}_2)$ 的抽樣分配，為一平均數 10 分，標準差 $\sqrt{\dfrac{10^2}{200} + \dfrac{5^2}{50}} = 1$ 分之常態分配。

因此，$P(\bar{X}_1 - \bar{X}_2 > 9) = P(Z > -1) = 0.8413$。

5-3 樣本比例的抽樣分配

　　由一已知的母體中，隨機選取一組大小為 n 的樣本，當次數 n 夠大時，樣本比例($\bar{P}$)的分配為一常態分配，其平均數與母體比例 p 相同，也就是說，$\mu_{\bar{p}} = p$，而標準差 $\sigma_{\bar{p}} = \sqrt{\dfrac{p(1-p)}{n}}$。因此，

$$Z = \frac{\bar{P} - p}{\sqrt{\dfrac{p(1-p)}{n}}} \sim N(0,1)$$

而當母體個數為有限個時，此樣本比例的抽樣分配的標準差亦須作修正，乘上一有限母體的校正因子，此時，

$$\sigma_{\bar{p}} = \sqrt{\frac{p(1-p)}{n}} \sqrt{\frac{N-n}{N-1}}$$

其中 p 為母體比例，N 為母體個數，n 為樣本個數，$\sqrt{\dfrac{N-n}{N-1}}$ 為有限母體的校正因子(The correction factor for a finite population)。

│例題 08

　　已知某一餐廳有 90% 的人會再度光臨用餐。今從該餐廳隨機選取 100 顧客，則會再度光臨用餐的比例少於 85%之機率為何？

解

　　由題意知，此樣本比例 $\bar{P}$ 的抽樣分配，為一平均數 0.9，標準差 $\sqrt{\dfrac{0.9 \times 0.1}{100}} = 0.03$ 之常態分配。因此，

$$P(\bar{P} < 0.85) = P(Z < \frac{0.85 - 0.9}{0.03}) = P(Z < -1.67) = 0.0475$$

| 例題 09

已知某一地區有 60% 的人喜歡出外旅遊。今從該地區中隨機選取 100 名民眾作調查，則樣本比例(1)少於 70%　(2)大於 50%之機率為何？

由題意知，此樣本比例 $\overline{P}$ 的抽樣分配，為一平均數 0.6，標準差 $\sqrt{\dfrac{0.6 \times 0.4}{100}} = 0.049$ 之常態分配。因此，

(1)　$P(\overline{P} < 0.7) = P(Z < \dfrac{0.7 - 0.6}{0.049}) = P(Z < 2.04) = 0.9793$。

(2)　$P(\overline{P} > 0.5) = P(Z > \dfrac{0.5 - 0.6}{0.049}) = P(Z > -2.04) = 0.9793$。

5-4　兩樣本比例差的抽樣分配

今分別自兩個獨立的母體中，隨機選取兩組樣本數各為 n_1 及 n_2 的樣本，當次數 n_1 及 n_2 夠大時，此兩組樣本比例差$(\overline{P}_1 - \overline{P}_2)$的抽樣分配為一常態分配，此分配的平均數與母體的比例差 $p_1 - p_2$ 相同，也就是說，$\mu_{\overline{P}_1 - \overline{P}_2} = p_1 - p_2$，　而標準差 $\sigma_{\overline{P}_1 - \overline{P}_2} = \sqrt{\dfrac{p_1(1-p_1)}{n_1} + \dfrac{p_2(1-p_2)}{n_2}}$ 。因此，

$$Z = \dfrac{(\overline{P}_1 - \overline{P}_2) - (p_1 - p_2)}{\sqrt{\dfrac{p_1(1-p_1)}{n_1} + \dfrac{p_2(1-p_2)}{n_2}}} \sim N(0,1)$$

| 例題

已知某一地區男孩及女孩不喜歡看卡通的比例均為 0.1。今從該地區中隨機選取男孩及女孩各 250 名及 200 名，試求其不喜歡看卡通的比例相差超過 5% 之機率。

解

由題意知，此兩樣本比例差($\bar{P_1} - \bar{P_2}$)的抽樣分配，為一平均數為 0，

標準差為 $\sqrt{\dfrac{0.1 \times 0.9}{250} + \dfrac{0.1 \times 0.9}{200}} = 0.0285$ 之常態分配。

因此， $P(|\bar{P_1} - \bar{P_2}| > 0.05) = 2P(\bar{P_1} - \bar{P_2} > 0.05)$

$$= 2P(Z > \frac{0.05 - 0}{0.0285})$$

$$= 2P(Z > 1.75) = 2(0.5 - 0.4599) = 0.0802$$

| 例題 **11**

已知某飲料店中，兩種最受歡迎的飲料 *A*、*B* 的再購買率均為 0.85。
今有 100 人來購買 *A* 飲料，結果有 85 人再度購買，150 人來購買 *B* 飲料，
結果有 120 人再度購買，試問此兩種飲料的再購買率有更大差異之機
率。

解

由題意知，此兩樣本比例差($\bar{P_1} - \bar{P_2}$)的抽樣分配，為一平均數為 0，標準

差為 $\sqrt{\dfrac{0.85 \times 0.15}{100} + \dfrac{0.85 \times 0.15}{150}} = 0.046$ 之常態分配。又 $\bar{P_1}$=85/100=0.85，$\bar{P_2}$

=120/150=0.8。因此， $\bar{p_1} - \bar{p_2} = 0.05$ ，

$$P(\bar{P_1} - \bar{P_2} > 0.05) = P(Z > \frac{0.05 - 0}{0.046})$$

$$= P(Z > 1.09)$$

$$= 0.5 - 0.3621 = 0.1379$$

習 題

1. 已知某公司員工的身高為一平均數 165 公分，標準差 10 公分的常態分配。今從該公司隨機選取 25 名員工，試求其平均身高(1)超過 168 公分 (2)小於 160 公分 之機率。

2. 已知某地區民眾每月的消費額，平均數為 60，標準差為 10（單位：千元），今隨機選取 100 名民眾，試求其每月的平均消費額(1)介於 58 至 59 之間 (2)介於 60 至 63 之間 之機率。

3. 已知某餐廳中，A 套餐的用餐時間，平均為 30 分，標準差為 10 分，而 B 套餐的用餐時間，平均為 40 分，標準差 15 分。假設顧客用餐時間為常態分配，今自點用兩種套餐的顧客中，隨機各選取 10 名及 15 名顧客，記錄其用餐時間，試求(1)兩種顧客的平均用餐時間相差少於 15 分鐘 (2)點用 B 套餐顧客的平均用餐時間超過點用 A 套餐顧客 20 分鐘 之機率。

4. 已知某公司男性及女性的工作績效為常態分配，其平均數分別為 5.5 及 5.0 分，標準差各為 1 及 1.2 分。今從該公司隨機選取男性及女性各 100 名及 150 名，試求(1)兩組樣本平均工作績效差小於 0.2 (2)男性樣本平均工作績效較女性樣本平均工作績效大 0.1 之機率。

5. 已知某地區民眾出外用餐的比例為 0.75。今從某一地區中隨機選取 300 名民眾調查，試求此樣本出外用餐率 (1)達 80% (2)低於 70% 之機率。

6. 已知兩生產線上，生產 A、B 兩種產品的產能各為 90%及 80%。今從兩生產線上隨機各選取 100 個產品施測，試求(1)此兩種生產線的產能相差小於 5% (2)生產線 A 的產能大於生產線 B 之機率。

區間估計

STATISTICS

　　根據樣本的性質來推論母體性質之過程，稱為推論統計。推論統計的主要內容包括兩部分：一是母數估計，另一是對母數的假設作檢定，也就是估計(Estimation)和假設檢定(Hypothesis Test)兩種。

【名詞解釋】

1. 母數(parameter)：代表母體性質的量數。
2. 統計量(statistic)：樣本性質量數的大小。
3. 估計量(estimator)：一個被用來推定母數的統計量。
4. 估計值(estimate)：估計量的大小。

　　當母體的性質不清楚時，我們須利用某一統計數作為估計數，以幫助了解母數的性質。例如樣本平均數 $\bar{x}$，乃是母體平均數 μ 的估計量。而估計又可分為點估計(Point Estimation)和區間估計(Interval Estimation)兩種：

1. 點估計：當我們只用一個特定的值，亦即數線上的一個特定的點，來作為估計值以估計母數時，稱為點估計。如自 200 名學童中抽出 50 名測量身高，得平均身高 $\bar{x}=125$cm，這數值更是數線上的一個點，若用此數值來作為母體平均數 μ 的估計值，這便是一種點估計。

　　在作點估計時，估計量須滿足下列四條件：

   (1) 不偏性(unbiasedness)：若樣本統計量的期望值等於母體的參數時，則稱此統計量具有不偏性，如樣本平均數 $\bar{x}$，就是母體平均數 μ 的不偏估計量。

   (2) 一致性(consistency)：是指當樣本的個數增加時，估計量的大小會與它所要估計的母數愈來愈接近或相等。$\bar{x}$ 就是如此，當樣本的個數等於母體的個數時，$\bar{x}$ 就等於 μ。

   (3) 有效性(efficiency)：是指估計量的大小不因樣本之不同而變動得太屬害。如中位數 Me 也是 μ 的不偏估計值，但我們很少用它來作為 μ 的不偏估計值，因為當我們每次選取 n 個樣本，找出 $\bar{x}$ 和 Me，選取多次後，把 $\bar{x}$ 的次數分配和 Me 的次數分配作一比較，會發現由 $\bar{x}$ 所構成的次數分配之變異誤要比由 Me 所構成的次數分配之變異誤小很多，因此，若以 Me 作為估計量時，其有效性將大為降低。是故，$\bar{x}$ 較 Me 具有有效性。

(4) 充分性(sufficiency)：是指估計量能充分利用樣本資料的訊息，來代表母數的性質。如樣本平均數 $\bar{x}$ 是利用每個樣本資料的訊息，而中位數 Me 只用到位置居中的資料，是故，$\bar{x}$ 較 Me 具有充分性。

2. 區間估計：此法是以數線上的某一個區間作為母數的估計範圍，如我們不說 200 名學童的平均身高為 125cm，而說他們的平均身高可能落在 120~130cm 之間，同時還要說 120~130cm 包含母數 μ 的機率有多大，此時 120cm 到 130cm 是一個區間，而不是一個點，這種估計稱為區間估計。

作區間估計時，我們想知道在這個區間包含母數的機率有多大，此可信賴之機率值，稱為信賴水準(Confidence Level)，所求出的區間，稱為信賴區間(Confidence Interval)，而該區間的上下限，稱為信賴界限(Confidence Limits)。此時，有兩個基本假設：

(1) 估計量是母數的不偏估計量。

(2) 估計量的分配近似於常態分配。

6-1 母體平均數 μ 的區間估計

👉 6-1-1 母體變異數 σ^2 已知

當母體為常態分配，且母體之變異數 σ^2 已知時，由第五章得知，無論樣本數 n 為何，樣本平均數的抽樣分配均為常態分配，且

$$Z = \frac{\bar{X} - \mu}{\frac{\sigma}{\sqrt{n}}} \sim N(0,1)$$

若信賴水準為 $100(1-\alpha)\%$，由常態分配的圖形（圖 6-1）可得下列性質：

$$P(Z_{1-\alpha/2} < \frac{\bar{X} - \mu}{\frac{\sigma}{\sqrt{n}}} < Z_{\alpha/2}) = 1 - \alpha$$

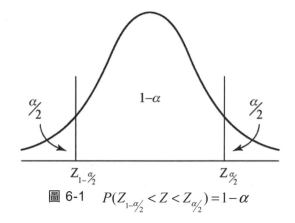

圖 6-1　　$P(Z_{1-\alpha/2} < Z < Z_{\alpha/2}) = 1 - \alpha$

因為 Z 分配為一對稱的分配，故 $Z_{1-\alpha/2} = -Z_{\alpha/2}$。因此，

$$-Z_{\alpha/2} < \frac{\overline{X} - \mu}{\frac{\sigma}{\sqrt{n}}} < Z_{\alpha/2}$$

$$\overline{x} - Z_{\alpha/2} \cdot \frac{\sigma}{\sqrt{n}} < \mu < \overline{x} + Z_{\alpha/2} \cdot \frac{\sigma}{\sqrt{n}}$$

其中 $Z_{\alpha/2} \cdot \frac{\sigma}{\sqrt{n}} = E$，稱為誤差界限，區間 $(\overline{x} - Z_{\alpha/2} \cdot \frac{\sigma}{\sqrt{n}}$, $\overline{x} + Z_{\alpha/2} \cdot \frac{\sigma}{\sqrt{n}})$ 即稱為

母體平均數 μ 之 $100(1-\alpha)\%$ 之信賴區間，也就是，區間 $(\overline{x} - Z_{\alpha/2} \cdot \frac{\sigma}{\sqrt{n}}$,

$\overline{x} + Z_{\alpha/2} \cdot \frac{\sigma}{\sqrt{n}}$)，包含母體平均數 μ 之機率為 $1-\alpha$。

例題 01

　　某教師利用魏氏兒童智力量表(WISC)，測量該校某年級學童的智商，今隨機選取 200 名學童做測驗，得平均智商為 115，試求該校該年級學生的平均智商的 95%的信賴區間。(WISC 之 σ =15)

解

　　我們須先設定此樣本平均數 $\overline{X}$ 的次數分配為一常態分配。信賴水準為 95%，即 $1-\alpha$ =0.95，也就是說

$$P = (-Z_{\alpha/2} < \frac{\overline{X} - \mu}{\frac{\sigma}{\sqrt{n}}} < Z_{\alpha/2}) = 0.95$$

查表可知 $Z_{0.025}=1.96$，也就是 μ 可能落在平均數 $\bar{x}$ 之上下 1.96 個標準誤差之間，則

$$\bar{x} \pm 1.96(\sigma/\sqrt{n}) = 115 \pm 1.96(\frac{15}{\sqrt{200}}) = 115 \pm 2.08$$

因此，該校該年級學生平均智商的 95% 的信賴區間為 $(112.92，117.08)$。也就是說，該校該年級學生的智商 112.92~117.08 會包含 μ 之機率為 0.95。

例題 02

已知國小一年級學童的平均身高為一常態分配且其變異數為 10，若某教師欲得知該校國小一年級學童的平均身高為何，從中隨機選取 100 名學生量測身高，得知其平均身高為 115 分，試求該年級學童平均身高的 90% 信賴區間。

解

$1-\alpha=0.90$，查表得知 $Z_{0.05}=1.645$，則

$$\bar{x} \pm 1.645 \cdot (\frac{\sigma}{\sqrt{n}}) = 115 \pm 1.645(\frac{\sqrt{10}}{\sqrt{100}}) = 115 \pm 0.52$$

即 $(114.48, 115.52)$ 為其 90% 之信賴區間。

例題 03

　　已知某旅館每週投宿的旅客人數為常態分配且其標準差為 20 人，旅館經理想知道一年（以 52 週計）中，每週平均投宿的旅客人數有多少，他隨機選取 25 週，記錄每週投宿的旅客人數，得其樣本平均數為 180 人，試求該旅館每週平均投宿旅客人數的 95% 之信賴區間。

解

　　由於母體個數有限，故須對標準差作修正，乘以有限校正因子。因此，樣本平均數的分配，為一平均數 180 人，標準差 $\dfrac{20}{\sqrt{25}}\sqrt{\dfrac{52-25}{52-1}}=2.91$ 的常態分配。$1-\alpha=0.95$，查表得知 $Z_{0.025}=1.96$，故 95% 之信賴區間為

$$180\pm1.96\times2.91=180\pm5.7=(174.3,\ 185.7)$$

6-1-2　母體變異數 σ^2 未知

　　當母體為一常態分配，且變異數 σ^2 未知，樣本數 n 又不夠大時，則需使用 t 分配來對母數 μ 作區間估計。

$$t=\frac{\overline{X}-\mu}{\dfrac{s}{\sqrt{n}}}\sim t(n-1)\text{，自由度為 }n-1$$

若信賴水準為 $100(1-\alpha)\%$，則

$$P(t_{1-\alpha/2}<\frac{\overline{X}-\mu}{\dfrac{s}{\sqrt{n}}}<t_{\alpha/2})=1-\alpha$$

因為 t 分配為一對稱的分配，故 $t_{1-\alpha/2}=-t_{\alpha/2}$。因此，區間 $(\overline{x}-t_{\alpha/2}\cdot\dfrac{s}{\sqrt{n}}$，$\overline{x}+t_{\alpha/2}\cdot\dfrac{s}{\sqrt{n}})$，即為母體平均數 μ 之 $100(1-\alpha)\%$ 之信賴區間。

例題 04

假設某公司員工的工作績效為一常態分配,今隨機選取 16 名員工,得知樣本平均數 $\bar{x}$=3.58,樣本標準差 s=0.72,試求母體平均數(1)95%之信賴區間　(2)90%之信賴區間。

解

(1) 查表得 $t_{(0.025,15)}$=2.1315,因此,

$$\bar{x} \pm t_{(0.025,15)} \cdot \frac{s}{\sqrt{n}} = 3.58 \pm 2.1315 \times \frac{0.72}{\sqrt{16}} = 3.58 \pm 0.38$$

即(3.2, 3.96)為母體平均數 μ 之 95%之信賴區間。

(2) 查表得 $t_{(0.05,15)}$=1.753,因此,

$$\bar{x} \pm t_{(0.05,15)} \cdot \frac{s}{\sqrt{n}} = 3.58 \pm 1.753 \times \frac{0.72}{\sqrt{16}} = 3.58 \pm 0.32$$

即(3.26, 3.90)為母體平均數 μ 之 90%之信賴區間。

例題 05

假設某班學生的學期成績為一常態分配,今隨機選取 15 名學生,得其樣本平均數 $\bar{x}$=76 分,樣本標準差 s=10.5 分,試求母體平均數之 95%之信賴區間。

解

查表得 $t_{(0.025,14)}$=2.1448,故信賴區間為

$$76 \pm 2.1448 \times \frac{10.5}{\sqrt{15}} = 76 \pm 5.815 = (70.185, 81.815)$$

即(70.185,81.815)為母體平均數 μ 之 95%之信賴區間。

 例題 06

假設某超商每月的營業額為一常態分配,今隨機選取6個月的記錄,得其樣本平均數為 22.5, 樣本變異數為 2.56(單位:萬元),試求其母體平均數之 90%的信賴區間。

 解

查表得 $t_{(0.05,5)}=2.015$,因此,

$$\bar{x} \pm t_{(0.05,5)} \cdot \frac{s}{\sqrt{n}} = 22.5 \pm 2.015 \times \frac{\sqrt{2.56}}{\sqrt{6}} = 22.5 \pm 1.32$$

即$(21.18, 23.82)$為母體平均數 μ 之 90%之信賴區間。

若母體的分配未知或不為常態分配時,當 n 夠大時$(n>30)$,不論母體變異數是否已知,皆可視為常態分配。

 例題 07

欲得知來店用餐的顧客是否按照預約的時間來店用餐,今隨機選取 35 名顧客,發現顧客平均晚 17.2 分鐘來店用餐,標準差為 8 分鐘。已知母體大概不是常態分配,試求其母體平均數 μ 的 90%之信賴區間。

解

$1-\alpha=0.90$,查表得知 $Z_{0.05}=1.645$,

故信賴區間為 $17.2 \pm 1.645(8/\sqrt{35})=17.2 \pm 2.2=(15.0, 19.4)$。

例題 08

今隨機選取 49 個產品測其重量,得知其平均重量為 90 公克,標準差為 10 公克,假設產品重量為常態分配,試求其該產品重量平均數 μ 的 (1)95% (2)99%之信賴區間。

解

(1) $1-\alpha=0.95$,查表得知 $Z_{0.025}=1.96$,
故信賴區間為 $90\pm1.96(10/\sqrt{49})=90\pm2.8=(87.2, 92.8)$。

(2) $1-\alpha=0.99$,查表得知 $Z_{0.005}=2.575$,
故信賴區間為 $90\pm2.575(10/\sqrt{49})=90\pm3.68=(86.32, 93.68)$。

反過來,我們亦可由信賴區間的大小,來求樣本數的大小。

例題 09

一行政主管想得知其所屬部門員工的平均工作績效,他應選取多少員工樣本,才能得到(1) 95%之信賴區間為 1 分 (2) 99%之信賴區間為 1 分。(假設 $\sigma=1$ 分)

解

$1-\alpha=0.95$,查表得知 $Z_{0.025}=1.96$

$1-\alpha=0.99$,查表得知 $Z_{0.005}=2.575$

由題意知,$E=Z_{\alpha/2}\cdot\dfrac{\sigma}{\sqrt{n}}=0.5$,故

(1) $1.96\cdot\dfrac{1}{\sqrt{n}}=0.5$,$n=15.37\approx16$

(2) $2.575\cdot\dfrac{1}{\sqrt{n}}=0.5$,$n=26.56\approx27$

| 例題 **10**

一賣場經理想得知來店購物者的平均消費額度,他應選取多少名顧客樣本,才能得到 90 %之信賴區間為 2000 元。(假設 σ =2750 元)

信賴區間為 2000 元,故誤差界限為 1000 元

$1-\alpha$=0.9,查表得知 $Z_{0.05}$ =1.645

則 $1.645 \times \dfrac{2750}{\sqrt{n}} = 1000$, $n = 20.46 \approx 21$

故賣場經理應選取之樣本數為 21 名顧客。

● 表 6-1|母體平均數 μ 的區間估計

σ＼樣本＼母體		常態	非常態
σ 已知	小樣本 $n \leq 30$	$Z = \dfrac{\bar{X} - \mu}{\dfrac{\sigma}{\sqrt{n}}}$	可使用無母數統計
	大樣本 $n > 30$	$Z = \dfrac{\bar{X} - \mu}{\dfrac{\sigma}{\sqrt{n}}}$	$Z = \dfrac{\bar{X} - \mu}{\dfrac{\sigma}{\sqrt{n}}}$ (中央極限定理)
σ 未知	小樣本 $n \leq 30$	$t = \dfrac{\bar{X} - \mu}{\dfrac{s}{\sqrt{n}}}$	
	大樣本 $n > 30$	$Z = \dfrac{\bar{X} - \mu}{\dfrac{s}{\sqrt{n}}}$	$Z = \dfrac{\bar{X} - \mu}{\dfrac{s}{\sqrt{n}}}$ (中央極限定理)

6-2　兩母體平均數差 $\mu_1-\mu_2$ 的區間估計

設有兩個常態母體，今從中分別選取 n_1、n_2 個獨立的隨本機樣本。

μ_1、σ_1^2 分別為第一個母體的平均數及變異數

μ_2、σ_2^2 分別為第二個母體的平均數及變異數

$\overline{x}_1$、s_1^2 分別為第一個母體的樣本平均數及變異數

$\overline{x}_2$、s_2^2 分別為第二個母體的樣本平均數及變異數

👉 6-2-1　母體變異數 σ_1^2、σ_2^2 已知

由抽樣分配理論知 $\overline{X}_1 \sim N(\mu_1,\ \sigma_1^2/n_1)$，$\overline{X}_2 \sim N(\mu_2,\ \sigma_2^2/n_2)$，

則 $\overline{X}_1 - \overline{X}_2 \sim N(\mu_1 - \mu_2, \dfrac{\sigma_1^2}{n_1} + \dfrac{\sigma_2^2}{n_2})$，即

$$Z = \frac{(\overline{X}_1 - \overline{X}_2) - (\mu_1 - \mu_2)}{\sqrt{\dfrac{\sigma_1^2}{n_1} + \dfrac{\sigma_2^2}{n_2}}} \sim N(0,1)$$

若信賴水準為 $100(1-\alpha)\%$，則

$$P(Z_{1-\alpha/2} < \frac{(\overline{X}_1 - \overline{X}_2) - (\mu_1 - \mu_2)}{\sqrt{\dfrac{\sigma_1^2}{n_1} + \dfrac{\sigma_2^2}{n_2}}} < Z_{\alpha/2}) = 1 - \alpha$$

例題 **11**

若兩商品的銷售量為常態分配，且 $\sigma_1^2 = 23$，$\sigma_2^2 = 18$，今從中分別選取 12 及 10 個營業日的銷售記錄，得知 $\overline{x}_1 = 72$ 個，$\overline{x}_2 = 65$ 個，試求兩商品銷售量平均數差的 90% 的信賴區間。

查表可知 $Z_{0.05}=1.645$，因此

$$-1.645 < \frac{(\bar{x}_1 - \bar{x}_2) - (\mu_1 - \mu_2)}{\sqrt{\dfrac{\sigma_1^2}{n_1} + \dfrac{\sigma_2^2}{n_2}}} < 1.645$$

$$-1.645 < \frac{(72-65) - (\mu_1 - \mu_2)}{\sqrt{\dfrac{23}{12} + \dfrac{18}{10}}} < 1.645$$

$$7 - 1.645 \cdot \sqrt{\frac{23}{12} + \frac{18}{10}} < \mu_1 - \mu_2 < 7 + 1.645 \cdot \sqrt{\frac{23}{12} + \frac{18}{10}}$$

$$3.83 < \mu_1 - \mu_2 < 10.17$$

例題 12

若兩公司所有員工薪資為常態分配且變異數分別為 100 及 225（單位：千元），隨機選取 100 名 A 公司員工，得知平均薪資為 35（千元），150 名 B 公司員工，得知平均薪資為 28（千元）。試求兩公司所有員工薪資平均數差的 95% 之信賴區間。

解

$1-\alpha=0.95$，查表得知 $Z_{0.025}=1.96$

故信賴區間為 $(35-28) \pm 1.96 \left(\sqrt{\dfrac{100}{100} + \dfrac{225}{150}} \right)$

$\qquad\qquad = 7 \pm 3.1 = (3.9, 10.1)$

👉 6-2-2 母體變異數 σ_1^2、σ_2^2 未知 $(n_1, n_2 \le 30)$

【小樣本 $(n_1, n_2 \le 30)$】

1. $\sigma_1^2 = \sigma_2^2$

由抽樣分配理論知，若 $\bar{X}_1 \sim N(\mu_1, \ \sigma_1^2/n_1)$，$\bar{X}_2 \sim N(\mu_2, \ \sigma_2^2/n_2)$，則

$$t = \frac{(\bar{X}_1 - \bar{X}_2) - (\mu_1 - \mu_2)}{s_p\sqrt{\dfrac{1}{n_1} + \dfrac{1}{n_2}}} \sim t(n_1 + n_2 - 2)$$

其中 $s_p^2 = \dfrac{(n_1-1)s_1^2 + (n_2-1)s_2^2}{n_1 + n_2 - 2}$

若信賴水準為 $100(1-\alpha)\%$，則

$$P(t_{1-\alpha/2} < \frac{(\bar{X}_1 - \bar{X}_2) - (\mu_1 - \mu_2)}{s_p\sqrt{\dfrac{1}{n_1} + \dfrac{1}{n_2}}} < t_{\alpha/2}) = 1 - \alpha$$

例題 13

設有兩個常態母體，其變異數相等，今從中分別選取 5 及 7 個獨立的隨機樣本。已知 $\bar{x}_1 = 26$，$\bar{x}_2 = 13$，$s_1^2 = 8.5$，$s_2^2 = 3.6$，試求兩個母體平均數差的 90% 的信賴區間。

解

由於母體的變異數未知且相等，樣本的個數不夠大，故此平均數差的抽樣分配為一自由度 $(5+7-2)=10$ 的 t 的分配。首先，計算 s_p^2，

$$s_p^2 = \frac{(n_1-1)s_1^2 + (n_2-1)s_2^2}{n_1 + n_2 - 2} = \frac{(5-1)\cdot(8.5) + (7-1)\cdot(3.6)}{10} = 5.56$$

查表可知 $t_{(0.05,10)} = 1.8125$，因此

$$-1.8125 < \frac{(\bar{x}_1 - \bar{x}_2) - (\mu_1 - \mu_2)}{s_p\sqrt{1/n_1 + 1/n_2}} < 1.8125$$

$$-1.8125 < \frac{(26-13) - (\mu_1 - \mu_2)}{\sqrt{5.56}\sqrt{1/5 + 1/7}} < 1.8125$$

$$13 - 1.8125 \times 1.381 < \mu_1 - \mu_2 < 13 + 1.8125 \times 1.381$$

$$10.498 < \mu_1 - \mu_2 < 15.502$$

例題 14

若兩個母體近似於常態分配，其變異數相等，今從中分別選取 9 及 7 個獨立的隨機樣本。已知 $\bar{x}_1 = 23$，$\bar{x}_2 = 15$，$s_1 = 1.2$，$s_2 = 1.5$ 試求兩個母體平均數差的 95% 的信賴區間。

由於兩個母體近似於常態分配，亦可視為常態分配，又母體的變異數未知且相等，樣本的個數不夠大，故此平均數差的抽樣分配為一自由度(9+7−2)=14 的 t 分配。

$$s_p^2 = \frac{(n_1-1)s_1^2 + (n_2-1)s_2^2}{n_1 + n_2 - 2} = \frac{(9-1)\cdot(1.2)^2 + (7-1)\cdot(1.5)^2}{14} = 1.787$$

查表可知 $t_{(0.025,14)} = 2.1448$，因此

$$-2.1448 < \frac{(\bar{x}_1 - \bar{x}_2) - (\mu_1 - \mu_2)}{s_p\sqrt{1/n_1 + 1/n_2}} < 2.1448$$

$$-2.1448 < \frac{(23-15) - (\mu_1 - \mu_2)}{\sqrt{1.787}\sqrt{1/9 + 1/7}} < 2.1448$$

$$8 - 2.1448 \times 0.674 < \mu_1 - \mu_2 < 8 + 2.1448 \times 0.674$$

$$6.554 < \mu_1 - \mu_2 < 9.446$$

| 例題 **15**

　　若 A、B 兩賣場的營業額為常態分配且有相同的變異數，今從中分別各選取 12 個營業日的營業記錄，得知 A 賣場營業額的平均數及標準差為 11.1 及 1.5，而 B 賣場則為 7.8 及 2.0（單位：萬元），試求兩賣場營業額平均數差的 99% 之信賴區間。

解

　　此平均數差的抽樣分配為一自由度 $12+12-2=22$ 的 t 分配。

$$s_p^2 = \frac{(n_1-1)s_1^2 + (n_2-1)s_2^2}{n_1+n_2-2} = \frac{(12-1)\cdot(1.5)^2 + (12-1)\cdot(2.0)^2}{22} = 3.125$$

查表可知 $t_{(0.005,22)}=2.8188$，故信賴區間為

$$(11.1-7.8)\pm2.8188(\sqrt{3.125(1/12+1/12)})$$
$$=3.3\pm2.8188(0.722)=3.3\pm2.034=(1.266, 5.334)$$

2. $\sigma_1^2 \neq \sigma_2^2$

　　由抽樣分配理論知，若 $\bar{X}_1 \sim N(\mu_1, \sigma_1^2/n_1)$，$\bar{X}_2 \sim N(\mu_2, \sigma_2^2/n_2)$，則

$$t = \frac{(\bar{X}_1 - \bar{X}_2) - (\mu_1 - \mu_2)}{\sqrt{\frac{s_1^2}{n_1} + \frac{s_2^2}{n_2}}} \sim t(\nu)$$

　　其中自由度　$\nu = \dfrac{(s_1^2/n_1 + s_2^2/n_2)^2}{\dfrac{(s_1^2/n_1)^2}{n_1-1} + \dfrac{(s_2^2/n_2)^2}{n_2-1}}$

若信賴水準為 $100(1-\alpha)\%$，則

$$P(t_{1-\alpha/2} < \frac{(\overline{X}_1 - \overline{X}_2) - (\mu_1 - \mu_2)}{\sqrt{\dfrac{s_1^2}{n_1} + \dfrac{s_2^2}{n_2}}} < t_{\alpha/2}) = 1 - \alpha$$

例題 16

設有兩個常態母體，其變異數不等，今從中分別選取 15 及 13 個獨立的隨機樣本。已知 $\overline{x}_1 = 856$，$\overline{x}_2 = 750$，$s_1^2 = 1235$，$s_2^2 = 1180$，試求兩個母體平均數差的 90% 的信賴區間。

解

由於兩母體的變異數未知且不等，樣本的個數不夠大，故此平均數差的抽樣分配為一自由度 v 的 t 分配，其中

$$v = \frac{(s_1^2/n_1 + s_2^2/n_2)^2}{\dfrac{(s_1^2/n_1)^2}{n_1 - 1} + \dfrac{(s_2^2/n_2)^2}{n_2 - 1}} = \frac{(1235/15 + 1180/13)^2}{\dfrac{(1235/15)^2}{15-1} + \dfrac{(1180/13)^2}{13-1}}$$

$$= 25.593 \approx 26$$

查表可知 $t_{(0.05,26)} = 1.7056$，因此

$$-1.7056 < \frac{(\overline{x}_1 - \overline{x}_2) - (\mu_1 - \mu_2)}{\sqrt{s_1^2/n_1 + s_2^2/n_2}} < 1.7056$$

$$-1.7056 < \frac{(856 - 750) - (\mu_1 - \mu_2)}{\sqrt{1235/15 + 1180/13}} < 1.7056$$

$$106 - 1.7056 \times 13.157 < \mu_1 - \mu_2 < 106 + 1.7056 \times 13.157$$

$$83.559 < \mu_1 - \mu_2 < 128.441$$

例題 **17**

若 *A*、*B* 兩賣場的營業額近似於常態分配，但變異數不等，今從中分別選取 10 及 12 個營業日的營業記錄。得知 $\bar{x}_1=180$，$\bar{x}_2=150$，$s_1^2=1200$，$s_2^2=875$，試求兩賣場營業額平均數差的 95% 的信賴區間。

解

由於母體近似於常態分配，亦可視為常態分配，又兩母體的變異數未知且不等，樣本的個數不夠大，故此平均數差的抽樣分配為一自由度 ν 的 *t* 分配，其中

$$\nu = \frac{(s_1^2/n_1 + s_2^2/n_2)^2}{\dfrac{(s_1^2/n_1)^2}{n_1-1} + \dfrac{(s_2^2/n_2)^2}{n_2-1}} = \frac{(1200/10 + 875/12)^2}{\dfrac{(1200/10)^2}{10-1} + \dfrac{(875/12)^2}{12-1}}$$

$$= 17.864 \approx 18$$

查表可知 $t_{(0.025,18)}=2.1009$，因此

$$-2.1009 \; < \; \frac{(180-150)-(\mu_1-\mu_2)}{\sqrt{1200/10 + 875/12}} \; < \; 2.1009$$

$$30 - 2.1009 \times 13.889 < \quad \mu_1 - \mu_2 \quad < 30 + 2.1009 \times 13.889$$

$$0.821 < \quad \mu_1 - \mu_2 \quad < 59.179$$

【大樣本（$n_1, n_2 > 30$）】

無論母體的分配是否為常態分配，當樣本數夠大時（*n*>30），皆可視為常態分配。

$$Z = \frac{(\bar{X}_1 - \bar{X}_2) - (\mu_1 - \mu_2)}{\sqrt{\dfrac{s_1^2}{n_1} + \dfrac{s_2^2}{n_2}}} \sim N(0,1)$$

若信賴水準為 $100(1-\alpha)\%$，則

$$P\left(Z_{1-\alpha/2} < \frac{(\bar{X}_1 - \bar{X}_2) - (\mu_1 - \mu_2)}{\sqrt{\dfrac{s_1^2}{n_1} + \dfrac{s_2^2}{n_2}}} < Z_{\alpha/2}\right) = 1 - \alpha$$

例題 18

抽樣調查某國小五年級 300 名男生和 280 名女生的身高，得其平均數分別為 145.5 公分及 140.2 公分，標準差分別為 15.6 公分及 11.3 公分，試求男女身高平均數差的 90%的信賴區間。

 解

查表可知 $Z_{0.05}=1.645$，因此

$$-1.645 < \frac{(\bar{x}_1 - \bar{x}_2) - (\mu_1 - \mu_2)}{\sqrt{s_1^2/n_1 + s_2^2/n_2}} < 1.645$$

$$-1.645 < \frac{(145.5-140.2)-(\mu_1 - \mu_2)}{\sqrt{(15.6^2/300)+(11.3^2/280)}} < 1.645$$

$$5.3-1.645\times1.13 < \mu_1 - \mu_2 < 5.3+1.645\times1.13$$

$$3.44 < \mu_1 - \mu_2 < 7.16$$

故男女生身高平均數差的 90%的信賴區間為(3.44, 7.16)。

若兩母體不為常態分配，只要這兩組樣本數夠大（大於 30），則由中央極限定理知，其抽樣分配仍近似於常態分配，故上述公式仍適用。

例題 19

某市場研究員想了解甲、乙兩商店每日平均營業額的差數，今自甲、乙兩商店分別選取 50 日、70 日的資料，結果如下：（單位：千元）

甲商店	乙商店
$\bar{x}_1 = 65$	$\bar{x}_2 = 43$
$s_1 = 15$	$s_2 = 13$
$n_1 = 50$	$n_2 = 70$

試求甲、乙兩商店每日平均營業額的差數的 95%信賴區間。

解

查表可知 $Z_{0.025}=1.96$，因此

$$-1.96 < \frac{(\bar{x}_1 - \bar{x}_2) - (\mu_1 - \mu_2)}{\sqrt{s_1^2/n_1 + s_2^2/n_2}} < 1.96$$

$$-1.96 < \frac{(65 - 43) - (\mu_1 - \mu_2)}{\sqrt{(15^2/50) + (13^2/70)}} < 1.96$$

$$22 - 1.96 \cdot 2.63 < \mu_1 - \mu_2 < 22 + 1.96 \cdot 2.63$$

$$16.85 < \mu_1 - \mu_2 < 27.15$$

◎ 表 6-2 | 母體平均數差 $\mu_1 - \mu_2$ 的區間估計

σ \ 樣本 \ 母體		常態	非常態
σ_1 σ_2 已知	小樣本 $n \le 30$	$Z = \dfrac{(\bar{X}_1 - \bar{X}_2) - (\mu_1 - \mu_2)}{\sqrt{\sigma_1^2/n_1 + \sigma_2^2/n_2}}$	可使用無母數統計
	大樣本 $n > 30$	$Z = \dfrac{(\bar{X}_1 - \bar{X}_2) - (\mu_1 - \mu_2)}{\sqrt{\sigma_1^2/n_1 + \sigma_2^2/n_2}}$	同左（中央極限定理）
σ_1 σ_2 未知	小樣本 $n \le 30$	$\sigma_1^2 = \sigma_2^2$ $t = \dfrac{(\bar{X}_1 - \bar{X}_2) - (\mu_1 - \mu_2)}{s_p\sqrt{1/n_1 + 1/n_2}}$ $s_p^2 = \dfrac{(n_1-1)s_1^2 + (n_2-1)s_2^2}{n_1 + n_2 - 2}$ d.f. $= n_1 + n_2 - 2$	
		$\sigma_1^2 \ne \sigma_2^2$ $t = \dfrac{(\bar{X}_1 - \bar{X}_2) - (\mu_1 - \mu_2)}{\sqrt{s_1^2/n_1 + s_2^2/n_2}}$ d.f. $= \dfrac{(s_1^2/n_1 + s_2^2/n_2)^2}{\dfrac{(s_1^2/n_1)^2}{n_1-1} + \dfrac{(s_2^2/n_2)^2}{n_2-1}}$	
	大樣本 $n > 30$	$Z = \dfrac{(\bar{X}_1 - \bar{X}_2) - (\mu_1 - \mu_2)}{\sqrt{s_1^2/n_1 + s_2^2/n_2}}$	同左(Z)（中央極限定理）

6-3　母體比例的區間估計

　　考慮一個二項分配母體，其母體的比例 p 未知，如我們想知道某產品的銷售率有多高？或是某一旅館之旅客對其服務品質感到滿意的人數比例有多少？這都是屬於估計母體比例的問題。欲估計此未知數 p，我們從一個二項分配母體中，隨機選取一組大小為 n 的樣本，若成功的次數為 x，樣本比例 $\bar{p} = x/n$，我們希望藉由這些數值，建立適當的 p 的信賴區間，來估計母體比例 p。

　　在第五章第三節中，我們曾提及樣本比例($\bar{p}$)的分配為一常態分配，其平均數與母體比例 p 相同，也就是說，$\mu_{\bar{p}} = p$，標準差 $\sigma_{\bar{p}} = \sqrt{\dfrac{p(1-p)}{n}}$。

且當 $np \geq 5$ 及 $n(1-p) \geq 5$ 時，$\bar{P}$ 的分配近乎常態分配。由於不知道 p 值，故無法直接計算出 $\sigma_{\bar{p}}$，因此，我們以樣本比例 $\bar{p}$ 取代 p，來估計 $\sigma_{\bar{p}}$ 值，也就是用

$$s_{\bar{p}} = \sqrt{\frac{\bar{p}(1-\bar{p})}{n}}$$

作為 $\sigma_{\bar{p}}$ 的近似值。若信賴水準為 $100(1-\alpha)\%$，則母體比例 p 的信賴區間為

$$\bar{p} \pm Z_{\alpha/2} \sigma_{\bar{p}}$$

或寫成

$$\left(\bar{p} - Z_{\alpha/2} \sigma_{\bar{p}} \, , \, \bar{p} + Z_{\alpha/2} \sigma_{\bar{p}} \right)$$

例題 20

　　今從某地區隨機選取 100 名婦女作調查，發現其中有 85 人喜歡購買 A 產品，試求該地區婦女喜歡購買 A 產品比例的 90% 之信賴區間。

　　樣本統計量 $n=100$，$x=85$，$\bar{p}=85/100=0.85$，由於 $np=100\times0.85=85\geq$
5 及 $n(1-p)=100\times0.15=15\geq5$，故此樣本比例 $\bar{p}$ 的抽樣分配近似常態

分配，標準差 $s_{\bar{p}} = \sqrt{\dfrac{0.85 \times 0.15}{100}} \approx 0.036$。又查表得知，$Z_{0.05}=1.645$，因此，母體比例 p 的 90%之信賴區間為

$$\bar{p} \pm Z_{\alpha/2}\sigma_{\bar{p}} = 0.85 \pm 1.645 \times 0.036 = 0.85 \pm 0.06$$

或寫成(0.79, 0.91)。故我們有 90%的確定性認為該地區至少有 79%的婦女喜歡購買 A 產品。

例題 21

今隨機選取某旅館 300 名旅客作調查，發現其中對其服務品質感到不滿意的比例有 6%。試求該旅館旅客對其服務品質感到不滿意之比例的 98%之信賴區間。

解

樣本統計量 $n=300$， $\bar{p}=0.06$，由於 $np=300 \times 0.06=18 \geq 5$ 及 $n(1-p)=300 \times 0.94=282 \geq 5$，故此樣本比例 $\bar{p}$ 的抽樣分配近似常態分配，標準差 $s_{\bar{p}} = \sqrt{\dfrac{0.06 \times 0.94}{300}} \approx 0.014$。又查表得知，$Z_{0.01}=2.33$，因此，母體比例 p 的 98%之信賴區間為

$$\bar{p} \pm Z_{\alpha/2}\sigma_{\bar{p}} = 0.06 \pm 2.33 \times 0.014 = 0.06 \pm 0.032$$

或寫成(0.028, 0.092)。故我們有 98% 的確定性認為該旅館至少有 2.8%的旅客對其服務品質感到不滿意。

6-4 兩母體比例差的區間估計

考慮兩個二項分配母體,其母體的比例 p_1 及 p_2 未知。如我們想要知道顧客對兩種新產品購買率的差異有多大?或是都市及鄉村中學童患近視比例的差別有多少?這都屬於估計兩母體比例差異的問題。欲估計 p_1-p_2 的大小,我們分別自兩個獨立的二項分配母體中,隨機選取兩組樣本數各為 n_1 及 n_2 的樣本,若成功的次數分別為 x_1 及 x_2,樣本比例各為 $\overline{p}_1 = x_1/n_1$ 及 $\overline{p}_2 = x_2/n_2$,我們希望藉由這些數值,建立適當的 p_1-p_2 的信賴區間,來估計兩個母群體比例的差異 p_1-p_2。

在第五章第四節中,我們曾提及樣本比例差($\overline{p}_1 - \overline{p}_2$)的分配為一常態分配,$\mu_{\overline{p}_1-\overline{p}_2} = p_1 - p_2$,標準差 $\sigma_{\overline{p}_1-\overline{p}_2} = \sqrt{\dfrac{p_1(1-p_1)}{n_1} + \dfrac{p_2(1-p_2)}{n_2}}$。且當 $n_1 p_1 \geq 5$,$n_1(1-p_1) \geq 5$ 及 $n_2 p_2 \geq 5$,$n_2(1-p_2) \geq 5$ 時,$\overline{p}_1 - \overline{p}_2$ 的分配近乎常態分配。由於不知道 p_1 及 p_2 值,故無法直接計算出 $\sigma_{\overline{p}_1-\overline{p}_2}$,因此,我們以樣本比例 $\overline{p}_1$ 取代 p_1,$\overline{p}_2$ 取代 p_2,來估計 $\sigma_{\overline{p}_1-\overline{p}_2}$ 值,也就是用

$$s_{\overline{p}_1-\overline{p}_2} = \sqrt{\frac{\overline{p}_1(1-\overline{p}_1)}{n_1} + \frac{\overline{p}_2(1-\overline{p}_2)}{n_2}}$$

作為 $\sigma_{\overline{p}_1-\overline{p}_2}$ 的近似值。若信賴水準為 $100(1-\alpha)\%$,則兩母體比例差 p_1-p_2 的信賴區間為

$$\overline{p}_1 - \overline{p}_2 \pm Z_{\alpha/2} \sigma_{\overline{p}_1-\overline{p}_2}$$

或寫成

$$\left(\overline{p}_1 - \overline{p}_2 - Z_{\alpha/2}\sigma_{\overline{p}_1-\overline{p}_2}, \quad \overline{p}_1 - \overline{p}_2 + Z_{\alpha/2}\sigma_{\overline{p}_1-\overline{p}_2}\right)。$$

例題 22

今隨機各選取 100 名購買 *A*、*B* 兩種商品的顧客，詢問其對商品使用後的滿意度，發現其中購買 *A* 商品的顧客有 70 人感到滿意，而購買 *B* 商品的顧客有 40 人感到滿意。試求兩種商品滿意度比例有差異的 90%之信賴區間。

解

$n_1=n_2=100$，樣本統計量 $\bar{p}_1=0.7$，$\bar{p}_2=0.4$，由於 $n_1p_1=70\geq5$，$n_1(1-p_1)=30$ ≥5 及 $n_2\,p_2=40\geq5$，$n_2\,(1-p_2)=60\geq5$，故此兩樣本比例差 $\bar{p}_1-\bar{p}_2$ 的抽樣分配近似常態分配，標準差 $s_{\bar{p}_1-\bar{p}_2}=\sqrt{\dfrac{0.7\times0.3}{100}+\dfrac{0.6\times0.4}{100}}\approx0.067$。

又查表得知，$Z_{0.05}=1.645$，因此，兩母體比例差 p_1-p_2 的 90%之信賴區間為

$$\bar{p}_1-\bar{p}_2\pm Z_{\alpha/2}\sigma_{\bar{p}_1-\bar{p}_2}=(0.7-0.4)\pm1.645\times0.067=0.3\pm0.1$$

或寫成(0.2，0.4)。故我們有 90% 的確定性認為兩種商品的滿意度比例至少有 20%的差異。

例題 23

今隨機選取都市及鄉村各 300 名國中學童作調查，發現其中患近視的比例各為 6%及 2%。試求兩地區國中學童患近視比例差異的 95%之信賴區間。

解

$n_1=n_2=300$，樣本統計量 $\bar{p}_1=0.06$，$\bar{p}_2=0.02$，由於 $n_1p_1=300\times0.06=18\geq5$ $n_1(1-p_1)=300\times0.94=282\geq5$ 及 $n_2p_2=300\times0.02=6\geq5$，$n_2(1-p_2)=300\times0.98$ $=294\geq5$，故此兩樣本比例差 $\bar{p}_1-\bar{p}_2$ 的抽樣分配近似常態分配，標準

差 $s_{\bar{p}_1-\bar{p}_2} = \sqrt{\dfrac{0.06 \times 0.94}{300} + \dfrac{0.02 \times 0.98}{300}} \approx 0.016$ 。又查表得知，$Z_{0.025}=1.96$，

因此，兩母體比例差 p_1-p_2 的 90%之信賴區間為

$$\bar{p}_1 - \bar{p}_2 \pm Z_{\alpha/2}\sigma_{\bar{p}_1-\bar{p}_2} = (0.06-0.02) \pm 1.96 \times 0.016 = 0.04 \pm 0.03$$

或寫成(0.01, 0.07)。故我們有 95%的確定性認為都市及鄉村兩地區國中學童患近視的比率至少有 1%的差異。

6-5　母體變異數 σ^2 的區間估計

假設自一平均數為 μ，變異數為 σ^2 的常態分配的母體中，隨機選取 n 個樣本，得其樣本變異數為 s^2，則母體變異數 σ^2 的區間估計，可以 χ^2 分配來估計，且$(n-1)s^2/\sigma^2$ 為一自由度 $n-1$ 的 χ^2 分配。

$$\chi^2 = \frac{(n-1)s^2}{\sigma^2} \sim \chi^2(n-1)$$

若信賴水準為 $100(1-\alpha)\%$，則

$$P(\chi^2_{(\alpha_2, n-1)} < \frac{(n-1)s^2}{\sigma^2} < \chi^2_{(\alpha_1, n-1)}) = 1-\alpha$$

其中 $\alpha = \alpha_1 + \alpha_2$。

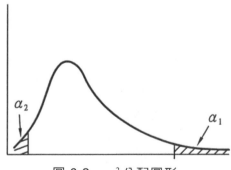

圖 6-2　χ^2 分配圖形

χ^2 分配是不對稱的分配，呈右偏分配，若信賴水準為 $100(1-\alpha)\%$，為了達到最小的信賴區間，在機率分配的圖形中，左、右兩邊的面積是不相等的，但為了便於計算起見，通常採用 $\alpha_1 = \alpha_2 = \alpha/2$ 的計算方法，讓其左、右兩邊的面積相等。因此上式可改寫成

$$P(\chi^2_{(1-\alpha/2,\,n-1)} < \frac{(n-1)s^2}{\sigma^2} < \chi^2_{(\alpha/2,\,n-1)}) = 1-\alpha$$

例題 24

隨機選取 10 名學生的成績，得其樣本變異數為 14.55，若所有學生的成績近似於常態分配，試求其母體變異數的 95% 的信賴區間。

解

查表可知，$\chi^2_{(0.975,9)} = 2.70$，$\chi^2_{(0.025,9)} = 19.023$，因此

$$2.70 < \frac{(n-1)s^2}{\sigma^2} < 19.023$$

$$\frac{9\times14.55}{19.023} < \sigma^2 < \frac{9\times14.55}{2.70}$$

$$6.88 < \sigma^2 < 48.5$$

故母體變異數的 95% 的信賴區間為 $(6.88, 48.5)$。

例題 25

若公司員工的工作績效為一常態分配，今隨機選取 25 名員工，得其樣本變異數為 34.5，試求其該公司員工工作績效之標準差之 90% 的信賴區間。

查表可知，$\chi^2_{(0.95,24)} = 13.848$，$\chi^2_{(0.05,24)} = 36.415$，因此

$$13.848 < \frac{(n-1)s^2}{\sigma^2} < 36.415$$

$$\frac{24 \times 34.5}{36.415} < \sigma^2 < \frac{24 \times 34.5}{13.848}$$

$$22.74 < \sigma^2 < 59.79$$

$$4.768 < \sigma < 7.732$$

故該公司員工工作績效之標準差之 90% 的信賴區間為 (4.768，7.732)。

6-6 兩母體變異數比 σ_1^2 / σ_2^2 的區間估計

設有兩個常態母體，今從中分別選取 n_1、n_2 個獨立的隨機樣本。

μ_1、σ_1^2 分別為第一個母體的平均數及變異數

μ_2、σ_2^2 分別為第二個母體的平均數及變異數

$\overline{x}_1$、s_1^2 分別為第一個母體的樣本平均數及變異數

$\overline{x}_2$、s_2^2 分別為第二個母體的樣本平均數及變異數

則母體變異數比 σ_1^2 / σ_2^2 的區間估計，可以 F 分配來估計

$$F = \frac{s_1^2 / \sigma_1^2}{s_2^2 / \sigma_2^2} \sim F(n_1 - 1, n_2 - 1)$$

若信賴水準為 $100(1-\alpha)\%$，則

$$P(F_{(1-\alpha/2,n_1-1,n_2-1)} < \frac{s_1^2 / \sigma_1^2}{s_2^2 / \sigma_2^2} < F_{(\alpha/2,n_1-1,n_2-1)}) = 1-\alpha$$

例題 **26**

　　某教師想知道男生或女生英文程度的分散情形，今隨機選取 11 名男生和 8 名女生的英文成績。

　　男生:86, 82, 74, 85, 76, 79, 82, 83, 79, 82, 83

　　女生:85, 74, 63, 77, 72, 68, 81, 60

試問男生和女生英文成績的變異數比 90%的信賴區間為何？

解

　　男生樣本的變異數為 13.4，女生樣本的變異數為 74.0，查表可知

$$F_{(0.95,10,7)}=\frac{1}{F_{(0.05,7,10)}}=\frac{1}{3.14}，F_{(0.05,10,7)}=3.64，因此$$

$$\frac{1}{3.14} < \frac{s_1^2/\sigma_1^2}{s_2^2/\sigma_2^2} < 3.64$$

$$\frac{13.4}{74}\times\frac{1}{3.64} < \frac{\sigma_1^2}{\sigma_2^2} < \frac{13.4}{74}\times3.14$$

$$0.0497 < \frac{\sigma_1^2}{\sigma_2^2} < 0.5686$$

故兩母體變異數比的 90 %的信賴區間為(0.0497, 0.5686)。

例題 **27**

　　若 A、B 兩賣場的營業額為常態分配，今從中分別選取 16、13 個營業日，得知 $s_1^2=8.9$，$s_2^2=5.3$（單位：萬元），則此兩賣場營業額之變異數比 σ_1^2/σ_2^2 的 95% 的信賴區間為何？

解

　　查表可知 $F_{(0.975,15,12)}=\frac{1}{F_{(0.025,12,15)}}=\frac{1}{2.96}$，$F_{(0.025,15,12)}=3.18$，因此，

$$\frac{1}{2.96} < \frac{s_1^2 / \sigma_1^2}{s_2^2 / \sigma_2^2} < 3.18$$

$$\frac{8.9}{5.3} \times \frac{1}{3.18} < \frac{\sigma_1^2}{\sigma_2^2} < \frac{8.9}{5.3} \times 2.96$$

$$0.53 < \frac{\sigma_1^2}{\sigma_2^2} < 4.97$$

故此兩賣場營業額之變異數比的 95% 的信賴區間為 $(0.53, 4.97)$。

例題 28

若兩旅遊景點的遊客人數為常態分配，今分別從兩旅遊景點選取 16 天及 21 天的遊客人數記錄，得知樣本標準差分別為 5 及 6 (單位：百人)，試求這兩個旅遊景點遊客人數標準差比 σ_1 / σ_2 的 95% 的信賴區間。

解

查表可知 $F_{(0.975, 15, 20)} = \dfrac{1}{F_{(0.025, 20, 15)}} = \dfrac{1}{2.76}$，$F_{(0.025, 15, 20)} = 2.57$，因此

$$\frac{1}{2.76} < \frac{s_1^2 / \sigma_1^2}{s_2^2 / \sigma_2^2} < 2.57$$

$$\frac{25}{36} \times \frac{1}{2.57} < \frac{\sigma_1^2}{\sigma_2^2} < \frac{25}{36} \times 2.76$$

$$0.27 < \frac{\sigma_1^2}{\sigma_2^2} < 1.92$$

$$0.52 < \frac{\sigma_1}{\sigma_2} < 1.38$$

故這兩個旅遊景點遊客人數標準差比的 95% 的信賴區間為 $(0.52, 1.38)$。

習 題

1. 已知某班級學生學期成績的分佈為常態分配，標準差為 15 分，今隨機選取 25 名學生成績，得其平均成績為 65 分。試求該班學生學期平均成績的 90% 之信賴區間。

2. 今隨機選取某年級 100 名學童作身高調查，得其平均身高為 135 公分，標準差為 15 公分，試求該年級學童平均身高的 95% 之信賴區間。

3. 今隨機選取某生產線上 16 個產品測其重量，得其平均重量為 35 公克，標準差為 1.5 公克，試求該產品平均重量的 90% 之信賴區間。

4. 已知 A、B 兩賣場的營業額為常態分配，標準差各為 10 及 12（單位：萬元）。今隨機各選取 20 日 A 賣場及 36 日 B 賣場的營業記錄，得其平均營業額為每日 45 萬元及 40 萬元，試求兩賣場平均營業額差的 99% 之信賴區間。

5. 已知 A、B 兩商品的銷售量為常態分配且有相同的變異數，今分別選取 9 日 A 商品及 12 日 B 商品的銷售記錄，得知 A 商品銷售量之平均數及變異數為 80 及 52，而 B 商品則為 84 及 71（單位：個），試求兩商品平均銷售量差的 95% 之信賴區間。

6. 已知 A、B 兩餐廳來店用餐的人數為常態分配，但變異數不等，今分別選取 16 日 A 餐廳及 12 日 B 餐廳的用餐人數記錄，得知 A 餐廳用餐人數之平均數及標準差為 120 及 24，而 B 餐廳則為 90 及 36 （單位：人），試求兩餐廳平均用餐人數差的 90% 之信賴區間。

7. 今隨機選取 A 公司及 B 公司員工各 36 名的薪資記錄，得知 A 公司員工的平均薪資為 50（千元），標準差為 18（千元），而 B 公司員工的平均薪資為 70（千元），標準差為 24（千元），試求兩公司員工平均薪資差的 95% 之信賴區間。

8. 今隨機選取 100 名顧客，發現其中有 80 名顧客對該餐廳的服務品質感到滿意。試求顧客對該餐廳的服務品質感到滿意的比例之 95% 之信賴區間。

9. 今隨機選取都市及鄉村各 100 名國小學童作調查，發現其中患近視的比率各為 80% 及 10%。試求兩地區國小學童患近視比率有差異的 90% 之信賴區間。

10. 今從某生產線上隨機選取 10 個產品,測其重量,得其標準差為 12 公克,試求其母體標準差的 90% 之信賴區間。

11. 今從某超商隨機選取購物者 5 名,詢問其消費額,得其變異數為 75 元,試求其母體變異數的 95% 之信賴區間。

12. 今從某地區隨機選取成年男性及女性各 16 名及 8 名,測其體重,得其樣本標準差分別為 8.7 Kg 及 7.6 Kg,試求兩母體變異數比的 95% 之信賴區間。

假設檢定-(1)

STATISTICS

在此章中，我們將討論推論統計的另一個主題：假設檢定。也就是說，針對某種情況，根據觀測所得的結果，判斷這假設是否合理，這就是統計上所謂的假設檢定(Hypothesis Test)。

7-1 假設檢定的意義

假設檢定：乃是對母數作推論假設，即先給母數一個觀測的值，再用隨機樣本計算所得的統計值，來判斷這假設是否合理。

統計假設：如果把科學假設，用數量或統計學用語等陳述句加以表達，並對未知母數的性質做有關的陳述，便是統計假設。統計假設分為虛無假設及對立假設，分別以 H_0 及 H_1 表之。

一般而言，在作假設檢定時，通常都採用統計學家 S.R.Fisher 的方法，先提出一個與對立假設意見完全相反的假設，來故意否定它的真實性，例如：對立假設 H_1 說 $\mu_1 > \mu_2$ 時，就先提出一假設，故意說 $\mu_1 \leq \mu_2$，這一個故意否定對立假設的統計假設，就稱為虛無假設，寫為 $H_0: \mu_1 \leq \mu_2$，這一虛無假設，是我們所要直接驗證的對象，實驗者必須實際去做實驗和蒐集資料，並拿出證據來推翻 H_0。

例題 01

某旅館經理想知道今年住宿的旅客人數是否較去年少？則所作的統計假設分別為？

虛無假設：今年住宿的旅客人數與去年相同。

對立假設：今年住宿的旅客人數較去年少。

 例題 **02**

　　某餐廳經理欲知顧客來店用餐的平均時間是否為 30 分鐘？則所作的統計假設分別為？

　　虛無假設：用餐的平均時間為 30 分鐘。

　　對立假設：用餐的平均時間不為 30 分鐘。

 例題 **03**

　　有一藥商向某醫師推薦藥物 A，宣稱「該藥物較市面上同類藥物對高血壓的治療更有療效」，該醫師須決定是否使用藥物 A。此時，他所作的假設為？

　　H_0：藥物 A 的療效不比市面上同類藥物有效。

　　H_1：藥物 A 的療效比市面上同類藥物有效。

　　在作決定的時候，可能犯錯的情形有下列兩種：

第一類型錯誤(Type I Error)：當 H_0 為真時，拒絕 H_0，接受 H_1。

第二類型錯誤(Type II Error)：當 H_0 為假時，接受 H_0，拒絕 H_1。

　　在統計學上，犯第一類型錯誤的機率，以 α 表示，犯第二類型錯誤的機率，以 β 表示，其中 α 稱為顯著水準(Level of Significance)。

　　$\alpha = P$（拒絕 H_0|當 H_0 為真時）

　　$\beta = P$（接受 H_0|當 H_0 為假時）

統計檢定力(Power of Test)：是指正確拒絕 H_0 的機率，當我們拒絕 H_0，而實際上，H_0 也是錯誤的，則我們便是正確地拒絕了 H_0，正確拒絕 H_0 的機率，正好是 $1-\beta$。因此，統計考驗力的大小，通常以 $1-\beta$ 來表示。

　　一般都採用α=0.05 或 0.01 作為假設檢定的顯著水準，至於選用 0.05 或 0.01，則視犯第一類型錯誤的嚴重性而定，嚴重者選 0.01，反之，則選 0.05。以上例而言，若該醫師犯了第一類型錯誤，即藥物 A 的療效不比市面上同類藥物有效（H_0 為真），卻決定使用藥物 A（拒絕 H_0，接受 H_1），結果將造成金錢上無謂的浪費及病人的流失。若該醫師犯了第二類型錯誤，即藥物 A 比市面上同類藥物有效（H_0 為假），卻決定不用藥物 A（接受 H_0，拒絕 H_1），結果只是少了使用好藥物的機會，但對醫院運作卻無影響。因此，可知犯第一類型錯誤的嚴重性較高，此時，選用 α =0.01。

表 7-1｜α, β,$1-\alpha$,$1-\beta$ 的關係

（裁決）		H_0是真	H_0是假
	拒絕 H_0	第一類型錯誤(α)	裁決正確($1-\beta$)
	接受 H_0	裁決正確($1-\alpha$)	第二類型錯誤(β)

單尾檢定(One-Tailed Test)：考驗單一方向性的問題，如大於、快於、優於……等。此時，對立假設為 $H_1:\mu_1 > \mu_2$ 或 $H_1:\mu_1 < \mu_2$。

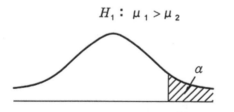 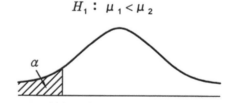

拒絕域位於圖形右側，其面積為α　　拒絕域位於圖形左側，其面積為α

圖 7-1

　　上圖中，斜線區域為拒絕域(critical region)，此一區域之所以稱為拒絕域，是因為作假設檢定時，如果計算所得的統計值落入這一區域，便要拒絕 H_0 之故。

雙尾檢定(Two-Tailed Test)：不考慮方向性，如不同，而不考慮是否較好或較壞。此時，對立假設為 $H_1:\mu_1 \neq \mu_2$。

拒絕域位於圖形的兩側，其面積各為α/2

圖 7-2

故當顯著水準 α 相同時，採用雙尾檢定比採用單尾檢定更難達到顯著水準，也就是說較不易拒絕 H_0。

7-2　檢定力與樣本數

7-2-1　檢定力

1. 左尾檢定

　　統計假設為　虛無假設 $H_0 : \mu \geq \mu_0$

　　　　　　　　對立假設 $H_1 : \mu < \mu_0$

　　假設母體平均數的真正值為 μ_1，則其抽樣分配之圖形分配如下：

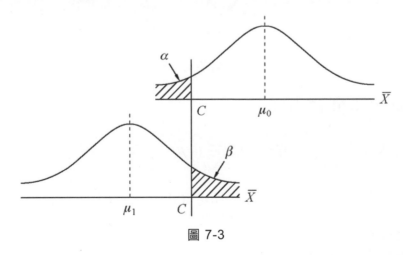

圖 7-3

犯第二類型錯誤的機率為 $\beta = P$（接受 H_0|當 H_0 為假時），不論母體平均數的真正值為何，決策的原則是固定的。因此，兩抽樣分配的臨界值 C 是相同的。

$$C = \mu_0 - z_\alpha \frac{\sigma}{\sqrt{n}} = \mu_1 + z_\beta \frac{\sigma}{\sqrt{n}}$$

利用上式求出 z_β 後，再查表即可得知 β，$1 - \beta$ 即為統計檢定力。

2. 右尾檢定

統計假設為　虛無假設 $H_0 : \mu \le \mu_0$

　　　　　　對立假設 $H_1 : \mu > \mu_0$

假設母體平均數的真正值為 μ_1，則其抽樣分配之圖形分配如下：

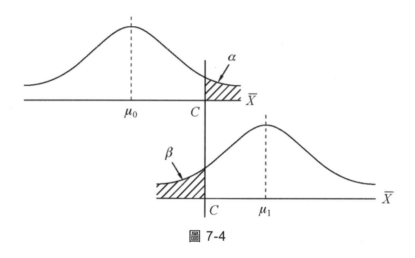

圖 7-4

由臨界值 C 相等的性質，可得

$$C = \mu_0 + z_\alpha \frac{\sigma}{\sqrt{n}} = \mu_1 - z_\beta \frac{\sigma}{\sqrt{n}}$$

利用上式求出 z_β 後，再查表，即可得知 β，$1 - \beta$ 即為統計檢定力。

3. 雙尾檢定

統計假設為　虛無假設 $H_0 : \mu = \mu_0$

　　　　　　對立假設 $H_1 : \mu \ne \mu_0$

假設母體平均數的真正值為 μ_1，則其抽樣分配之圖形分配如下：

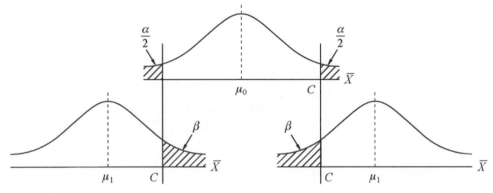

圖 7-5

由臨界值 C 相等的性質，可得

$$C = \mu_0 + z_{\alpha/2}\frac{\sigma}{\sqrt{n}} = \mu_1 - z_\beta\frac{\sigma}{\sqrt{n}}, \quad 當 \ \mu_1 > \mu_0$$

$$C = \mu_0 - z_{\alpha/2}\frac{\sigma}{\sqrt{n}} = \mu_1 + z_\beta\frac{\sigma}{\sqrt{n}}, \quad 當 \ \mu_1 < \mu_0$$

利用上列二式中之任一式，求出 z_β 後，再查表，即可得知 β，$1-\beta$ 即為統計檢定力。

| 例題 **04**

考慮統計假設 $\begin{cases} H_0 : \mu \geq 12 \\ H_1 : \mu < 12 \end{cases}$，已知樣本數為 100，母體變異數為 25，顯著水準 α=0.05，若母體平均數的真正值為 10，試問犯第二類型錯誤的機率為何？

解

此為大樣本且母體變異數已知，故採用 z 分配。由

$$C = \mu_0 - z_\alpha \frac{\sigma}{\sqrt{n}} = \mu_1 + z_\beta \frac{\sigma}{\sqrt{n}}$$

得知

$$12 - 1.645 \frac{5}{\sqrt{100}} = 10 + z_\beta \frac{5}{\sqrt{100}}$$
$$z_\beta = 2.355$$

查表可得，$\beta = 0.5 - 0.4909 = 0.0091$。

例題 05

考慮統計假設 $\begin{cases} H_0 : \mu \le 16 \\ H_1 : \mu > 16 \end{cases}$，已知樣本數為 150，母體變異數為 60，

顯著水準 $\alpha = 0.05$，若母體平均數的真正值為 18，試問統計檢定力為何？

 解

此為大樣本且母體變異數已知，故採用 z 分配。由

$$C = \mu_0 + z_\alpha \frac{\sigma}{\sqrt{n}} = \mu_1 - z_\beta \frac{\sigma}{\sqrt{n}}$$

得知

$$16 + 1.645 \sqrt{\frac{60}{150}} = 18 - z_\beta \sqrt{\frac{60}{150}}$$
$$z_\beta = 1.52$$

查表可得，$\beta = 0.5 - 0.4357 = 0.0643$。故

$$1 - \beta = 1 - 0.0643 = 0.9357 。$$

例題 06

考慮統計假設 $\begin{cases} H_0 : \mu = 75 \\ H_1 : \mu \neq 75 \end{cases}$，已知樣本數為 60，母體變異數為 50，顯

著水準 $\alpha=0.05$，若母體平均數的真正值為 80，試問統計檢定力為何？

解

此為大樣本且母體變異數已知，故採用 z 分配。由

$$C = \mu_0 + z_\alpha \frac{\sigma}{\sqrt{n}} = \mu_1 - z_\beta \frac{\sigma}{\sqrt{n}}$$

得知

$$75 + 1.96 \sqrt{\frac{50}{60}} = 80 - z_\beta \sqrt{\frac{50}{60}}$$
$$z_\beta = 2.60$$

查表可得，$\beta = 0.5 - 0.4953 = 0.0047$。故

$$1 - \beta = 1 - 0.0047 = 0.9953 \text{。}$$

👉 7-2-2 樣本數

1. 左尾檢定
   統計假設為　虛無假設 $H_0 : \mu \geq \mu_0$
   　　　　　　對立假設 $H_1 : \mu < \mu_0$

   由

$$C = \mu_0 - z_\alpha \frac{\sigma}{\sqrt{n}} = \mu_1 + z_\beta \frac{\sigma}{\sqrt{n}}$$

可得所需樣本數的大小

$$n = \left[\frac{(z_\alpha + z_\beta)}{(\mu_0 - \mu_1)} \right]^2 \sigma^2$$

2. 右尾檢定
   統計假設為　虛無假設 $H_0 : \mu \leq \mu_0$
   　　　　　　對立假設 $H_1 : \mu > \mu_0$

   由

$$C = \mu_0 + z_\alpha \frac{\sigma}{\sqrt{n}} = \mu_1 - z_\beta \frac{\sigma}{\sqrt{n}}$$

   可得所需樣本數的大小

$$n = \left[\frac{(z_\alpha + z_\beta)}{(\mu_1 - \mu_0)} \right]^2 \sigma^2$$

3. 雙尾檢定
   統計假設為　虛無假設 $H_0 : \mu = \mu_0$
   　　　　　　對立假設 $H_1 : \mu \neq \mu_0$

   由

$$C = \mu_0 + z_{\alpha/2} \frac{\sigma}{\sqrt{n}} = \mu_1 - z_\beta \frac{\sigma}{\sqrt{n}}, \quad 當 \ \mu_1 > \mu_0$$

$$C = \mu_0 - z_{\alpha/2} \frac{\sigma}{\sqrt{n}} = \mu_1 + z_\beta \frac{\sigma}{\sqrt{n}}, \quad 當 \ \mu_1 < \mu_0$$

   可得所需樣本數的大小

$$n = \left[\frac{(z_\alpha + z_\beta)}{(\mu_1 - \mu_0)} \right]^2 \sigma^2$$

例題 07

考慮統計假設 $\begin{cases} H_0 : \mu \geq 12 \\ H_1 : \mu < 12 \end{cases}$，母體變異數為 25，母體平均數的真正值

為 10，顯著水準 $\alpha = 0.05$，若希望犯第二類型錯誤的機率 β 在 0.1 以內，

則需選取幾個樣本？

解

$\alpha = 0.05$，$\beta = 0.1$，由 $n = \left[\dfrac{(z_\alpha + z_\beta)}{(\mu_0 - \mu_1)} \right]^2 \sigma^2$，得

$$n = 25 \left[\frac{(1.645 + 1.28)}{(12 - 10)} \right]^2 = 53.47$$

故至少需選取 54 個樣本。

例題 08

考慮統計假設 $\begin{cases} H_0 : \mu \leq 16 \\ H_1 : \mu > 16 \end{cases}$，母體變異數為 60，母體平均數的真正值

為 18，顯著水準 $\alpha = 0.05$，若統計檢定力為 0.95，則需選取幾個樣本？

解

$\alpha = 0.05$，$\beta = 0.05$，由 $n = \left[\dfrac{(z_\alpha + z_\beta)}{(\mu_1 - \mu_0)} \right]^2 \sigma^2$，得

$$n = 60 \left[\frac{(1.645 + 1.645)}{(18 - 16)} \right]^2 = 162.36$$

故至少需選取 163 個樣本。

例題 09

考慮統計假設 $\begin{cases} H_0 : \mu = 75 \\ H_1 : \mu \neq 75 \end{cases}$，母體變異數為 50，母體平均數的真正值為 80，顯著水準 $\alpha = 0.05$，若統計檢定力為 0.9，則需選取幾個樣本？

解

$\alpha = 0.05$，$\beta = 0.1$，由 $n = \left[\dfrac{(z_{\alpha/2} + z_{\beta})\sigma}{(\mu_1 - \mu_0)} \right]^2$，得

$$n = 50 \left[\frac{(1.96 + 1.28)}{(80 - 75)} \right]^2 = 20.99$$

故至少需選取 21 個樣本。

7-3　母體平均數的假設檢定

👉 7-3-1　母體變異數 σ^2 已知

由抽樣分配理論得知，當母體為一常態分配或近似常態分配時，其樣本平均數的分配亦為一常態分配。

$$\overline{X} \sim N(\mu, \frac{\sigma^2}{n})，n \text{ 為樣本個數}$$

若顯著水準為 α，則其檢定的法則如下表 7-2 所示。

表 7-2│母體平均數 μ 的假設檢定（z 檢定）

假設	拒絕域（斜線部分）	決策原則
雙尾檢定 $H_0 : \mu = \mu_0$ $H_1 : \mu \neq \mu_0$	 $\frac{\alpha}{2}$　　$\frac{\alpha}{2}$ $-Z_{\alpha/2}$　　$Z_{\alpha/2}$	若 $z > Z_{\alpha/2}$ 或 $z < -Z_{\alpha/2}$，則拒絕 H_0，否則接受 H_0。
右尾檢定 $H_0 : \mu \leq \mu_0$ $H_1 : \mu > \mu_0$	 α Z_α	若 $z > Z_\alpha$，則拒絕 H_0，否則接受 H_0。
左尾檢定 $H_0 : \mu \geq \mu_0$ $H_1 : \mu < \mu_0$	 α $-Z_\alpha$	若 $z < -Z_\alpha$，則拒絕 H_0，否則接受 H_0。
檢定統計量 $z = \dfrac{\bar{x} - \mu}{\dfrac{\sigma}{\sqrt{n}}}$		

| 例題 **10**

　　某位教師想要知道她的 50 名學生的智力，是否與一般同年級學生的智力有所不同，利用標準化智力測驗的結果，得其平均數為 109，查該年級的常模，得知 $\mu=113$，$\sigma=15$，問該教師是否可以宣稱該班學生的智力與一般同年級學生的智力有所「不同」？（$\alpha=0.10$）

(1) 虛無假設 $H_0 : \mu = 113$

對立假設 $H_1 : \mu \neq 113$

(2) 雙尾檢定，$\alpha = 0.10$，則 $\alpha/2 = 0.05$

臨界值：$Z_{0.05} = 1.645$，$-Z_{0.05} = -1.645$

(3) 拒絕域：$z > 1.645$ 或 $z < -1.645$

(4) 檢定統計量：$z = \dfrac{109 - 113}{\dfrac{15}{\sqrt{50}}} = -1.886$

(5) $\because -1.886 < -1.645$

$\therefore$ 拒絕 H_0

該教師可以宣稱該班學生的智力與一般同年級學生的智力有所「不同」，惟犯第一類型錯誤的機率仍有 0.10 存在。

例題 **11**

如上題，若 $\alpha = 0.05$，則該教師是否可以宣稱該班學生的智力與一般同年級學生的智力有所「不同」？

---

(1) 虛無假設 $H_0 : \mu = 113$

對立假設 $H_1 : \mu \neq 113$

(2) 雙尾檢定，$\alpha = 0.05$，則 $\alpha/2 = 0.025$

臨界值：$Z_{0.025} = 1.96$，$-Z_{0.025} = -1.96$

(3) 拒絕域：$z > 1.96$ 或 $z < -1.96$

(4) 檢定統計量：$z = \dfrac{109 - 113}{\dfrac{15}{\sqrt{50}}} = -1.886$

(5) $\because -1.886 > -1.96$

$\therefore$ 不能拒絕 H_0

該教師可以宣稱該班學生的智力與一般同年級學生的智力沒有「不同」，但仍有犯第二類型錯誤的可能。

例題 12

　　一位環境研究論者，主張優裕環境可以提高兒童的智慧，乃自環境優裕的家庭中，隨機選取 100 名兒童，進行智力測驗，他利用比西智慧量表，測得樣本平均數為 103，試以 $\alpha=0.05$ 之顯著水準檢定，該研究者是否可以宣稱環境優裕的兒童的平均智商「高於」100？（比西智慧量表 $\mu=100$，$\sigma=16$）

解

(1) 虛無假設 $H_0 : \mu \leq 100$

　　 對立假設 $H_1 : \mu > 100$

(2) 右尾檢定，$\alpha=0.05$，臨界值：$Z_{0.05}=1.645$

(3) 拒絕域：$z > 1.645$

(4) 檢定統計量：$z = \dfrac{103-100}{\dfrac{16}{\sqrt{100}}} = 1.875$

(5) $\because 1.875 > 1.645$

　　 $\therefore$ 拒絕 H_0

該環境研究論者，所謂環境優裕兒童的平均智商高於一般兒童的說法得到支持，惟犯第一類型錯誤的機率仍有 0.05 存在，不能十分確信上述的決定，且不能使用該環境論者的說法得到「證實」的字眼。

7-3-2　母體變異數 σ^2 未知

【小樣本($n \leq 30$)】

　　由抽樣分配理論得知，當母體為一常態分配，若樣本數 n 不夠大時，檢定統計量的分配為自由度 $n-1$ 的 t 分配。若顯著水準為 α，則其檢定的法則如下表 7-3 所示。

⊙ 表 7-3 | 母體平均數 μ 的假設檢定（t 檢定）

假設	拒絕域（斜線部分）	決策原則
雙尾檢定 $H_0 : \mu = \mu_0$ $H_1 : \mu \neq \mu_0$	$\frac{\alpha}{2}$　　　$\frac{\alpha}{2}$ $-t_{\alpha/2}$　　$t_{\alpha/2}$	若 $t > t_{\alpha/2}$ 或 $t < -t_{\alpha/2}$，則拒絕 H_0，否則接受 H_0。
右尾檢定 $H_0 : \mu \leq \mu_0$ $H_1 : \mu > \mu_0$	α t_α	若 $t > t_\alpha$，則拒絕 H_0，否則接受 H_0。
左尾檢定 $H_0 : \mu \geq \mu_0$ $H_1 : \mu < \mu_0$	α $-t_\alpha$	若 $t < -t_\alpha$，則拒絕 H_0，否則接受 H_0。
檢定統計量　$t = \dfrac{\bar{x} - \mu}{\dfrac{s}{\sqrt{n}}}$		

例題 13

　　某校營養師想知道該校舉辦營養午餐的效果是否有別於他校，今該營養師從參加營養午餐的學童中，隨機選取某年級 10 名學童計算每個人一年之間體重增加的情形，依次為 4.7, 3.4, 5.1, 3.9, 3.0, 4.5, 4.3, 4.6, 3.5, 4.8，試問該營養師如何解釋此一結果。（現有一研究報告指出，他校參加營養午餐的該年級學童的體重一年之間平均增加 3.74 公斤）

由題意知,樣本平均數為(4.7+3.4+…+3.5+4.8)/10=4.18,樣本標準差為 0.694。

(1) 虛無假設 $H_0 : \mu = 3.74$

對立假設 $H_1 : \mu \neq 3.74$

(2) 雙尾檢定,臨界值:

若 $\alpha = 0.05 \Rightarrow t_{(0.025,9)} = 2.2622$

若 $\alpha = 0.10 \Rightarrow t_{(0.05,9)} = 1.8331$

(3) 拒絕域:

$t > 2.2622$ 或 $t < -2.2622$

$t > 1.8331$ 或 $t < -1.8331$

(4) 檢定統計量: $t = \dfrac{4.18 - 3.74}{\dfrac{0.694}{\sqrt{10}}} = 2.005$

(5) ∵ 2.005<2.2622

∴不能拒絕 H_0

∵ 2.005>1.8331

∴拒絕 H_0

即在顯著水準 $\alpha = 0.05$ 的情況下,效果相同,沒有顯著的差異存在。

而在顯著水準 $\alpha = 0.10$ 的情況下,效果不相同,有顯著的差異存在。

例題 14

某研究員為了了解癌症病人的收縮壓,是否比正常人為高,今隨機選取 5 名癌症病人測得其血壓收縮壓如下:133, 138, 143, 134, 147 試問癌症病人的收縮壓,是否比正常人為高?(若正常人的收縮壓為 125,α=0.01)

由題意知，樣本平均數為(133+138+143+134+147)/5=139，樣本標準差為 5.96。

(1) 虛無假設 H_0：$\mu \leq 125$

　　對立假設 H_1：$\mu > 125$

(2) 右尾檢定，$\alpha = 0.01$，臨界值：$t_{(0.01,4)} = 3.747$

(3) 拒絕域：$t > 3.747$

(4) 檢定統計量：$t = \dfrac{139 - 125}{\dfrac{5.96}{\sqrt{5}}} = 5.25$

(5) $\because 5.25 > 3.747$

　　$\therefore$ 拒絕 H_0

即該研究員的調查結果得到支援，惟犯第一類型錯誤的機率仍有 0.01 存在。

例題 **15**

　　某旅館過去數年之月收入為 600 萬元，而今年 1 月至 12 月之收入分別為 520, 550, 620, 580, 575, 597, 627, 615, 540, 570, 590 及 600 萬元。試以 $\alpha = 0.05$ 之顯著水準來檢定此旅館今年之營收是否較往年為低？

由題意知，樣本平均數為(520 + 550 + ⋯ + 600)/12 = 582，樣本標準差為 33.03。

(1) 虛無假設 H_0：$\mu \geq 600$

　　對立假設 H_1：$\mu < 600$

(2) 左尾檢定，$\alpha = 0.05$，臨界值：$t_{(0.05,11)} = 1.7959$

(3) 拒絕域：$t < -1.7959$

(4) 檢定統計量：$t = \dfrac{582 - 600}{\dfrac{33.03}{\sqrt{12}}} = -1.887$

(5) ∵ $-1.887 < -1.7959$

∴拒絕 H_0

即該旅館今年之營收較往年為低。

【大樣本($n>30$)】

由中央極限定理知，當樣本數夠大時，其樣本平均數的分配近似一常態分配，故以常態分配視之。若顯著水準為 α ，則其檢定的法則如表7-2 所示，但檢定統計量為

$$z = \frac{\overline{x} - \mu}{\frac{s}{\sqrt{n}}} 。$$

 例題 **16**

設自一常態母體中隨機選取 100 個樣本，得其樣本平均數為 42，樣本變異數為 90，試檢定當顯著水準 α=0.05 時，虛無假設 μ=40 與對立假設 $\mu \neq 40$ 之差異是否達到顯著性。

解

由題意知，此抽樣分配為一平均數 40，變異數 90/100=0.9 的常態分配。

(1) 虛無假設 H_0： μ=40

對立假設 H_1： $\mu \neq 40$

(2) 雙尾檢定， α=0.05，則 $\alpha/2$=0.025

臨界值：$Z_{0.025}$=1.96，$-Z_{0.025}$=−1.96

(3) 拒絕域：z >1.96 或 z <−1.96

(4) 檢定統計量：$z = \frac{42-40}{\sqrt{0.9}} = 2.11$

(5) ∵ 2.11>1.96

∴拒絕 H_0

即該調查結果有顯著的差異存在，惟犯第一類型錯誤的機率仍有 0.05 存在。

例題 **17**

設自一常態母體中隨機選取 100 個樣本,得其樣本平均數為 35,樣本變異數為 80,試檢定當顯著水準 $\alpha=0.05$ 時,虛無假設 $\mu \leq 34$ 與對立假設 $\mu>34$ 之顯著性。

解

由題意知,此抽樣分配為一平均數 34,變異數 80/100=0.8 的常態分配。

(1) 虛無假設 H_0: $\mu \leq 34$

對立假設 H_1: $\mu>34$

(2) 右尾檢定,$\alpha=0.05$,臨界值:$Z_{0.05}=1.645$

(3) 拒絕域:$z>1.645$

(4) 檢定統計量:$z = \dfrac{35-34}{\sqrt{0.8}} = 1.12$

(5) ∵ 1.12<1.645

∴ 不能拒絕 H_0

即該調查結果沒有顯著的差異存在。

7-4 成對觀察值的假設檢定

當我們想知道經過訓練或練習後,表現是否有差異?成果是否較好?如部門主管想知道員工經過訓練後,績效是否提升?復健師想知道患者經過復建後,復建的情況是否好轉?在經過一段時間的觀察後,此些觀察值為成對資料,前後一組,為相依(dependent)樣本。僅就母體變異數未知的情況下做討論。

【小樣本($n \le 30$)】

由抽樣分配理論得知，當母體為一常態分配，若樣本數 n 不夠大時，檢定統計量的分配為自由度 $n-1$ 的 t 分配。若顯著水準為 α ，則其檢定的法則如表 7-3 所示，但檢定統計量為

$$t = \frac{\bar{d} - \mu_d}{\dfrac{s_d}{\sqrt{n}}}$$

其中 $\bar{d}$ 為差異之平均數， s_d 為其標準差。

| 例題 **18**

某公司針對部門 8 名員工進行教育訓練，於訓練前後各進行測驗，得其前後績效成績如下：

員工編號	A	B	C	D	E	F	G	H
訓練前	80	88	76	90	74	70	81	83
訓練後	85	84	80	93	83	71	79	83

試以 $\alpha = 0.05$ 之顯著水準，檢定該部門員工訓練前後之績效成績是否有顯著性差異？

 解

先計算前後兩者之差異 $d =$ 訓練前 $-$ 訓練後

員工編號	A	B	C	D	E	F	G	H
訓練前	80	88	76	90	74	70	81	83
訓練後	85	84	80	93	83	71	79	83
差異	−5	4	−4	−3	−9	−1	2	0

再計算差異之平均數 $\bar{d} = -2$ ，標準差 $s_d = 4.14$ 。

(1) 虛無假設 $H_0 : \mu_d = 0$

對立假設 $H_1 : \mu_d \neq 0$

(2) 雙尾檢定，$\alpha = 0.05$，臨界值：$t_{(0.025, 7)} = 2.3646$

(3) 拒絕域：$t < -2.3646$ 或 $t > 2.3646$

(4) 檢定統計量：$t = \dfrac{-2 - 0}{\dfrac{4.14}{\sqrt{8}}} = -1.366$

(5) $\because -1.366 > -2.3646$

$\therefore$ 不能拒絕 H_0

即該公司員工進行教育訓練後，績效成績沒有顯著性差異。

【大樣本($n > 30$)】

由中央極限定理知，當樣本數夠大時，其樣本平均數的分配近似一常態分配，故以常態分配視之。若顯著水準為 α，則其檢定的法則如表 7-2 所示，但檢定統計量為

$$z = \frac{\overline{d} - \mu_d}{\dfrac{s_d}{\sqrt{n}}} \text{。}$$

| 例題 19

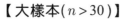

某餐廳經理對其餐廳 36 名員工進行職前訓練，於訓練前後各進行測驗，得其前後成績差異(訓練後－訓練前)之平均數及標準差各為 2.75 及 8.62，試以 $\alpha = 0.05$ 之顯著水準，檢定該餐廳員工訓練後之成績是否較好？

解

(1) 虛無假設 $H_0 : \mu_d = 0$

對立假設 $H_1 : \mu_d > 0$

(2) 右尾檢定，$\alpha = 0.05$，臨界值：$z_{0.05} = 1.645$

(3) 拒絕域：$z > 1.645$

(4) 檢定統計量：$z = \dfrac{2.75}{\dfrac{8.62}{\sqrt{36}}} = 1.914$

(5) $\because 1.914 > 1.645$

　　$\therefore$ 拒絕 H_0

即該餐廳員工訓練後之成績較訓練前好。

7-5　母體比例的假設檢定

　　有時想知道樣本比例與母體比例是否有差異？則須做統計上的假設檢定。如我們想知道某一地區隨機選取的患者中使用新療法的治癒率，與該地區所有使用新療法的患者治癒率是否有所差異？或是某一地區隨機選取的人中使用 A 產品後感到滿意的比例，與該地區所有使用 A 產品後感到滿意的比例是否有所不同？

　　在第五章第三節中，我們曾提及樣本比例差($\bar{P}$)的分配為一常態分配，其平均數與母體比例 p 相同，也就是說 $\mu_{\bar{p}} = p$，標準差 $\sigma_{\bar{p}} = \sqrt{\dfrac{p(1-p)}{n}}$ 。

且當 $np \geq 5$ 及 $n(1-p) \geq 5$ 時，$\bar{P}$ 的分配近乎常態分配。當 p 值已知，檢定統計量

$$z = \frac{\bar{p} - p}{\sqrt{\dfrac{p(1-p)}{n}}}$$

為一標準常態分配。若顯著水準為 α，則其檢定的法則如表 7-4 所示。

⊙ 表 7-4｜母體比例的假設檢定（z 檢定）

假設	拒絕域（斜線部分）	決策原則
雙尾檢定 $H_0：p = p_0$ $H_1：p \neq p_0$	$\frac{\alpha}{2}$　　　　　$\frac{\alpha}{2}$ $-Z_{\alpha/2}$　　$Z_{\alpha/2}$	若 $z > Z_{\alpha/2}$ 或 $z < -Z_{\alpha/2}$，則拒絕 H_0，否則接受 H_0。
右尾檢定 $H_0：p \leq p_0$ $H_1：p > p_0$	α Z_α	若 $z > Z_\alpha$，則拒絕 H_0，否則接受 H_0。
左尾檢定 $H_0：p \geq p_0$ $H_1：p < p_0$	α $-Z_\alpha$	若 $z < -Z_\alpha$，則拒絕 H_0，否則接受 H_0。
檢定統計量	$z = \dfrac{\bar{p} - p}{\sqrt{\dfrac{p(1-p)}{n}}}$	

例題 **20**

　　一般患肺癌的病人在 3 年內死亡的機率超過 90%，今有一新療法試驗 150 位肺癌的病人，3 年內有 120 位病人死亡，試問此新療法是否較佳？（$\alpha = 0.05$）

解

　　由題意知，$\bar{p} = 120/150 = 0.8$。

(1) 虛無假設 $H_0 : p = 0.9$

　　對立假設 $H_1 : p < 0.9$

(2) 左尾檢定：$\alpha = 0.05$，臨界值：$Z_{0.05} = 1.645$

(3) 拒絕域：$z < -1.645$

(4) 檢定統計量：$z = \dfrac{0.8 - 0.9}{\sqrt{\dfrac{0.9 \times 0.1}{150}}} \approx -4.08$

(5) 因為 $-4.08 < -1.645$，落在拒絕域中，所以拒絕虛無假設 H_0。

因此，我們可以說新療法較佳，惟仍第一類型錯誤的機率仍然有 5% 存在。

例題 21

　　一般認為因機車肇事死亡者與性別無關。今調查某時期因機車肇事死亡者 120 人中，有 69 人是男性，試問因機車肇事死亡者是否與性別有關？($\alpha = 0.05$)

由題意知，$\bar{p} = 69/120 = 0.575$，$p = 0.5$。

(1) 虛無假設 $H_0 : p = 0.5$

　　對立假設 $H_1 : p \neq 0.5$

(2) 雙尾檢定：$\alpha = 0.05$，臨界值：$Z_{0.025} = 1.96$

(3) 拒絕域：$z < -1.96$ 或 $z > 1.96$

(4) 檢定統計量：$z = \dfrac{0.575 - 0.5}{\sqrt{\dfrac{0.5 \times 0.5}{120}}} \approx 1.643$

(5) 因為 $1.643 < 1.96$，沒有落在拒絕域中，所以不能拒絕無假設 H_0。

因此，我們可以說，因機車肇事死亡者與性別無關，惟仍有可能犯第二類型錯誤。

7-6 母體變異數的假設檢定

由於 $(n-1)s^2/\sigma^2$ 為一自由度 $n-1$ 的 χ^2 分配，n 為樣本個數，所以在檢定母體變異數之顯著性時，須用到 χ^2 分配。檢定統計量為

$$\chi^2 = \frac{(n-1)s^2}{\sigma^2} \text{ 。}$$

若顯著水準為 α，則其檢定的法則如表 7-5 所示。

● 表 7-5 | 母體變異數的假設檢定（χ^2 檢定）

假設	拒絕域（斜線部分）	決策原則
雙尾檢定 $H_0: \sigma^2 = \sigma_0^2$ $H_1: \sigma^2 \neq \sigma_0^2$	$\frac{\alpha}{2}$ $\frac{\alpha}{2}$ $\chi_{1-\frac{\alpha}{2}}^2$ $\chi_{\frac{\alpha}{2}}^2$	若 $\chi^2 > \chi_{\frac{\alpha}{2}}^2$ 或 $\chi^2 < \chi_{1-\frac{\alpha}{2}}^2$，則拒絕 H_0，否則接受 H_0。
右尾檢定 $H_0: \sigma^2 \leq \sigma_0^2$ $H_1: \sigma^2 > \sigma_0^2$	α χ_α^2	若 $\chi^2 > \chi_\alpha^2$，則拒絕 H_0，否則接受 H_0。
左尾檢定 $H_0: \sigma^2 \geq \sigma_0^2$ $H_1: \sigma^2 < \sigma_0^2$	α $\chi_{1-\alpha}^2$	若 $\chi^2 < \chi_{1-\alpha}^2$，則拒絕 H_0，否則接受 H_0。
檢定統計量 $\chi^2 = \dfrac{(n-1)s^2}{\sigma^2}$		

| 例題 22

　　若採用隨機抽樣隨機選取 8 個樣本，得其樣本變異數為 10，試比較此變異數與母體的變異數是否有顯著的不同？（假設母體變異數為 4，α = 0.05）

解

(1) 虛無假設 H_0：$\sigma^2 = 4$
　　對立假設 H_1：$\sigma^2 \neq 4$

(2) 雙尾檢定，$\alpha = 0.05$，則 $\alpha/2 = 0.025$，
　　臨界值：$\chi^2_{(0.025,7)} = 16.013$，$\chi^2_{(0.975,7)} = 1.69$

(3) 拒絕域：$\chi^2 > 16.013$ 或 $\chi^2 < 1.69$

(4) 檢定統計量：$\chi^2 = \dfrac{7 \times 10}{4} = 17.5$

(5) $\because 17.5 > 16.013$
　　$\therefore$ 拒絕 H_0

即該調查結果有顯著的差異性存在。惟犯第一類型錯誤的機率仍有 0.05 存在。

| 例題 23

　　從一常態分配母體中，隨機選取 15 個產品為一樣本，得其變異數為 48，以顯著水準 $\alpha = 0.05$，檢定母體變異數是否大於 36。

解

(1) 虛無假設 H_0：$\sigma^2 \leq 36$
　　對立假設 H_1：$\sigma^2 > 36$

(2) 右尾檢定，$\alpha = 0.05$，臨界值：$\chi^2_{(0.05,14)} = 23.685$

(3) 拒絕域：$\chi^2 > 23.685$

(4) 檢定統計量：$\chi^2 = \dfrac{14 \times 48}{36} = 18.67$

(5) $\because$ 18.67<23.685

$\therefore$ 不能拒絕 H_0

即樣本變異數並沒有顯著的大於母體變異數。

例題 **24**

某製造商非常重視其復健產品所能承受外力的撞擊力,利用隨機抽樣的方法,隨機選取 15 個產品為一樣本,測量其所能承受的外力,得其標準差為 10.5 公斤,以顯著水準 α=0.05,檢定其產品所能承受外力的標準差是否小於 16 公斤?(假設母體近似於常態分配)

(1) 虛無假設 H_0:σ ≥16

對立假設 H_1:σ <16

(2) 左尾檢定,α=0.05,臨界值:$\chi^2_{(0.95,14)} = 6.571$

(3) 拒絕域:χ^2 < 6.571

(4) 檢定統計量:$\chi^2 = \dfrac{(15-1) \times (10.5)^2}{16^2} = 6.03$

(5) $\because$ 6.03<6.571

$\therefore$ 拒絕 H_0

即該產品所能承受外力的標準差小於 16 公斤。

EXCEL 與假設檢定

此節僅說明成對觀察值的假設檢定。

例題 **25**

某公司針對部門 8 名員工進行教育訓練，於訓練前後各進行測驗，得其前後績效成績如下：

員工編號	A	B	C	D	E	F	G	H
訓練前	80	88	76	90	74	70	81	83
訓練後	85	84	80	93	83	71	79	83

試以 $\alpha = 0.05$ 之顯著水準，檢定該部門員工訓練前後之績效成績是否有顯著性差異？

解

步驟 1： 將資料輸入至儲存格 A1：I3。

步驟 2： 選【資料／資料分析】，在視窗【資料分析】下，選取【t 檢定：成對母體平均數差異檢定】。

	A	B	C	D	E	F	G	H	I
1	員工編號	A	B	C	D	E	F	G	H
2	訓練前	80	88	76	90	74	70	81	83
3	訓練後	85	84	80	93	83	71	79	83
4									
5									

資料分析

分析工具(A)

傅立葉分析
直方圖
移動平均法
亂數產生器
等級和百分比
迴歸
抽樣
t檢定：成對母體平均數差異檢定
t檢定：兩個母體平均數差的檢定，假設變異數相等
t檢定：兩個母體平均數差的檢定，假設變異數不相等

【確定】
【取消】
【說明(H)】

步驟 3： 按【確定】後，輸入

變數 1 的範圍(1)：A2：I2　（訓練前的儲存格範圍）

變數 2 的範圍(2)：A3：I3　（訓練後的儲存格範圍）

假設的均數差(p)：0

☑ 標記

α(A)：0.05　　　　　　　　　　（顯著水準）

輸出選項

⊙ 輸出範圍：A5

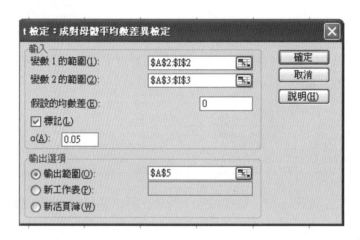

步驟 4： 按【確定】後，出現如下內容。

	A	B	C
4			
5	t 檢定：成對母體平均數差異檢定		
6			
7		訓練前	訓練後
8	平均數	80.25	82.25
9	變異數	46.5	38.5
10	觀察值個數	8	8
11	皮耳森相關係數	0.8018788	
12	假設的均數差	0	
13	自由度	7	
14	t 統計	-1.3662601	
15	P(T<=t) 單尾	0.10706252	
16	臨界值：單尾	1.8945786	
17	P(T<=t) 雙尾	0.21412504	
18	臨界值：雙尾	2.36462425	

因為 $p=0.21412501 > 0.05$（或 $t=-1.3662601 > -2.36462425$），所以不能拒絕 H_0，即訓練前後之績效成績沒有顯著性差異。

 公式摘要

一個母體平均數的假設檢定

檢定統計量如下表所示

○ 母體平均數 μ 的假設檢定

	母體	常態	非常態
σ 已知	小樣本 $n \leq 30$	$z = \dfrac{\bar{x} - \mu}{\dfrac{\sigma}{\sqrt{n}}}$	可使用無母數統計
	大樣本 $n > 30$	$z = \dfrac{\bar{x} - \mu}{\dfrac{\sigma}{\sqrt{n}}}$	$z = \dfrac{\bar{x} - \mu}{\dfrac{\sigma}{\sqrt{n}}}$（中央極限定理）
σ 未知	小樣本 $n \leq 30$	$t = \dfrac{\bar{x} - \mu}{\dfrac{s}{\sqrt{n}}}$	
	大樣本 $n > 30$	$z = \dfrac{\bar{x} - \mu}{\dfrac{s}{\sqrt{n}}}$	$z = \dfrac{\bar{x} - \mu}{\dfrac{s}{\sqrt{n}}}$（中央極限定理）

一個母體比例的假設檢定

檢定統計量 $z = \dfrac{\bar{P} - p}{\sqrt{\dfrac{p(1-p)}{n}}}$

成對觀察值的假設檢定（相依樣本）

1. 小樣本：檢定統計量 $t = \dfrac{\bar{d} - \mu_d}{\dfrac{s_d}{\sqrt{n}}}$

2. 大樣本：檢定統計量 $z = \dfrac{\bar{d} - \mu_d}{\dfrac{s_d}{\sqrt{n}}}$

一個母體變異數的假設檢定

檢定統計量 $\chi^2 = \dfrac{(n-1)s^2}{\sigma^2}$

習 題

1. 考慮統計假設 $\begin{cases} H_0 : \mu \le 76 \\ H_1 : \mu > 76 \end{cases}$，已知樣本數為 100，母體變異數為 50，顯著水準 $\alpha = 0.05$，若母體平均數的真正值為 78，試問犯第二類型錯誤之機率為何？

2. 考慮統計假設 $\begin{cases} H_0 : \mu = 48 \\ H_1 : \mu < 48 \end{cases}$，已知樣本數為 36，母體標準差為 8，顯著水準 $\alpha = 0.05$，若母體平均數的真正值為 45，試問統計檢定力為何？

3. 考慮統計假設 $\begin{cases} H_0 : \mu = 25 \\ H_1 : \mu \ne 25 \end{cases}$，母體變異數為 80，母體平均數的真正值為 23.5，顯著水準 $\alpha = 0.05$，若統計檢定力為 0.9，則需選取幾個樣本？

4. 已知某測驗常模平均數為 65 分，標準差為 10.5 分，今隨機選取某班 16 名學生接受測驗，得其平均分數為 61.8 分，試問該班學生的平均分數是否低於常模之平均數？（$\alpha = 0.05$）

5. 今調查市面上某速食品防腐劑的含量，結果如下：3.1, 3.2, 3.4, 3.3, 3.2, 3 ppm，試以 $\alpha = 0.05$ 之顯著水準，檢定該速食品所含防腐劑的量是否高於國家所訂之標準 3 ppm？

6. 某公司針對行銷部門 6 名員工進行教育訓練，於訓練前後各進行測驗，得其前後績效成績如下：

員工編號	A	B	C	D	E	F
訓練前	79	88	77	85	75	70
訓練後	84	85	81	91	80	74

試以 $\alpha = 0.05$ 之顯著水準，檢定該部門員工訓練前後之績效成績是否有顯著性差異？

7. 某旅館經理聲稱有超過 85% 的旅客對其旅館的服務品質感到滿意。今隨機選取 150 名旅客詢問其滿意度，發現其中有 135 人覺得滿意。試問該經理的聲稱是否屬實？（$\alpha = 0.05$）

8. 今隨機選取 6 位學童，測得其平均體重為 27.5Kg，標準差為 3.5Kg，已知該母體之標準差為 5Kg，試問此些學童體重之標準差是否較該母體為小？（$\alpha = 0.05$）

假設檢定-(II)

8-1 兩母體變異數比的假設檢定

欲比較兩母體之變異數是否相等,則須使用 F 分配,假設自第一個母體中隨機選取 n_1 個樣本,得其變異數為 s_1^2。自第二個母體中隨機選取 n_2 個樣本,得其變異數為 s_2^2,則其變異數比 s_1^2 / s_2^2 為一自由度(n_1-1,n_2-1) 的 F 分配。檢定統計量為

$$F = \frac{s_1^2}{s_2^2}$$

若顯著水準為 α,則其檢定的法則如表 8-1 所示。

⊙ 表 8-1 | 兩母體變異數比的假設檢定（ F 檢定）

假設	拒絕域（斜線部分）	決策原則
雙尾檢定 $H_0 : \sigma_1^2 = \sigma_2^2$ $H_1 : \sigma_1^2 \neq \sigma_2^2$	$\dfrac{\alpha}{2}$ $\dfrac{\alpha}{2}$ $F_{1-\frac{\alpha}{2}}$ $F_{\frac{\alpha}{2}}$	若 $F > F_{\frac{\alpha}{2}}$ 或 $F < F_{1-\frac{\alpha}{2}}$,則拒絕 H_0,否則接受 H_0。
右尾檢定 $H_0 : \sigma_1^2 \leq \sigma_2^2$ $H_1 : \sigma_1^2 > \sigma_2^2$	α F_α	若 $F > F_\alpha$,則拒絕 H_0,否則接受 H_0。
左尾檢定 $H_0 : \sigma_1^2 \geq \sigma_2^2$ $H_1 : \sigma_1^2 < \sigma_2^2$	α $F_{1-\alpha}$	若 $F < F_{1-\alpha}$,則拒絕 H_0,否則接受 H_0。

| 例題 01

　　某品管員想了解兩種不同生產線上,食品包裝的重量變異是否相等,今從中分別選取 6 包及 8 包食品測其重量,得其標準差分別為 0.56 公克及 0.48 公克,試以 α=0.05 的顯著水準,檢定其變異數是否相等?

解

(1) 虛無假設 H_0: $\sigma_1^2 = \sigma_2^2$

　　對立假設 H_1: $\sigma_1^2 \neq \sigma_2^2$

(2) 雙尾檢定, α=0.05,則 $\alpha/2$=0.025,

　　臨界值: $F_{(0.025,5,7)}$=5.29

$$F_{(0.975,5,7)} = \frac{1}{F_{(0.025,7,5)}} = \frac{1}{6.85} = 0.146$$

(3) 拒絕域: F >5.29 或 F <0.146

(4) 檢定統計量: $F = \dfrac{0.56^2}{0.48^2} = 1.36$

(5) $\because$ 1.36 $\not>$ 5.29 且 1.36 $\not<$ 0.146

　　$\therefore$ 不能拒絕 H_0

即兩種不同生產線上,食品包裝重量的變異數沒有顯著性的差異。

| 例題 02

　　某市調員想了解男性與女性消費金額的變異,今從中分別選取 10 名男性及 8 名女性訪問,得其變異數分別為 1600 元及 1225 元,試問男性消費金額的變異數是否大於女性? (α=0.05)

解

(1) 虛無假設 H_0: $\sigma_1^2 \leq \sigma_2^2$

　　對立假設 H_1: $\sigma_1^2 > \sigma_2^2$

(2) 右尾檢定，α=0.05，臨界值：$F_{(0.05,9,7)}$=3.68

(3) 拒絕域：$F > 3.68$

(4) 檢定統計量：$F = \dfrac{1600}{1225} = 1.31$

(5) $\because 1.31 < 3.68$

　　$\therefore$ 不能拒絕 H_0

即男性消費金額的變異數沒有大於女性，兩者沒有顯著性差異存在。

例題 03

某教師想知道班上男生和女生成績的變異程度是否有差異，隨機選取 10 名男生和 16 名女生的成績，得其變異數分別為 16.5 及 72.5，試問男生成績的變異數是否較女生來得小。（α=0.05）

解

(1) 虛無假設 H_0：$\sigma_1^2 \geq \sigma_2^2$

　　對立假設 H_1：$\sigma_1^2 < \sigma_2^2$

(2) 左尾檢定，α=0.05，

　　臨界值：$F_{(0.95,9,15)} = \dfrac{1}{F_{(0.05,15,9)}} = \dfrac{1}{3.01} = 0.332$

(3) 拒絕域：$F < 0.332$

(4) 檢定統計量：$F = \dfrac{16.5}{72.5} = 0.227$

(5) $\because 0.227 < 0.332$

　　$\therefore$ 拒絕 H_0

即該班男生成績的變異數較女生來得小，兩者變異數有顯著性的差異存在。

8-2 兩母體平均數差的假設檢定

8-2-1 母體變異數 σ_1^2、σ_2^2 已知

若 $X_1 \sim N(\mu_1, \sigma_1^2)$，$X_2 \sim N(\mu_2, \sigma_2^2)$，

則 $\bar{X}_1 \sim N(\mu_1, \sigma_1^2/n_1)$，$\bar{X}_2 \sim N(\mu_2, \sigma_2^2/n_2)$，

且 $\bar{X}_1 - \bar{X}_2 \sim N(\mu_1 - \mu_2, \frac{\sigma_1^2}{n_1} + \frac{\sigma_2^2}{n_2})$

其中 n_1，n_2 表自母體 X_1 及 X_2 中所抽出的樣本個數。檢定統計量為

$$z = \frac{(\bar{x}_1 - \bar{x}_2) - (\mu_1 - \mu_2)}{\sqrt{\frac{\sigma_1^2}{n_1} + \frac{\sigma_2^2}{n_2}}}$$

若顯著水準為 α，則其檢定的法則如表 8-2 所示。

● 表 8-2｜兩母體平均數差的假設檢定（z 檢定）

假設	拒絕域（斜線部分）	決策原則
雙尾檢定 $H_0: \mu_1 = \mu_2$ $H_1: \mu_1 \neq \mu_2$	$\frac{\alpha}{2}$ ... $\frac{\alpha}{2}$ $-Z_{\frac{\alpha}{2}}$ $Z_{\frac{\alpha}{2}}$	若 $z > Z_{\frac{\alpha}{2}}$ 或 $z < -Z_{\frac{\alpha}{2}}$，則拒絕 H_0，否則接受 H_0。
右尾檢定 $H_0: \mu_1 \leq \mu_2$ $H_1: \mu_1 > \mu_2$	α Z_α	若 $z > Z_\alpha$，則拒絕 H_0，否則接受 H_0。
左尾檢定 $H_0: \mu_1 \geq \mu_2$ $H_1: \mu_1 < \mu_2$	α $-Z_\alpha$	若 $z > -Z_\alpha$，則拒絕 H_0，否則接受 H_0。

| 例題 **04**

　　某教師使用普通分類測驗，抽測 45 名男生和 40 名女生，得其平均數分別為 89.6 及 85.25，由該測驗的常模得知男生的標準差為 20.43，女生的標準差為 19.54，試問男女生在該測驗中的平均數差是否達到 0.05 之顯著水準。

解

(1) 虛無假設 H_0：$\mu_1 = \mu_2$

　　對立假設 H_1：$\mu_1 \neq \mu_2$

(2) 雙尾檢定，$\alpha = 0.05$，則 $\alpha/2 = 0.025$

　　臨界值：$Z_{0.025} = 1.96$，$-Z_{0.025} = -1.96$

(3) 拒絕域：$z > 1.96$ 或 $z < -1.96$

(4) 檢定統計量：$z = \dfrac{(89.6 - 85.25) - 0}{\sqrt{\dfrac{20.43^2}{45} + \dfrac{19.54^2}{40}}} = 1.003$

(5) $\because 1.003 < 1.96$

　　$\therefore$ 不能拒絕 H_0

即該測驗結果沒有顯著的差異存在。該教師可以說男生和女生測驗的平均分數沒有差異，但仍有犯第二類型錯誤的可能。

👉 8-2-2　母體變異數 σ_1^2、σ_2^2 未知

【小樣本 $(n_1, n_2 \leq 30)$】

　　欲得知兩母體的變異數是否相等，可先用 8-1 節兩母體變異數比的假設檢定方法做判斷，而後再依據如下的情況做分析。

1. $\sigma_1^2 = \sigma_2^2$

　　若 $X_1 \sim N(\mu_1, \sigma_1^2)$，$X_2 \sim N(\mu_2, \sigma_2^2)$，則檢定統計量

$$t = \frac{(\overline{x}_1 - \overline{x}_2) - (\mu_1 - \mu_2)}{s_p \sqrt{\dfrac{1}{n_1} + \dfrac{1}{n_2}}}$$

為一自由度 $v = n_1 + n_2 - 2$ 之 t 分配，其中 n_1、n_2 表自母體 X_1、X_2 所抽出的樣本個數，且

$$s_p^2 = \frac{(n_1 - 1)s_1^2 + (n_2 - 1)s_2^2}{n_1 + n_2 - 2}$$

若顯著水準為 α ，則其檢定的法則如表 8-3 所示：

◐ 表 8-3｜兩母體平均數差的假設檢定（t 檢定）

假設	拒絕域（斜線部分）	決策原則
雙尾檢定 $H_0 : \mu_1 = \mu_2$ $H_1 : \mu_1 \neq \mu_2$		若 $t > t_{\alpha/2}$ 或 $t < -t_{\alpha/2}$，則拒絕 H_0，否則接受 H_0。
右尾檢定 $H_0 : \mu_1 \leq \mu_2$ $H_1 : \mu_1 > \mu_2$		若 $t > t_\alpha$，則拒絕 H_0，否則接受 H_0。
左尾檢定 $H_0 : \mu_1 \geq \mu_2$ $H_1 : \mu_1 < \mu_2$		若 $t < -t_\alpha$，則拒絕 H_0，否則接受 H_0。

| 例題 05

　　某品管員認為生產線 A 所生產的食品包裝的平均重量小於生產線 B，今從中分別各選取 12 包食品測其重量，得其重量如下：（單位：公克）

生產線 A	22	29	27	28	25	29	30	26	24	31	28	25
生產線 B	29	30	31	32	28	33	32	36	28	33	28	32

　　試問該品管員的認定是否正確？（α=0.05）

由題意知，$\bar{x}_1 = 27$，$\bar{x}_2 = 31$，$s_1^2 = 7.09$，$s_2^2 = 6.18$

(1) 先檢定兩母體的變異數是否相等

　　① 虛無假設 H_0：$\sigma_1^2 = \sigma_2^2$

　　　　對立假設 H_1：$\sigma_1^2 \neq \sigma_2^2$

　　② 雙尾檢定，α=0.05，則 $\alpha/2$=0.025，

　　　　臨界值：$F_{(0.025, 11, 11)}$=3.48

　　　　　　　　$F_{(0.975, 11, 11)}$=1/3.48=0.287

　　③ 拒絕域：F >3.48 或 F <0.287

　　④ 檢定統計量：F = 7.09/6.18=1.147

　　⑤ ∵1.147$\not>$3.48 且 1.147$\not<$0.287

　　　　∴不能拒絕 H_0

此兩種不同生產線上，食品包裝的重量變異程度沒有顯著性的差異。

(2) 檢定平均數的差異，此為一左尾的假設檢定。

　　① 虛無假設 H_0：$\mu_1 \geq \mu_2$

　　　　對立假設 H_1：$\mu_1 < \mu_2$

　　② 左尾檢定，α=0.05，

　　　　臨界值：$t_{(0.05, 22)}$=1.7171

　　③ 拒絕域：t<−1.7171

④ 檢定統計量：

$$s_p^2 = \frac{(n_1-1)s_1^2 + (n_2-1)S_2^2}{n_1+n_2-2} = \frac{(12-1)\cdot 7.09 + (12-1)\cdot 6.18}{22} = 6.636$$

$$t = \frac{(\bar{x}_1 - \bar{x}_2) - (\mu_1 - \mu_2)}{s_p\sqrt{1/n_1 + 1/n_2}} = \frac{27-31}{\sqrt{6.636(1/12+1/12)}} = -3.803$$

⑤ $\because -3.803 < -1.7171$

$\therefore$ 拒絕 H_0

即生產線 A 所生產的食品包裝的平均重量小於生產線 B。

2. $\sigma_1^2 \neq \sigma_2^2$

若 $X_1 \sim N(\mu_1, \sigma_1^2)$，$X_2 \sim N(\mu_2, \sigma_2^2)$，則檢定統計量

$$t = \frac{(\bar{x}_1 - \bar{x}_2) - (\mu_1 - \mu_2)}{\sqrt{\dfrac{s_1^2}{n_1} + \dfrac{s_2^2}{n_2}}}$$

為一自由度 v 之 t 分配，其中

$$v = \frac{(s_1^2/n_1 + s_2^2/n_2)^2}{\dfrac{(s_1^2/n_1)^2}{n_1-1} + \dfrac{(s_2^2/n_2)^2}{n_2-1}}$$

且 n_1、n_2 表自母體 X_1、X_2 中所抽出的樣本個數。若顯著水準為 α，則其檢定的法則如表 8-3 所示。

例題 06

某品管員想了解生產線 A、B 所生產的食品包裝的平均重量是否有差異，今分別從中選取 11 及 8 包食品測其重量，得其重量如下：（單位：公克）

生產線 A	36	31	25	35	26	28	32	33	34	29	32
生產線 B	35	24	13	27	22	18	31	30			

試以 $\alpha=0.05$ 的顯著水準，檢定生產線 A、B 所生產的食品包裝的平均重量是否有差異？

由題意知，$\bar{x}_1 = 31$，$\bar{x}_2 = 25$，$s_1^2 = 13$，$s_1^2 = 52.57$

(1) 先檢定兩母體的變異數是否相等

   ① 虛無假設 H_0：$\sigma_1^2 = \sigma_2^2$

     對立假設 H_1：$\sigma_1^2 \neq \sigma_2^2$

   ② 雙尾檢定，$\alpha=0.05$，則 $\alpha/2=0.025$，

     臨界值：$F_{(0.025,10,7)}=4.76$

              $F_{(0.975,10,7)}=1/3.95=0.253$

   ③ 拒絕域：$F > 4.76$ 或 $F < 0.253$

   ④ 檢定統計量：$F = 13/52.57=0.2472$

   ⑤ $\because 0.2472 < 0.253$

     $\therefore$ 拒絕 H_0

此兩種不同生產線上，食品包裝的重量變異程度有顯著性的差異。

(2) 檢定平均數的差異，此為一雙尾的假設檢定，自由度為

$$v = \frac{(s_1^2/n_1 + s_2^2/n_2)^2}{\dfrac{(s_1^2/n_1)^2}{n_1-1} + \dfrac{(s_2^2/n_2)^2}{n_2-1}} = \frac{(13/11 + 52.57/8)^2}{\dfrac{(13/11)^2}{11-1} + \dfrac{(52.57/8)^2}{8-1}} = 9.52 \approx 10$$

   ① 虛無假設 H_0：$\mu_1 = \mu_2$

     對立假設 H_1：$\mu_1 \neq \mu_2$

   ② 雙尾檢定，$\alpha=0.05$，則 $\alpha/2=0.025$，

     臨界值：$t_{(0.025, 10)}=2.2281$，$-t_{(0.025, 10)}=-2.2281$

   ③ 拒絕域：$t > 2.2281$ 或 $t < -2.2281$

   ④ 檢定統計量：$t = \dfrac{31-25}{\sqrt{\dfrac{13}{11} + \dfrac{52.57}{8}}} = 2.155$

⑤ ∵ 2.155 < 2.2281

∴不能拒絕 H_0

即生產線 A、B 所生產的食品包裝的平均重量沒有差異。

【大樣本 $(n_1, n_2 > 30)$】

無論兩母體的變異數是否相等,皆以常態分配視之。

$$\overline{x}_1 - \overline{x}_2 \sim N(\mu_1 - \mu_2, \sqrt{\frac{s_1^2}{n_1} + \frac{s_2^2}{n_2}})$$

其檢定統計量 $Z = \dfrac{(\overline{x}_1 - \overline{x}_2) - (\mu_1 - \mu_2)}{\sqrt{\dfrac{s_1^2}{n_1} + \dfrac{s_2^2}{n_2}}}$。

若顯著水準為 α,則其檢定的法則如表 8-2 所示。

例題 07

測量某國小六年 320 名男生及 300 名女生的身高,得其平均數分別為 140.25 及 144.05,標準差分別為 19.25 及 20.33,假定身高為顯示兒童是否進入青春期的指標,請問是否可以說女生比男生早進入青春期。(α =0.05)

此為一右尾的假設檢定。

(1) 虛無假設 H_0:$\mu_1 \le \mu_2$

對立假設 H_1:$\mu_1 > \mu_2$

(2) 右尾檢定:α=0.05,

臨界值:$t_{(0.05, \infty)} \approx Z_{0.05} = 1.645$

(3) 拒絕域:$z > 1.645$

(4) 檢定統計量:$z = \dfrac{(\overline{x}_1 - \overline{x}_2) - (\mu_1 - \mu_2)}{\sqrt{(s_1^2 / n_1) + (s_2^2 / n_2)}}$

$= \dfrac{144.05 - 140.25}{\sqrt{(20.33^2 / 300) + (19.25^2 / 320)}} = 2.386$

(5) ∵ 2.386>1.645

∴拒絕 H_0

即就身高發展而言,國小六年級女生比男生早進入青春期。

8-3 兩母體比例差的假設檢定

有時想知道兩母體比例是否有顯著性差異?則須做統計上的假設檢定。如我們想要知道兩種商品使用後感到滿意的比例是否有差異?或是都市及鄉村中 B 型肝炎帶原者的比率何者較高?

在第五章第四節中,我們曾提及樣本比例差($\bar{P}_1 - \bar{P}_2$)的分配為一常態分配,$\mu_{\bar{P}_1 - \bar{P}_2} = p_1 - p_2$,標準差 $\sigma_{\bar{P}_1 - \bar{P}_2} = \sqrt{\dfrac{p_1(1-p_1)}{n_1} + \dfrac{p_2(1-p_2)}{n_2}}$。且當 $n_1 p_1 \geq 5$,$n_1(1-p_1) \geq 5$ 及 $n_2 p_2 \geq 5$,$n_2(1-p_2) \geq 5$ 時,$\bar{P}_1 - \bar{P}_2$ 的分配近似常態分配。

1. 若 p_1 及 p_2 值已知,則檢定統計量

$$z = \frac{(\bar{P}_1 - \bar{P}_2) - (p_1 - p_2)}{\sqrt{\dfrac{p_1(1-p_1)}{n_1} + \dfrac{p_2(1-p_2)}{n_2}}}$$

為一標準常態分配。

2. 若 p_1 及 p_2 值未知,則「聯合」(pooled)兩樣本的資料,以

$$\bar{p} = \frac{x_1 + x_2}{n_1 + n_2}$$

作為共同比例 p 的最佳估計值,檢定統計量為

$$z = \frac{(\bar{p}_1 - \bar{p}_2) - (p_1 - p_2)}{\sqrt{\bar{p}(1-\bar{p})(\dfrac{1}{n_1} + \dfrac{1}{n_2})}}$$ 。

若顯著水準為 α,則其檢定的法則如表 8-4 所示。

表 8-4｜兩母體比例差的假設檢定（z 檢定）

假設	拒絕域（斜線部分）	決策原則
雙尾檢定 $H_0 : p_1 = p_2$ $H_1 : p_1 \neq p_2$	$\dfrac{\alpha}{2}$　　$\dfrac{\alpha}{2}$ $-Z_{\alpha/2}$　　$Z_{\alpha/2}$	若 $z > Z_{\alpha/2}$ 或 $z < -Z_{\alpha/2}$，則拒絕 H_0，否則接受 H_0。
右尾檢定 $H_0 : p_1 \leq p_2$ $H_1 : p_1 > p_2$	α Z_α	若 $z > Z_\alpha$，則拒絕 H_0，否則接受 H_0。
左尾檢定 $H_0 : p_1 \geq p_2$ $H_1 : p_1 < p_2$	α $-Z_\alpha$	若 $z > -Z_\alpha$，則拒絕 H_0，否則接受 H_0。

例題 08

　　今隨機各選取 50 名商品 A、B 的使用者，詢問其對商品 A、B 使用後的滿意度，發現其中使用商品 A 者有 15 人感到滿意，而使用商品 B 者有 20 人感到滿意。試問對此兩種商品使用後感到滿意的比例是否有差異？（α=0.05）

解

　　由題意知，$\overline{p}_1 = 15/50 = 0.3$，$\overline{p}_2 = 20/50 = 0.4$，

$$\overline{p} = (15+20)/(50+50) = 0.35 \text{。}$$

(1) 虛無假設 H_0：$p_1 = p_2$

對立假設 H_1：$p_1 \neq p_2$

(2) 雙尾檢定，$\alpha = 0.05$，臨界值：$Z_{0.025} = 1.96$

(3) 拒絕域：$z < -1.96$ 或 $z > 1.96$

(4) 檢定統計量：$z = \dfrac{(0.3 - 0.4) - 0}{\sqrt{0.35 \times 0.65 \times (\dfrac{1}{50} + \dfrac{1}{50})}} \approx -1.048$

(5) 因為 $-1.048 > -1.96$，沒有落在拒絕域中，所以不能拒絕虛無假設 H_0。

因此，我們可以說對兩種商品使用後感到滿意的比例沒有顯著性的差異存在，惟仍有犯第二類型錯誤的可能。

例題 09

今隨機選取都市及鄉村各 300 名國中學童作調查，發現其中 B 型肝炎帶原者的比率各為 6% 及 2%。試檢定都市學童 B 型肝炎帶原者的比例是否高於鄉村學童 B 型肝炎帶原者的比例。（$\alpha = 0.05$）

由題意知，$\overline{p}_1 = 0.06$，$\overline{p}_2 = 0.02$，

$$\overline{p} = (18 + 6)/(300 + 300) = 0.04 \, 。$$

(1) 虛無假設 H_0：$p_1 \leq p_2$

對立假設 H_1：$p_1 > p_2$

(2) 右尾假定，$\alpha = 0.05$，臨界值：$Z_{0.05} = 1.645$

(3) 拒絕域：$z > 1.645$

(4) 檢定統計量：$z = \dfrac{(0.06 - 0.02) - 0}{\sqrt{0.04 \times 0.96 \times (\dfrac{1}{300} + \dfrac{1}{300})}} = 2.5$

(5) 因為 $2.5 > 1.645$，有落在拒絕域中，所以拒絕 H_0

因此，我們可以說都市學童 B 型肝炎帶原者的比例高於鄉村學童 B 型肝炎帶原者的比例，惟仍有可能犯第一類型錯誤，其機率為 5%。

 公式摘要

兩母體變異數比的假設檢定

檢定統計量 $F = \dfrac{s_1^2}{s_2^2}$

兩母體平均數差的假設檢定（獨立樣本）

檢定統計量如下表所示

⊗ 母體平均數差 $\mu_1 - \mu_2$ 的假設檢定

σ　　母體　　樣本		常態	非常態
σ_1 σ_2 已知	小樣本 $n \le 30$	$z = \dfrac{(\bar{x}_1 - \bar{x}_2) - (\mu_1 - \mu_2)}{\sqrt{(\sigma_1^2/n_1) + (\sigma_2^2/n_2)}}$	可使用無母數統計
	大樣本 $n > 30$	$z = \dfrac{(\bar{x}_1 - \bar{x}_2) - (\mu_1 - \mu_2)}{\sqrt{(\sigma_1^2/n_1) + (\sigma_2^2/n_2)}}$	同左（中央極限定理）
σ_1 σ_2 未知	小樣本 $n \le 30$	$\sigma_1^2 = \sigma_2^2$ $t = \dfrac{(\bar{x}_1 - \bar{x}_2) - (\mu_1 - \mu_2)}{s_p \cdot \sqrt{1/n_1 + 1/n_2}}$ $s_p^2 = \dfrac{(n_1 - 1)s_1^2 + (n_2 - 1)s_2^2}{n_1 + n_2 - 2}$ d.f.$=n_1 + n_2 - 2$	
		$\sigma_1^2 \ne \sigma_2^2$ $t = \dfrac{(\bar{x}_1 - \bar{x}_2) - (\mu_1 - \mu_2)}{\sqrt{s_1^2/n_1 + s_2^2/n_2}}$ d.f.$= \dfrac{(s_1^2/n_1 + s_2^2/n_2)^2}{\dfrac{(s_1^2/n_1)^2}{n_1 - 1} + \dfrac{(s_2^2/n_2)^2}{n_2 - 1}}$	
	大樣本 $n > 30$	$z = \dfrac{(\bar{x}_1 - \bar{x}_2) - (\mu_1 - \mu_2)}{\sqrt{s_1^2/n_1 + s_2^2/n_2}}$	同左(Z)（中央極限定理）

兩母體比例差的假設檢定

1. 若 p_1 及 p_2 值已知,則檢定統計量為

$$z = \frac{(\bar{p}_1 - \bar{p}_2) - (p_1 - p_2)}{\sqrt{\dfrac{p_1(1 - p_1)}{n_1} + \dfrac{p_2(1 - p_2)}{n_2}}}$$

2. 若 p_1 及 p_2 值未知,則檢定統計量為

$$z = \frac{(\bar{p}_1 - \bar{p}_2) - (p_1 - p_2)}{\sqrt{\bar{p}(1 - \bar{p})(\dfrac{1}{n_1} + \dfrac{1}{n_2})}}$$

其中 $\bar{p} = \dfrac{x_1 + x_2}{n_1 + n_2}$ 。

8-4 EXCEL 與假設檢定

👉 8-4-1 兩母體變異數比的假設檢定

例題 10

某品管員想了解兩種不同生產線上,食品包裝的重量變異是否相等,今從中分別各選取 12 包食品測其重量,得其重量如下:(單位:公克)

生產線 A	22	29	27	28	25	29	30	26	24	31	28	25
生產線 B	29	30	31	32	28	33	32	36	28	33	28	32

試以 $\alpha = 0.05$ 的顯著水準,檢定其變異數是否相等?

解

此為雙尾檢定，統計假設 H_0 : $\sigma_1^2 = \sigma_2^2$

$\qquad\qquad\qquad\qquad\quad H_1$: $\sigma_1^2 \neq \sigma_2^2$

步驟 1： 將生產線 A、B 資料分別輸入至儲存格 A1：M1 及 A2：M2。

步驟 2： 選【工具／資料分析】，在視窗【資料分析】下，選取【F 檢定：
兩個常態母體變異數的檢定】。

	A	B	C	D	E	F	G	H	I	J	K	L	M
1	生產線 A	22	29	27	28	25	29	30	26	24	31	28	25
2	生產線 B	29	30	31	32	28	33	32	36	28	33	28	32
3													
4													
5													
6													
7													
8													
9													
10													
11													

資料分析

分析工具(A)

單因子變異數分析
雙因子變異數分析：重複試驗
雙因子變異數分析：無重複試驗
相關係數
共變數
敘述統計
指數平滑法
F-檢定：兩個常態母體變異數的檢定
傅立葉分析
直方圖

確定
取消
說明(H)

步驟 3： 按【確定】後，輸入

變數 1 的範圍(1)：A1：M1　　（生產線 A 的儲存格範圍）

變數 2 的範圍(2)：A2：M2　　（生產線 B 的儲存格範圍）

☑ 標記

α(A)：0.05　　　　　　　　　（顯著水準）

輸出選項

⊙ 輸出範圍：A4

步驟 4：按【確定】後，出現如下內容。

	A	B	C
3			
4	F 檢定：兩個常態母體變異數的檢定		
5			
6		生產線 A	生產線 B
7	平均數	27	31
8	變異數	7.09090909	6.181818182
9	觀察值個數	12	12
10	自由度	11	11
11	F	1.14705882	
12	P(F<=f) 單尾	0.41202791	
13	臨界值：單尾	2.81793047	

由上表可知，統計值 F=1.147，其 p 值為 2(0.4120279)=0.8240558>0.05，無法拒絕 H_0，故兩生產線上食品包裝的重量變異數沒有顯著性差異。

例題 11

某品管員想了解兩種不同生產線上，食品包裝的重量變異是否相等，今分別從中選取 11 及 8 包食品測其重量，得其重量如下（單位：公克），試以 α=0.05 的顯著水準，檢定其變異數是否相等？

生產線 A	36	31	25	35	26	28	32	33	34	29	32
生產線 B	35	24	13	27	22	18	31	30			

 解

仿照例題 10 之步驟，將其結果輸出至新工作表，可得如下之畫面。

	A	B	C	D
1	F 檢定：兩個常態母體變異數的檢定			
2				
3		生產線A	生產線B	
4	平均數	31	25	
5	變異數	13	52.57143	
6	觀察值個數	11	8	
7	自由度	10	7	
8	F	0.247283		
9	P(F<=f) 單尾	0.023199		
10	臨界值：單尾	0.318932		

由上表可知，統計值 $F=0.247$，其 p 值為 $2(0.023199)=0.046398<0.05$，拒絕 H_0，故兩生產線上食品包裝的重量變異數不相等。

8-4-2 兩母體平均數差的假設檢定

1. 母體變異數 σ_1^2、σ_2^2 已知。

 例題 **12**

　　某品管員想了解生產線 A、B 所生產的食品包裝的平均重量沒有差異，已知其母體變異數分別為 15 及 55。今分別從中選取 11 及 8 包食品測其重量，得其重量如下：（單位：公克）

生產線 A	36	31	25	35	26	28	32	33	34	29	32
生產線 B	35	24	13	27	22	18	31	30			

試問生產線 A、B 所生產的食品包裝的平均重量是否有差異？($\alpha=0.05$)

〔解〕

　　此為雙尾檢定，統計假設 $H_0：\mu_1=\mu_2$
$$H_1：\mu_1 \neq \mu_2$$

步驟 1： 將資料分別輸入儲存格範圍 A1：L1 及 A2：I2。

步驟 2： 選【資料／資料分析】，在視窗【資料分析】下，選取【z 檢定：兩個母體平均數差異檢定】。

	A	B	C	D	E	F	G	H	I	J	K	L
1	生產線A	36	31	25	35	26	28	32	33	34	29	32
2	生產線B	35	24	13	27	22	18	31	30			
3												
4												

資料分析

分析工具(A)

直方圖
移動平均法
亂數產生器
等級和百分比
迴歸
抽樣
t檢定：成對母體平均數差異檢定
t檢定：兩個母體平均數差的檢定，假設變異數相等
t檢定：兩個母體平均數差的檢定，假設變異數不相等
z-檢定：兩個母體平均數差異檢定

確定
取消
說明(H)

步驟 3： 按【確定】後，輸入

變數 1 的範圍(1)：A1：L1 　　（生產線 A 的儲存格範圍）

變數 2 的範圍(2)：A2：I2 　　（生產線 B 的儲存格範圍）

假設的均數差(p)：0 　　　　　（$\mu_1 - \mu_2 = 0$）

變數 1 之變異數（已知）($\underline{V}$）：15

變數 2 之變異數（已知）($\underline{A}$）：55

☑ 標記

α(A)：0.05 　　　　　　　　　（顯著水準）

輸出選項

⊙ 輸出範圍：A4

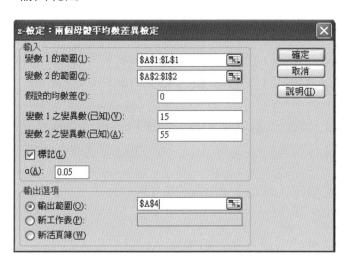

步驟 4：按【確定】後，出現如下內容。

	A	B	C
3			
4	z 檢定：兩個母體平均數差異檢定		
5			
6		生產線 A	生產線 B
7	平均數	31	25
8	已知的變異數	15	55
9	觀察值個數	11	8
10	假設的均數差	0	
11	z	2.090372018	
12	P(Z<=z) 單尾	0.018292197	
13	臨界值：單尾	1.644853627	
14	P(Z<=z) 雙尾	0.036584395	
15	臨界值：雙尾	1.959963985	

由上表可知，統計值 $z = 2.090372018 > 1.959963985$ 且 $p=0.036584395$ <0.05，所以拒絕 H_0，即生產線 A、B 所生產的食品包裝的平均重量有顯著性差異。

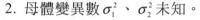

2. 母體變異數 σ_1^2、σ_2^2 未知。

(1) $\sigma_1^2 = \sigma_2^2$，兩組樣本皆為小樣本$(n \leq 30)$。

例題 13

某品管員認為生產線 A 所生產的食品包裝的平均重量小於生產線 B，今從中分別各選取 12 包食品測其重量，得其重量如下：（單位：公克）

生產線 A	22	29	27	28	25	29	30	26	24	31	28	25
生產線 B	29	30	31	32	28	33	32	36	28	33	28	32

試問該品管員的認定是否正確？($\alpha=0.01$)

解

由前述例題 10 之結果知，兩母體變異數相等。而此平均數差檢定為左尾檢定，統計假設為 H_0： $\mu_1 \geq \mu_2$

$$H_1： \mu_1 < \mu_2$$

步驟 1： 將資料分別輸入儲存格範圍 A1：M1 及 A2：M2。

步驟 2： 選【資料／資料分析】，在視窗【資料分析】下，選取【t 檢定：兩個母體平均數差的檢定，假設變異數相等】。

	A	B	C	D	E	F	G	H	I	J	K	L	M
1	生產線 A	22	29	27	28	25	29	30	26	24	31	28	25
2	生產線 B	29	30	31	32	28	33	32	36	28	33	28	32
3													
4													
5													
6													
7													
8													
9													
10													
11													

資料分析

分析工具(A)

直方圖
移動平均法
亂數產生器
等級和百分比
迴歸
抽樣
t檢定：成對母體平均數差異檢定
t檢定：兩個母體平均數差的檢定，假設變異數相等
t檢定：兩個母體平均數差的檢定，假設變異數不相
z-檢定：兩個母體平均數差異檢定

確定
取消
說明(H)

步驟 3： 按【確定】後，輸入

變數 1 的範圍(1)：A1：M1 　　（生產線 A 的儲存格範圍）

變數 2 的範圍(2)：A2：M2 　　（生產線 B 的儲存格範圍）

假設的均數差(p)：0 　　　　　　（$\mu_1 - \mu_2 \geq 0$）

☑ 標記

α(A)：0.01 　　　　　　　　（顯著水準）

輸出選項

⊙ 輸出範圍：A4

步驟 4： 按【確定】後，出現如下內容。

	A	B	C	D
3				
4	t 檢定：兩個母體平均數差的檢定，假設變異數相等			
5				
6		生產線 A	生產線 B	
7	平均數	27	31	
8	變異數	7.09090909	6.1818182	
9	觀察值個數	12	12	
10	Pooled 變異數	6.63636364		
11	假設的均數差	0		
12	自由度	22		
13	t 統計	-3.8033871		
14	P(T<=t) 單尾	0.00048653		
15	臨界值：單尾	2.50832455		
16	P(T<=t) 雙尾	0.00097306		
17	臨界值：雙尾	2.81875606		

上表的 Pooled 變異數,即為公式中的 s_p^2,因為 $t = -3.8033871 < -2.50832455$（或 $p = 0.00048653 < 0.01$）所以拒絕 H_0,即生產線 A 所生產的食品包裝的平均重量小於生產線 B。

(2) $\sigma_1^2 \neq \sigma_2^2$,兩組樣本皆為小樣本($n \leq 30$)。

例題 14

某品管員想了解生產線 A、B 所生產的食品包裝的平均重量是否有差異,今分別從中選取 11 及 8 包食品測其重量,得其重量如下:(單位:公克)

生產線 A	36	31	25	35	26	28	32	33	34	29	32
生產線 B	35	24	13	27	22	18	31	30			

試以 $\alpha = 0.05$ 的顯著水準,檢定生產線 A、B 所生產的食品包裝的平均重量是否有差異?

解

由前述例題 11 之結果知,兩母體變異數不相等。而此平均數差檢定為雙尾檢定,統計假設為 H_0：$\mu_1 = \mu_2$

$$H_1: \mu_1 \neq \mu_2$$

步驟 1： 將資料分別輸入儲存格範圍 A1：L1 及 A2：I2。

步驟 2： 選【資料／資料分析】,在視窗【資料分析】下,選取【t 檢定：兩個母體平均數差的檢定,假設變異數不相等】。

	A	B	C	D	E	F	G	H	I	J	K	L
1	生產線 A	36	31	25	35	26	28	32	33	34	29	32
2	生產線 B	35	24	13	27	22	18	31	30			
3												
4												
5												
6												
7												
8												
9												
10												
11												

資料分析

分析工具(A)

- 直方圖
- 移動平均法
- 亂數產生器
- 等級和百分比
- 迴歸
- 抽樣
- t檢定：成對母體平均數差異檢定
- t檢定：兩個母體平均數差的檢定，假設變異數相等
- t檢定：兩個母體平均數差的檢定，假設變異數不相等
- z-檢定：兩個母體平均數差異檢定

〔確定〕 〔取消〕 〔說明(H)〕

步驟 3： 按【確定】後，輸入

變數 1 的範圍(1)：A1：L1　　（生產線 A 的儲存格範圍）

變數 2 的範圍(2)：A2：I2　　（生產線 B 的儲存格範圍）

假設的均數差(p)：0　　　　（$\mu_1 - \mu_2 = 0$）

☑ 標記

α(A)：0.05　　　　　　　（顯著水準）

輸出選項

⊙ 輸出範圍：A4

t 檢定：兩個母體平均數差的檢定，假設變異數不相等

輸入

變數 1 的範圍(1)：　$A$1:$L$1

變數 2 的範圍(2)：　$A$2:$I$2

假設的均數差(P)：　0

☑ 標記(L)

a(A)：　0.05

輸出選項

⊙ 輸出範圍(O)：　$A$4

○ 新工作表(P)：

○ 新活頁簿(W)：

〔確定〕 〔取消〕 〔說明(H)〕

步驟 4： 按【確定】後，出現如下內容。

	A	B	C	D	E
3					
4	t 檢定：兩個母體平均數差的檢定，假設變異數不相等				
5					
6		生產線 A	生產線 B		
7	平均數	31	25		
8	變異數	13	52.57142857		
9	觀察值個數	11	8		
10	假設的均數差	0			
11	自由度	10			
12	t 統計	2.15481231			
13	P(T<=t) 單尾	0.0283015			
14	臨界值：單尾	1.8124611			
15	P(T<=t) 雙尾	0.056603			
16	臨界值：雙尾	2.22813884			

因為 $t = 2.15481231 < 2.22813884$（或 $p = 0.056603 > 0.05$），所以不能拒絕 H_0，即生產線 A、B 所生產的食品包裝的平均重量沒有顯著性差異。

習 題

1. 已知 A、B 兩賣場的營業額為常態分配，標準差各為 12 及 10（單位：萬元）。今隨機選取 36 日 A 賣場及 20 日 B 賣場的營業記錄，得其平均營業額為每日 42 萬元及 48 萬元，試以 $\alpha = 0.05$ 之顯著水準，檢定 A、B 兩賣場每日的平均營業額是否有所不同。

2. 隨機選取某校同年級兩班 21 名及 26 名男學生量測身高，得其平均身高分別為 167.5 公分及 165.8 公分，標準差各為 8.1 公分及 6.3 公分，試以 $\alpha = 0.05$ 之顯著水準，檢定兩班男學生的平均身高是否有所不同？

3. 今從 A、B 兩班各隨機選取 10 名及 12 名學生接受測驗，得其樣本平均數分別為 57.0 分及 59.5 分，及樣本標準差分別為 6.2 分及 3.2 分，試以 $\alpha = 0.05$ 之顯著水準，檢定 A 班學生之平均分數是否小於 B 班學生？

4. 隨機選取民營企業中級主管男性與女性各 50 名，得其男性中級主管平均月薪 63,500 元，標準差 5,000 元，女性中級主管平均月薪 61,500 元，標準差 4,500 元，試以 $\alpha = 0.05$ 之顯著水準，檢定男性中級主管的平均月薪是否高於女性中級主管？

5. 今隨機選取 A、B 兩校學童各 100 名作調查，發現其中 A 校學童有 48 名，B 校學童有 36 名患近視。試以 $\alpha = 0.05$ 之顯著水準，檢定 A 校學童患近視的比例是否高於 B 校。

6. 今隨機選取 A、B 兩製程之產品各 10 及 16 個，測其重量，得其變異數分別為 2.64 及 0.72，試以 $\alpha = 0.05$ 之顯著水準，檢定 A、B 兩製程之產品重量的變異數是否有顯著的不同？

09
CHAPTER

次數分析

STATISTICS

次數分析是屬於「類別變數」的假設檢定，是用來檢定所觀測的次數分配是否與假設的期望次數分配相符合，它是用來比較不同類別之間的次數結果是否有顯著性的差異存在。

若是依據單一準則來分類的檢定，稱為「適合度檢定」。

若是依據雙向準則來分類的檢定，稱為「獨立性檢定」。

無論是適合度檢定或獨立性檢定，在統計學上都以卡方檢定(Chi-Square Test)來處理。一般我們都將卡方檢定視為單尾的檢定，因為此種檢定是用來檢定所觀測的次數分配是否與假設的期望次數分配相符合，結果只有兩種：「是」與「否」，而在否的情況下，並不需要討論大於或小於，因此將之視為單尾的檢定。

9-1　適合度檢定

不論是用實驗處理或用類別作為自變數，在觀察或實驗時，任何一個自變數便稱為一個因子(factor)。一個因子（亦即一個自變數），可以包括幾個不同程度或不同性質的值或類別，就叫做「水準」(level)。例如，把「性別」這一因子分為「男」和「女」兩個類別，「年級」這一因子，分為「高」、「中」、「低」三個類別，均屬之。此種依據單一因子來分類，將受試者分為 k 組，由公式計算出的統計量，便是一自由度為 $k-1$ 的 I χ^2 分配。其檢定統計量為：

$$\chi^2 = \Sigma \frac{(f_o - f_e)^2}{f_e} \quad \text{其中} f_o \text{表觀察次數}$$

$$f_e \text{表期望次數}$$

例題 01

投擲一枚均勻硬幣 100 次，統計其實驗結果，得正面出現的次數為 60 次，反面出現的次數為 40 次，在 $\alpha = 0.05$ 之顯著水準下，試檢定該硬幣是否均勻？

 解

(1) 虛無假設 H_0：該硬幣是均勻的

　　對立假設 H_1：該硬幣不是均勻的

(2) 右尾檢定，$\alpha = 0.05$，臨界值：$\chi^2_{(0.05,1)} = 3.841$

(3) 拒絕域：$\chi^2 > 3.841$

(4) 檢定統計量：一枚均勻硬幣出現正面與反面的機率各是 1/2，故出現正面與反面的期望次數各為 50 次，因此，

$$\chi^2 = \frac{(60-50)^2}{50} + \frac{(40-50)^2}{50} = 4$$

(5) $\because$ 4 > 3.841

　　$\therefore$ 拒絕 H_0

也就是說該硬幣不是均勻的，惟犯第一類型錯誤之機率仍有 5%。

例題 02

　　某部門主管認為公司員工請假會因星期之不同而有所不同，下列是該公司員工一週來的請假狀況：

星　　期	星期一	星期二	星期三	星期四	星期五
請假人數	6	4	8	3	9

在 $\alpha = 0.05$ 之顯著水準下，試檢定該公司員工在週一至週五請假是否有差異。

 解

(1) 虛無假設 H_0：該公司員工在週一至週五請假並無差異

　　對立假設 H_1：該公司員工在週一至週五請假有差異

(2) 右尾檢定，$\alpha = 0.05$，臨界值：$\chi^2_{(0.05,4)} = 9.488$

(3) 拒絕域：$\chi^2 > 9.488$

(4) 檢定統計量：依據假設，得知期望次數各為 $30 \times 1/5 = 6$ 次，因此，

$$\chi^2 = \frac{(6-6)^2}{6} + \frac{(4-6)^2}{6} + \frac{(8-6)^2}{6} + \frac{(3-6)^2}{6} + \frac{(9-6)^2}{6} = 4.33$$

(5) $\because 4.33 < 9.488$

　　$\therefore$ 不能拒絕 H_0

也就是說該公司員工在週一至週五請假的狀況，並無顯著性的差異存在。

例題 03

　　根據一項研究顯示，消費者對小型轎車五種顏色（淺紅、白、淺藍、深藍、紅）的喜愛程度分別為 22%、22%、20%、18%、18%，今隨機抽取 300 位消費者，其對顏色喜愛的分類如下，試以 $\alpha = 0.05$ 之顯著水準，檢定上述研究結果是否屬實？($\alpha = 0.05$)

顏色	淺紅	白	淺藍	深藍	紅	合計
人數	60	81	53	41	65	300

(1) 虛無假設 H_0：該研究結果屬實

　　對立假設 H_1：該研究結果沒有屬實

(2) 右尾檢定，$\alpha = 0.05$，臨界值：$\chi^2_{(0.05,4)} = 9.488$

(3) 拒絕域：$\chi^2 > 9.488$

(4) 檢定統計量：依據假設，得知期望次數分別為 66, 66, 60, 54 及 54，故

$$\chi^2 = \frac{(60-66)^2}{66} + \frac{(81-66)^2}{66} + \frac{(53-60)^2}{60} + \frac{(41-54)^2}{54} + \frac{(65-54)^2}{54} = 10.14$$

(5) $\because 10.14 > 9.488$

　　$\therefore$ 拒絕 H_0

即該研究結果沒有屬實。

9-2 獨立性檢定

　　若同時使用兩個類別變數作為自變數，觀察它們對依變數所產生的影響，則為二因子的分類，此時研究者的主要興趣在於想要了解兩個自變數之間是否有「交互作用」(interaction)存在，而不是其間是否有「差異」存在。譬如說，某教師以問卷方式調查男女生對男女合班的意見，其主要目的是在於想要知道是否隨著性別的不同，其看法也有所不同，而不是在於比較男女之間的差異，或看法之間的差異。他之所以採用二因子的分類的實驗，可能是因為他懷疑男生答「贊成」的人數會較多，而女生答「反對」的人數會較多的緣故，也就是說，看法：「贊成」或「反對」，可能會隨著性別之不同而有所不同。

　　一般而言，此種實驗的結果，通常以列聯表(Contingency Table)的形式列出，若第一因子分為 m 個水準，第二個因子分為 n 個水準，則此列聯表為一 $m \times n$ 的列聯表，此時由公式計算出的統計值，為一自由度$(m-1) \times (n-1)$的 χ^2 分配。其檢定統計量為

$$\chi^2 = \sum \frac{(f_o - f_e)^2}{f_e} \text{，其中 } f_o \text{ 表觀察次數}$$

$$f_e \text{ 表期望次數}$$

　　今以 2×2 列聯表為例，說明期望次數的計算。

$$每一方格的期望次數 = \frac{\text{該方格所在的列總和} \times \text{該方格所在的行總和}}{\text{總抽樣個數}}$$

A	B	$A+B$
C	D	$C+D$

$A+C$　$B+D$　$A+B+C+D$

期望次數 →

$\dfrac{(A+C)(A+B)}{(A+B+C+D)}$	$\dfrac{(B+D)(A+B)}{(A+B+C+D)}$
$\dfrac{(A+C)(C+D)}{(A+B+C+D)}$	$\dfrac{(B+D)(C+D)}{(A+B+C+D)}$

| 例題 **04**

某研究者以問卷方式調查男女學生對「男女合班」的意見，100 名男女學生的意見結果如下表所示：

性別＼意見	贊成	反對	合計
男	44	16	60
女	16	24	40
合　計	60	40	100

試問男女學生對於此一問題的意見是否隨著性別之不同而有所不同？(α =0.05)

利用列聯表做獨立性檢定時，須先計算其期望次數，如下表所示。

　　　　贊成　　反對

	贊成	反對
男	36	24
女	24	16

36=(60・60) /100
24=(40・60) /100
24=(60・40) /100
16=(40・40) /100

此時其自由度為(2–1) × (2–1) = 1。假設檢定的步驟如下：

(1) 虛無假設 H_0：男女學生對於此問題的意見不隨著性別之不同而有所不同。

對立假設 H_1：男女學生對於此問題的意見隨著性別之不同而有所不同。

(2) 臨界值：當 α =0.05 時，$\chi^2_{(0.05,1)}$ =3.841

(3) 拒絕域：χ^2 >3.841

(4) 檢定統計量：

$$\chi^2 = \frac{(44-36)^2}{36} + \frac{(16-24)^2}{24} + \frac{(16-24)^2}{24} + \frac{(24-16)^2}{16} = 11.1$$

(5) ∵ 11.1 > 3.841

∴ 拒絕 H_0

即男女學生對於此一問題的意見隨著性別之不同而有所不同。

例題 05

隨機選取 200 名顧客，依其性別詢問其對該飯店服務的滿意度，試問性別與滿意度是否獨立？（α =0.05）

性別 ＼ 滿意度	滿意	普通	不滿意	合計
男性	18	40	17	75
女性	16	70	39	125
合　計	34	110	56	200

先計算其期望次數，如下表所示。

性別 ＼ 滿意度	滿意	普通	不滿意	合計
男性	12.75	41.25	21	75
女性	21.25	68.75	35	125
合　計	34	110	56	200

此時其自由度為 $(2-1) \times (3-1)=2$。假設檢定的步驟如下：

(1) 虛無假設 H_0：性別與滿意度是獨立（無關）

對立假設 H_1：性別與滿意度不獨立（有關）

(2) 臨界值：當 α =0.05 時，$\chi^2_{(0.05,2)}$ =5.991

(3) 拒絕域：χ^2 >5.991

(4) 檢定統計量：

$$\chi^2 = \frac{(18-12.75)^2}{12.75} + \frac{(40-41.25)^2}{41.25} + \frac{(17-21)^2}{21}$$

$$+ \frac{(16-21.25)^2}{21.25} + \frac{(70-68.75)^2}{68.75} + \frac{(39-35)^2}{35} = 4.738$$

(5) $\because 4.738 < 5.991$

$\therefore$ 不能拒絕 H_0

即性別與滿意度無關。

例題 06

一行政主管想了解員工之教育程度與工作認同度是否有關，隨機選取 20 名員工調查，其結果如下：

認同度＼教育程度	高中（職）	大專	合　計
不認同	5	3	8
認同	4	8	12
合　計	9	11	20

試問教育程度與工作認同度是否有關？($\alpha = 0.05$)

解

期望次數表如下：

認同度＼教育程度	高中（職）	大專	合　計
不認同	3.6	4.4	8
認同	5.4	6.6	12
合　計	9	11	20

此例之自由度為$(2-1) \times (2-1) = 1$。

當遇到自由度為 1 且理論次數（不是觀察次數）又小於 5 時，就必須進行所謂的耶茲氏校正(Yates' Correction for Continuity)，在此，「5」只是一個大約的界限而已，事實上，倘理論次數小於 10，就該進行此項校正的工作了。在作校正的工作時，凡觀察的次數大於理論次數時，觀察次數就減 0.5，若觀察次數小於理論次數時，觀察次數就加 0.5。這樣的結果，χ^2 值會比沒有校正時為小，但較為正確。

校正後，新的 2×2 列聯表如下：

教育程度\認同度	高中（職）	大專	合　計
不認同	4.5	3.5	8
認同	4.5	7.5	12
合　　計	9	11	20

此時，假設檢定的步驟如下：

(1) 虛無假設 H_0：教育程度與工作認同度無關

　　對立假設 H_1：教育程度與工作認同度有關

(2) 臨界值：當 $\alpha = 0.05$ 時，$\chi^2_{(0.05,1)} = 3.841$

(3) 拒絕域：$\chi^2 > 3.841$

(4) 檢定統計量：

$$\chi^2 = \frac{(4.5-3.6)^2}{3.6} + \frac{(3.5-4.4)^2}{4.4} \frac{(4.5-5.4)^2}{5.4} + \frac{(7.5-6.6)^2}{6.6}$$

$$= 0.68$$

(5) $\because 0.68 < 3.841$

　　$\therefore$ 不能拒絕 H_0

即教育程度與工作認同度是無關的。

9-3 SPSS 與次數分析

👍 9-3-1 適合度檢定

例題 07

某部門主管認為公司員工請假會因星期之不同而有所不同，下列是該公司員工一週來的請假狀況：

星　　期	星期一	星期二	星期三	星期四	星期五
請假人數	6	4	8	3	9

在 $\alpha=0.05$ 之顯著水準下，試檢定該公司員工在週一至週五請假是否有差異。

解

步驟 1： 進入 SPSS 視窗，鍵入資料，若要修改變數名稱、資料類型等，則進入〔變數檢視〕頁修改。選擇【資料】→【觀察值加權(W)】。

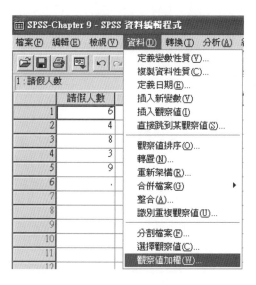

步驟 2： 於【加權觀察值】視窗中，點選「⊙ 依據...加權觀察值(W)」，
將請假人數進入「次數變數(F)」，按【確定】。

步驟 3： 選擇【分析】→【無母數檢定(N)】→【卡方分配(C)】。

步驟 4： 於【卡方檢定】視窗中，將請假人數進入〔檢定變數清單(T)〕，
於〔期望範圍〕，點選「⊙由資料取得(G)」，於〔期望值〕，點
選「⊙全部類別相等(I)」。

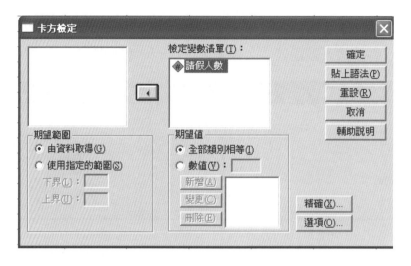

步驟 5: 按【確定】，結果如下。

卡方檢定

次數分配表

請假人數

	觀察個數	期望個數	殘差
3	3	6.0	-3.0
4	4	6.0	-2.0
6	6	6.0	0
8	8	6.0	2.0
9	9	6.0	3.0
總和	30	6.0	

檢定統計量

	請假人數
卡方[a]	4.333
自由度	4
漸近顯著性	.363

a.0 個格(0%)的期望次數少於 5
。最小的期望格次數為 6.0。

由於機率值=0.363，沒有小於 0.05，所以不能拒絕 H_0，該公司員工在週一至週五請假的狀況，並無顯著性的差異存在。

 例題 **08**

　　根據一項研究顯示，消費者對小型轎車五種顏色（淺紅、白、淺藍、深藍、紅）的喜愛程度分別為 22%、22%、20%、18%、18%，今隨機抽取 300 位消費者，其對顏色喜愛的分類如下，試以 $\alpha = 0.05$ 之顯著水準，檢定上述研究結果是否屬實？($\alpha=0.05$)

顏色	淺紅	白	淺藍	深藍	紅	合計
人數	60	81	53	41	65	300

解

步驟 1： 進入 SPSS 視窗，鍵入資料，此時資料變數個數有兩個，一為顏色，以 1~5 表之，另一為人數。選擇【資料】→【觀察值加權(W)】。於【加權觀察值】視窗中，點選「⊙ 依據…加權觀察值(W)」，將人數進入「次數變數(F)」，按【確定】。

步驟 2： 選擇【分析】→【無母數檢定(N)】→【卡方分配(C)】。

步驟 3： 於【卡方檢定】視窗中，將顏色進入〔檢定變數清單(T)〕，於〔期望範圍〕，點選「⊙由資料取得(G)」，於〔期望值〕，點選「⊙數值(V)」。由於各類別比例不同，所以須將各類別所對應的比例依次輸入。

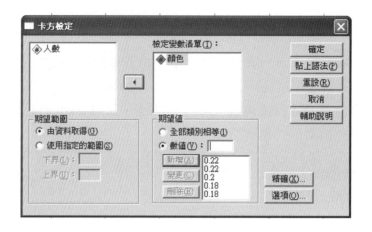

步驟4：按【確定】，結果如下。

卡方檢定

次數分配表

顏色

	觀察個數	期望個數	殘差
1	60	66.0	-6.0
2	81	66.0	15.0
3	53	60.0	-7.0
4	41	54.0	-13.0
5	65	54.0	11.0
總和	300		

檢定統計量

	顏色
卡方 [a]	10.142
自由度	4
漸近顯著性	.038

a. 0 個格(0%)的期望次數少於 5
。最小的期望格次數為 54.0。

由於機率值=0.038，小於 0.05，所以拒絕 H_0，該研究結果沒有屬實。

9-3-2 獨立性檢定

| 例題 09

隨機選取 200 名旅客,依其性別詢問其對飯店服務的滿意度,試問性別與滿意度是否獨立?(α=0.05)

滿意度 性別	滿意	普通	不滿意	合計
男性	18	40	17	75
女性	16	70	39	125
合　計	34	110	56	200

解

步驟 1: 進入 SPSS 視窗,鍵入資料,此時資料變數個數有三個,一為性別,以 1~2 表之,一為滿意度,以 1~3 表之,另一為人數。

	性別	滿意度	人數
1	1	1	18
2	1	2	40
3	1	3	17
4	2	1	16
5	2	2	70
6	2	3	39

步驟 2: 選擇【資料】→【觀察值加權(W)】。於【加權觀察值】視窗中,點選「⊙ 依據…加權觀察值(W)」,將人數進入「次數變數(F)》,按【確定】。

步驟 3： 選擇【分析】→【敘述統計(E)】→【交叉表(C)】。

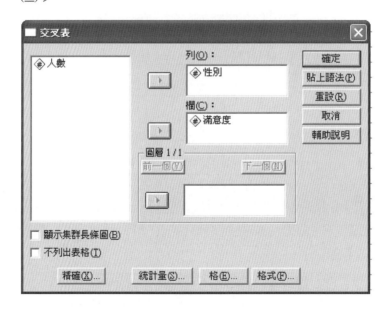

步驟 4： 於【交叉表】視窗中，將性別進入〔列(O)〕，滿意度進入〔欄(C)〕。

步驟 5： 點選「統計量(S)」，於〔交叉表：統計量〕，勾選「卡方統計量(H)」，按【繼續】。

步驟 6： 點選「格(E)」，於〔交叉表：儲存格顯示〕，勾選「觀察值(O)」及「期望(E)」，按【繼續】。

步驟7：按【確定】，結果如下。

交叉表

觀察值處理摘要

	觀察值					
	有效的		遺漏值		總和	
	個數	百分比	個數	百分比	個數	百分比
性別 * 滿意度	200	100.0%	0	.0%	200	100.0%

性別*滿意度 交叉表

			滿意度			總和
			1	2	3	
性別	1	個數	18	40	17	75
		期望個數	12.8	41.3	21.0	75.0
	2	個數	16	70	39	125
		期望個數	21.3	68.8	35.0	125.0
總和		個數	34	110	56	200
		期望個數	34.0	110.0	56.0	200.0

卡方檢定

	數值	自由度	漸近顯著性(雙尾)
Pearson 卡方	4.738[a]	2	.094
概似比	4.651	2	.098
線性對線性的關連	4.148	1	.042
有效觀察值的個數	200		

a. 0 格(0%)的預期個數少於 5。最小的預期個數為 12.75。

由於機率值=0.094，沒有小於 0.05，所以不能拒絕 H_0，性別與滿意度無關。

1. 投擲一枚均勻骰子 120 次，統計其實驗結果，出現各點數的次數各為 17, 23, 16, 22, 24, 18 次，試以 $\alpha = 0.05$ 之顯著水準，檢定此骰子是否均勻？

2. 某餐廳經理記錄了一週來請假的人數，結果如下表所示。

週一	週二	週三	週四	週五	週六	週日
8	12	6	11	9	10	14

試以 $\alpha = 0.05$ 之顯著水準，檢定星期之日不同是否會影響請假的人數。

3. 甲地區人口中有 45%為 O 型血、40%為 A 型血、10%為 B 型血、5%為 AB 型血，而從乙地區人口中隨機抽取 200 人，得其血型分佈如下表所示：

血　型	O 型	A 型	B 型	AB 型
人　數	82	74	26	18

試以 $\alpha = 0.05$ 之顯著水準，檢定乙地區人口的血型分佈是否和甲地區有差異？

4. 以 A、B、C 三台機器生產產品，其產量如下表所示。試問機器不同與不良品的產量是否有關？（$\alpha = 0.05$）

機器 ＼ 產量	不良品	良品	合計
A	15	85	100
B	20	80	100
C	40	60	100

5. 某餐廳調查顧客對其所推出四種套餐 A、B、C、D 的滿意度，結果如下：

滿意度 ＼ 套餐	A	B	C	D
不滿意	8	28	21	8
普通	23	24	29	27
滿意	32	38	34	28

試問滿意度與套餐的種類是否有關？（$\alpha = 0.05$）

6. 汽車銷售員想知道不同年齡的顧客對汽車顏色的偏好是否不同，隨機選取 30 名顧客調查，結果如下表所示。試以 $\alpha = 0.05$ 之顯著水準，檢定年齡與汽車顏色的喜好是否有關？

顏色\年齡	白	紅	藍	灰
25~30 歲	3	5	1	1
30~35 歲	4	3	2	1
35~40 歲	2	2	3	3

變異數分析

STATISTICS

變異數分析法(Analysis of Variance, ANOVA)，是用來檢定各組資料的平均數(mean)是否有差異。檢定兩組資料間的平均數有無差異，可用前面第七章所說的平均數差的檢定方法，也就是所謂的 t 檢定（或此章的變異數分析），而若是三組資料或三組以上資料的平均數檢定，就必須要用變異數分析法來做分析了。

變異數分析法的假設條件為各組樣本所來自的母體變異數相等，其目的是在探究各組的反應，是否因處理的不同而有所差異，反應之間的差異，是受到哪些主要因子的影響，以作為日後擬定決策時的參考。它亦可用來檢定兩個以上的母體的平均數是否相等。

一般而言，當顯著水準 $\alpha = 0.05$ 時，想知道 5 組獨立樣本中，哪兩組的平均數有顯著性差異存在時，需作十種檢定：

第一種檢定：P（接受 $H_{0,1}$｜$H_{0,1}$ 是真）$=0.95$

第二種檢定：P（接受 $H_{0,2}$｜$H_{0,2}$ 是真）$=0.95$

$$\vdots$$

$$\vdots$$

第十種檢定：P（接受 $H_{0,10}$｜$H_{0,10}$ 是真）$=0.95$

因此，P（接受所有 $H_{0,}$｜$H_{0,}$ 全是真）$= (0.95)^{10} = 0.5987$

P（拒絕至少一 $H_{0,}$｜$H_{0,}$ 全是真）$= 1 - (0.95)^{10} = 0.4013$

雖然在每一種檢定中，犯第一類型錯誤的機率只有 0.05，但在此十種檢定中彼此是獨立的情況下，犯第一類型錯誤的機率卻高達 40%，更何況作此十種檢定時，所用的資料有些是相同，彼此之間並不是完全獨立(independent)，若是不完全獨立，其犯第一類型錯誤的機率將更高，所以採用兩兩比較的 t 檢定法，並不是很適宜的。而變異數分析法則是一種最常用且可彌補此項缺點的檢定方法，它探討各項變異來源（組間、組內之變異），利用變異數的大小比值，來比較兩組以上的母體平均數是否有顯著性的差異。

名詞解釋

反應 (response)	將個體的特性狀況,以數量的形式來表達,作為分析的依據,亦稱為因變數(dependent variable)。
因子 (factor)	影響個體特性狀況的因素,亦稱為自變數(independent variable)。
實驗單位 (experimental unit)	接受實驗,並產生特性資料,以供分析的個體或群體。
因子水準 (factor level)	每一因子的分類狀況,皆代表一個水準。
實驗因子 (experimental factor)	若因子的不同水準是因隨機方法外加於各個實驗單位,則此因子稱為實驗因子,如探究不同的溫度對植物生長的情形,由於在實驗的過程中,溫度可以由實驗者來控制,故溫度為一實驗因子。
類別因子 (classification factor)	若因子的不同水準,並非實驗者所能控制,而係實驗單位本身所具有,則此因子稱為類別因子。如「性別」即為一種類別因子。
單因子分析 (single-factor analysis)	僅探究某一個因子對反應的影響,則稱為單因子分析。
多因子分析 (multi-factor analysis)	若同時探究兩個或兩個以上的因子對反應的影響,則稱為多因子分析。
處理 (treatment)	即實驗單位所能承受的不同實驗狀況。在單因子分析中,每一個因子水準,即為一種處理。而在多因子分析中,因子水準的每種組合,都是一種處理。

10-1 單因子變異數分析

單因子變異數分析(One-way Analysis of Variance)是指以一個自變數(因子)來解釋反應變數來源的分析方法。一個自變數,稱為一個因子(factor)。由於只有一個自變數,所以稱為單因子。實驗時就此因子來分類,分為 k 個因子水準(也就是 k 組),每個因子水準的樣本個數為 n_j,

$j = 1, 2, ..., k$，且各個因子水準(組)的處理平均效果為 u_j， $j = 1, 2, ..., k$。由實驗過程中得知每一來源的處理效果，探討各個因子水準的平均處理效果是否有差異存在，確定變異的來源(source of variation)。完全隨機實驗設計(completely randomized experimental design)是以隨機選取獨立樣本的方式，分別給予不同的處理，比較兩個或多個群體在不同處理方式之後的效果差異。就單一因子所做的完全隨機實驗設計，即為一單因子的實驗模式。

◉ 表 10-1 | 單因子實驗資料表

	處理						
	1	2	3	...	...	...	k
	x_{11}	x_{12}	x_{13}				x_{1k}
	x_{21}	x_{22}	x_{23}				x_{2k}
	$\vdots$	$\vdots$	$\vdots$				$\vdots$
	$\vdots$	$\vdots$	$\vdots$				$\vdots$
	$\vdots$	$\vdots$	$\vdots$				$\vdots$
	$x_{n_1 1}$	$x_{n_2 2}$	$x_{n_3 3}$				$x_{n_k k}$
合計	$T_{\cdot 1}$	$T_{\cdot 2}$	$T_{\cdot 3}$				$T_{\cdot k}$
平均	$\bar{x}_{\cdot 1}$	$\bar{x}_{\cdot 2}$	$\bar{x}_{\cdot 3}$				$\bar{x}_{\cdot k}$

其中 $T_{\cdot j} = \sum_{i=1}^{n_j} x_{ij}$， $\bar{x}_{\cdot j} = T_{\cdot j} / n_j$ ， $j = 1, 2, ... k$。假設每一行的資料所來自的母體為一平均數 μ_j，標準差 σ_j 的常態分配， $j = 1, 2, ..., k$，則

$$x_{ij} = \mu_j + e_{ij}$$

e_{ij} 為誤差項(error term)。令 μ 為整個母體的平均，則 $\mu = \sum_{j=1}^{k} \mu_j / k$，且 $\mu_j = \mu + \tau_j$， τ_j 為第 j 個處理的效果(effect)，為一未知參數。因此，在處理效果固定的模式(fixed effect model)下，

$$x_{ij} = \mu + \tau_j + e_{ij}， \quad i = 1, 2, ..., n_j$$
$$j = 1, 2, ..., k$$

且其基本假設為(1) k 組觀察所得的資料為 k 個獨立的隨機樣本。

(2) k 個母體的變異數相等，即 $\sigma_1^2 = \sigma_2^2 = \cdots = \sigma_k^2 = \sigma^2$。

(3) $\sum_{j=1}^{k} \tau_j = 0$。

(4) 隨機誤差項為獨立且相同之常態分配，$e_{ij} \sim N(0, \sigma^2)$。

今將假設檢定的步驟說明如下：

1. 建立假設：檢定因子處理效果是否相同

虛無假設 H_0：$\mu_1 = \mu_2 = \cdots = \mu_k = \mu$（表示各組母體平均數相等）

對立假設 H_1：並非所有的 μ_i 都相等（表示各組母體平均數至少有一不相等）

或

虛無假設 H_0：$\tau_1 = \tau_2 = \cdots = \tau_k = 0$（表示處理的效果相同）

對立假設 H_1：並非所有的 τ_j 都相等（表示處理的效果至少有一不同）

2. 計算各種變異數：此時變異數的來源是來自於因子及隨機誤差項

$$\text{總變異} = \text{因子變異} + \text{隨機誤差變異}$$
$$SS_t = SS_b + SS_w$$

(1) SS_t(sum of square of total)

$$SS_t = \sum_{j=1}^{k} \sum_{i=1}^{n_j} x_{ij}^2 - T_{..}^2 / N$$

(2) SS_b(sum of square due to factor, among groups)

$$SS_b = \sum_{j=1}^{k} T_{.j}^2 / n_j - T_{..}^2 / N$$

(3) SS_w(sum of square of error, within group)

$$SS_w = \sum_{j=1}^{k} \sum_{i=1}^{n_j} x_{ij}^2 - \sum_{j=1}^{k} T_{.j}^2 / n_j = SS_t - SS_b$$

3. 計算各種自由度

(1) SS_t 的自由度為 $N-1$

(2) SS_b 的自由度為 $k-1$

(3) SS_w 的自由度為 $N-k$

4. **計算各種均方**(mean of square)

  (1) $MS_b = SS_b / (k-1)$

  (2) $MS_w = SS_w / (N-k)$

5. **計算 F 值**

  $F = MS_b / MS_w \sim F(k-1, N-k)$

6. **查表找 F 臨界值**

  若顯著水準為 α，則由 F 分配表，找出臨界值 $F_{(\alpha, k-1, N-k)}$，當 $F > F_{(\alpha, k-1, N-k)}$ 時，拒絕 H_0，表示各組處理的平均效果有顯著性差異存在。反之則接受 H_0。

○ 表 10-2 | 單因子變異數分析表

變異來源	變異數	自由度	均方	F 值
因子（組間）	SS_b	$k-1$	MS_b	$F = MS_b / MS_w$
誤差（組內）	SS_w	$N-k$	MS_w	
總　和	SS_t	$N-1$		

　　若拒絕 H_0，我們想要知道哪兩組處理的平均效果有顯著性差異存在，此時可以兩兩作比較，此即為事後的多重比較(multiple comparison)。若有 k 組，則有 C_2^k 種檢定法，檢定的次數愈多，個別比較的顯著水準就愈小。故有時會對顯著水準作調整，若顯著水準為 α，則每一個別比較的顯著水準為 $\alpha^* = \alpha / C_2^k$，此為 Bonferroni adjustment。若有 5 組，則有 $C_2^5 = 10$ 種檢定。在顯著水準 $\alpha = 0.05$ 的情況下，每一個別比較的顯著水準為 $\alpha^* = 0.05 / C_2^5 = 0.005$。多重比較的虛無假設為 $H_0 : \mu_i = \mu_j$，$i \neq j$，也就是兩兩成對組合之間的處理效果相同，兩組的平均數相等。在此介紹四種多重比較的檢定法：

1. **費雪最小顯著差異檢定**(Fisher's Least Significant Difference Test)

  檢定統計量 $t_{ij} = \dfrac{\overline{x_i} - \overline{x_j}}{\sqrt{MS_w(1/n_i + 1/n_j)}}$ 為一自由度 $N-k$ 之雙尾之 t 檢定。

  而 $\text{LSD} = t_{\alpha/2, N-k}\sqrt{MS_w(1/n_i + 1/n_j)}$ 稱為最小顯著差異(the least significant difference)。

2. **薛氏顯著差異檢定**(Scheffe's Significant Difference Test)

$$SSD = \sqrt{(k-1)F_{\alpha,k-1,N-k}} \sqrt{MS_w(1/n_i + 1/n_j)}$$

3. **杜氏公正顯著差異檢定**(Tukey's Honestly Significant Difference Test)

$$HSD = q_{\alpha,k,N-k}\sqrt{\frac{MS_w}{n}}$$

其中 k 為實驗之組數，N 為實驗之總個數，n 為各組內的實驗個數，$q_{\alpha,k,N-k}$ 為一常數。若各組內的實驗個數不相等時，則

$$HSD = q_{\alpha,k,N-k}\sqrt{MS_w(1/n_i + 1/n_j)/2}$$

4. **鄧肯多重範圍檢定**(Duncan's Multiple Range Test)

$$R_p = r_\alpha(p,f)\sqrt{\frac{MS_w}{n}}$$

其中 $p = 2,...,k$，f 為組內變異（誤差項）的自由度，n 為各組內的實驗個數，$r_\alpha(p,f)$ 為一常數。若各組內的實驗個數不相等時，則上式中之 n，以 $\{n_j\}$ 的調和平均數 $n_h = k/(\sum_{j=1}^{k} n_j)$ 代之。首先，各種處理的平均數須先依遞增順序排序，而後依序計算成對兩組間的平均數差，p 為成對兩組間的間隔數加 1，例如，在 $k = 5$ 的情況下，若要將排序後最大值之組與最小值之組作比較時，$p = 5$，又若是要將最大值之組與第二小值之組作比較時，$p = 4$，以此類推。

各種多重比較法之檢定步驟如下：

1. 選定顯著水準(significance level)。
2. 計算所有可能兩兩組合之間樣本平均數的差異(the difference of two sample means)。
3. 計算 LSD（或 SSD, HSD, R_p）。

4. 若任兩組之間的差異大於 LSD（或 SSD, HSD, R_p），則表示兩組之間有顯著差異；若任兩組之間的差異小於 LSD（或 SSD, HSD, R_p），則表示兩組之間沒有顯著性差異存在。

例題 **01**

某生產部門主管想瞭解不同機器生產三種不同產品所需的時間，是否因機器的不同而有所差異，他隨機選取五台機器記錄生產三種不同產品所需的時間，得到的結果如下表所示。試問在 $\alpha = 0.05$ 之顯著水準下，此些資料是否足以顯示生產三種不同產品所需的時間，會因機器的不同而有所差異？

產品　機器	A	B	C
1	7	8	10
2	8	9	11
3	9	10	12
4	10	10	13
5	11	12	14

解

(1) 建立假設：

虛無假設 H_0：$\mu_A = \mu_B = \mu_C$（表示所需的時間相同）

對立假設 H_1：並非所有的 μ_i 都相等（表示所需的時間不完全相同）

或

虛無假設 H_0：$\tau_1 = \tau_2 = \cdots = \tau_4 = 0$（表示生產的效果相同）

對立假設 H_1：並非所有的 τ_j 都相等（表示生產的效果不完全相同）

(2) 計算各種變異數：

機器＼產品	A	B	C	
1	7	8	10	
2	8	9	11	
3	9	10	12	
4	10	10	13	
5	11	12	14	
合計	45	49	60	154
平均	9	9.8	12	10.27

$$SS_t = \sum_{j=1}^{k}\sum_{i=1}^{n_j} x_{ij}^2 - T_{..}^2 / N = (7^2 + 8^2 + \cdots + 12^2 + 14^2) - \frac{154^2}{15} = 52.933$$

$$SS_b = \sum_{j=1}^{k} T_{.j}^2 / n_j - T_{..}^2 / N = \frac{45^2 + 49^2 + 60^2}{5} - \frac{154^2}{15} = 24.133$$

$$SS_w = \sum_{j=1}^{k}\sum_{i=1}^{n_j} x_{ij}^2 - \sum_{j=1}^{k} T_{.j}^2 / n_j = SS_t - SS_b = 52.933 - 24.133 = 28.8$$

(3) 變異數分析表

○ 表 10-3│單因子變異數分析表

變異來源	變異數	自由度	均方	F 值
因子（組間）	24.133	2	12.067	5.028
誤差（組內）	28.8	12	2.4	
總　和	52.933	14		

(4) 作決策

由 F 分配表得知，$F_{(0.05, 2, 12)} = 3.89$。因為 $5.028 > 3.89$，所以，在 $\alpha =0.05$ 之顯著水準下，拒絕 H_0。也就是說，生產三種不同產品所需的時間會因機器的不同而有顯著性差異存在。

例題 02

　　某教師想了解四個班級的數學學習成效，今隨機選取四個班級前 25% 六名學生參加數學測驗，其分數如下表所示，試問(1)在 $\alpha =0.05$ 之顯著水準下　(2)在 $\alpha =0.01$ 之顯著水準下，此些資料是否足以顯示不同班級學生的測驗結果有所差異？若有差異，試問哪兩班之間有差異？

班級 受測者	A	B	C	D
1	65	76	57	95
2	89	70	74	90
3	74	90	66	80
4	80	80	60	87
5	79	75	82	88
6	72	83	75	85

解

(1) 建立假設：

虛無假設 H_0：$\mu_1 = \mu_2 = \cdots = \mu_4 = \mu$（表示不同班級學生的測驗結果沒有差異）

對立假設 H_1：並非所有的 μ_i 都相等　（表示不同班級學生的測驗結果有所差異）

或

虛無假設 H_0：$\tau_1 = \tau_2 = \cdots = \tau_4 = 0$（表示學習成效相同）

對立假設 H_1：並非所有的 τ_j 都相等（表示學習成效不完全相同）

(2) 計算各種變異數：

班級 受測者	A	B	C	D	
1	65	76	57	95	
2	89	70	74	90	
3	74	90	66	80	
4	80	80	60	87	
5	79	75	82	88	
6	72	83	75	85	
合計	459	474	414	525	1872
平均	76.5	79	69.	87.5	78

$$SS_t = \sum_{j=1}^{k}\sum_{i=1}^{n_j} x_{ij}^2 - T_{..}^2/N = (65^2 + 89^2 + \cdots + 88^2 + 85^2) - \frac{1872^2}{24} = 2214$$

$$SS_b = \sum_{j=1}^{k} T_{.j}^{\,2}/n_j - T_{..}^2/N = \frac{459^2 + 474^2 + 414^2 + 525^2}{6} - \frac{1872^2}{24} = 1047$$

$$SS_w = \sum_{j=1}^{k}\sum_{i=1}^{n_j} x_{ij}^2 - \sum_{j=1}^{k} T_{.j}^{\,2}/n_j = SS_t - SS_b = 2214 - 1047 = 1167$$

(3) 變異數分析表

○ 表 10-4 | 單因子變異數分析表

變異來源	變異數	自由度	均方	F 值
因子（組間）	1047	3	349	5.98
誤差（組內）	1167	20	58.35	
總　和	2214	23		

(4) 作決策

由 F 分配表得知，$F_{(0.05,\,3,\,20)} = 3.10$，$F_{(0.01,\,3,\,20)} = 4.94$。因為 $5.98 > 3.10$ 且 $5.98 > 4.94$，所以，在 $\alpha = 0.05$ 及 $\alpha = 0.01$ 之顯著水準下，都拒絕 H_0。也就是說，在此兩種情況下，不同班級學生的學習成效不完全相同。

在 $\alpha = 0.01$ 之顯著水準下，今以前述之前三種事後多重比較法作比較，說明如下：

① $LSD = t_{0.005,\,20}\sqrt{58.35(1/6+1/6)} = 2.8453\sqrt{58.35(2/6)} = 12.55$

② $SSD = \sqrt{(4-1)F_{0.01,3,20}}\sqrt{58.35(1/6+1/6)}$
$\quad\quad\quad = \sqrt{3 \times 4.94}\sqrt{58.35(2/6)} = 16.98$

③ $HSD = q_{0.01,4,20}\sqrt{58.35/6} = 5.02\sqrt{58.35/6} = 15.65$

● 表 10-5│兩兩處理樣本間之平均數差

		處理			
		1	2	3	4
處	1		2.5	7.5	11
理	2			10	8.5
	3				**18.5**
	4				

由上表可知，C 班及 D 班有顯著性差異存在。利用前三種事後多重比較法，所得的結果皆相同。

| 例題 03

某公司想了解五種不同飲料在不同零售商的銷售情形，試問在 α =0.05 之顯著水準下，這五種不同飲料在不同零售商的銷售情形是否有顯著性差異？（單位：萬元／日）

飲料＼零售商	I	II	III	IV	V
A	1.53	3.15	3.89	8.18	5.86
B	1.61	3.96	4.80	5.64	5.45
C	3.75	3.59	3.68	7.36	5.69
D	2.89	1.89	5.70	5.33	6.49
E	3.26	1.45	5.62	8.82	7.81
F	2.83	3.49	5.79	5.26	9.03
G	2.86	1.56	4.75	8.75	7.49
H	2.59	2.44	5.33	7.10	8.98

(1) 建立假設：

虛無假設 H_0： $\mu_1 = \mu_2 = \cdots = \mu_5 = \mu$（表示不同飲料銷售額相同）

對立假設 H_1： 並非所有的 μ_i 都相等（表示不同飲料銷售額不完全相同）

或

虛無假設 H_0： $\tau_1 = \tau_2 = \cdots = \tau_5 = 0$（表示不同飲料之間銷售額沒有差異）

對立假設 H_1： 並非所有的 τ_j 都相等（表示不同飲料之間銷售額有差異）

(2) 計算各種變異數：

零售商 \ 飲料	I	II	III	IV	V	
1	1.53	3.15	3.89	8.18	5.86	
2	1.61	3.96	4.80	5.64	5.45	
3	3.75	3.59	3.68	7.36	5.69	
4	2.89	1.89	5.70	5.33	6.49	
5	3.26	1.45	5.62	8.82	7.81	
6	2.83	3.49	5.79	5.26	9.03	
7	2.86	1.56	4.75	8.75	7.49	
8	2.59	2.44	5.33	7.10	8.98	
合計	21.32	21.53	39.56	56.44	56.80	195.65
平均	2.66	2.69	4.94	7.06	7.10	4.89

$$SS_t = \sum_{j=1}^{k}\sum_{i=1}^{n_j} x_{ij}^2 - T_{..}^2/N = (1.53^2 + 1.61^2 + \cdots + 7.49^2 + 8.98^2) - \frac{195.65^2}{40}$$

$$=200.47$$

$$SS_b = \sum_{j=1}^{k} T_{.j}^2/n_j - T_{..}^2/N = \frac{21.32^2 + \cdots + 56.80^2}{8} - \frac{195.65^2}{40} = 154.88$$

$$SS_w = \sum_{j=1}^{k}\sum_{i=1}^{n_j} x_{ij}^2 - \sum_{j=1}^{k} T_{.j}^2/n_j = SS_t - SS_b = 200.47 - 154.88 = 45.59$$

(3) 變異數分析表

● 表 10-6│單因子變異數分析表

變異來源	變異數	自由度	均方	F 值
因子（組間）	154.88	4	38.72	29.78
誤差（組內）	45.59	35	1.30	
總　和	200.47	39		

(4) 作決策

由 F 分配表得知，因為 $29.78 > F_{(0.05, 4, 35)} = 2.69$，所以，拒絕 H_0。

表示此五種不同飲料在不同零售商的銷售情形有顯著性差異存在。

例題

承上例，此五種不同飲料的平均銷售額不相同，試問哪兩種飲料的平均銷售額不同？

(1) 列出所有可能的平均數的差。

(2) 計算 LSD（或 SSD, HSD, R_p）值，若平均數的差大於 LSD（或 SSD, HSD, R_p）值，則表示此兩種飲料的平均數有顯著性差異存在。

$$LSD = t_{0.025, 35}\sqrt{1.3(1/8+1/8)} = 2.0301\sqrt{1.3(2/8)} = 1.16$$

$$SSD = \sqrt{(5-1)F_{0.05,4,35}}\sqrt{1.3(1/8+1/8)} = \sqrt{4 \times 2.65}\sqrt{1.3(2/8)} = 1.86$$

$$HSD = q_{0.05,5,35}\sqrt{1.3/8} = 4.07\sqrt{1.3/8} = 1.64$$

$$R_2 = r_{0.05}(2,35)\sqrt{1.3/8} = 2.875\sqrt{1.3/8} = 1.15$$

$$R_3 = r_{0.05}(3,35)\sqrt{1.3/8} = 1.22$$

$$R_4 = r_{0.05}(4,35)\sqrt{1.3/8} = 3.11\sqrt{1.3/8} = 1.25$$

$$R_5 = r_{0.05}(5,35)\sqrt{1.3/8} = 3.185\sqrt{1.3/8} = 1.28$$

表 10-7｜兩兩處理樣本間之平均數差

		處理				
		1	2	3	4	5
處理	1		0.03	2.28	4.40	4.44
	2			2.25	4.37	4.41
	3				2.12	2.16
	4					0.04
	5					

除了第 1 種及第 2 種、第 4 種及第 5 種外，在 $\alpha = 0.05$ 之顯著水準下，其他所有成對的平均數均有顯著性差異存在。

10-2 二因子變異數分析

二因子變異數分析是指以兩個自變數（因子）來解釋反應變異來源的分析方法。二因子變異數分析的兩個因子（分別以 A、B 表示），其各個因子的水準個數分別為 m、n，則任何一個因子水準 i 與 j 的組合即為一種處理(treatment)。首先，本節所要探討的是「無重複觀察值」的二因子變異數分析，假設兩個因子之間的交互作用(interaction)不存在，主要目的是要檢定兩種主因子的效果(main effect)是否有顯著性差異存在。其次，再探討兩個因子之間交互作用存在的情況，此時除了檢定兩種主因子的效果之外，還要考慮是否受兩個因子 A 和 B 的交互作用的影響。

【交互作用不存在時】

● 表 10-8│二因子實驗資料表（無重複觀察值）

因子 A	因子 B							合計	平均
	1	2	3	⋯	⋯	⋯	n		
1	x_{11}	x_{12}	x_{13}				x_{1n}	$T_{1\cdot}$	$\overline{x}_{1\cdot}$
2	x_{21}	x_{22}					x_{2n}	$T_{2\cdot}$	$\overline{x}_{2\cdot}$
⋮	⋮	⋮	⋮				⋮		
⋮	⋮	⋮	⋮				⋮		
⋮	⋮	⋮	⋮				⋮		
m	x_{m1}	x_{m2}	x_{m3}				x_{mn}	$T_{m\cdot}$	$\overline{x}_{m\cdot}$
合計	$T_{\cdot 1}$	$T_{\cdot 2}$	$T_{\cdot 3}$				$T_{\cdot n}$		
平均	$\overline{x}_{\cdot 1}$	$\overline{x}_{\cdot 2}$	$\overline{x}_{\cdot 3}$				$\overline{x}_{\cdot n}$		

檢定的步驟如下：

1. **建立假設**

   假設因子 A 的第 i 個因子水準的平均效果為 τ_i，因子 B 的第 j 個因子水準的平均效果為 r_j，則統計假設有下列兩種：

   (1) 檢定因子 A 效果是否相同。

   　　虛無假設 H_0：$\tau_1 = \tau_2 = \cdots = \tau_m$（表示因子 A 效果相同）

   　　對立假設 H_1：並非所有的 τ_i 都相等（表示因子 A 效果不完全相同）

   (2) 檢定因子 B 效果是否相同。

   　　虛無假設 H_0：$r_1 = r_2 = \cdots = r_n$（表示因子 B 效果相同）

   　　對立假設 H_1：並非所有的 r_j 都相等（表示因子 B 效果不完全相同）

2. **計算各種變異數**：此時變異數的來源是來自於二個因子 A、B 和隨機誤差項。

$$總變異 \ = \ 因子\ A\ 變異 \ + \ 因子\ B\ 變異 \ + \ 隨機誤差變異$$

$$SS_t \ = \ SS_A \ + \ SS_B \ + \ SS_E$$

(1) SS_t (sum of square of total)

$$SS_t = \sum_{i=1}^{m}\sum_{j=1}^{n} x_{ij}^2 - (\sum_{i=1}^{m}\sum_{j=1}^{n} x_{ij})^2 \Big/ (mn)$$

(2) SS_A (sum of square due to factor A)

$$SS_A = \sum_{i=1}^{m}(\sum_{j=1}^{n} x_{ij})^2 / n - (\sum_{i=1}^{m}\sum_{j=1}^{n} x_{ij})^2 \Big/ (mn)$$

(3) SS_B (sum of square due to factor B)

$$SS_B = \sum_{j=1}^{n}(\sum_{i=1}^{m} x_{ij})^2 / m - (\sum_{i=1}^{m}\sum_{j=1}^{n} x_{ij})^2 \Big/ (mn)$$

(4) SS_E (sum of square of error)

$$SS_E = SS_t - SS_A - SS_B$$

3. 計算各種自由度

(1) SS_t 的自由度為　$mn - 1$

(2) SS_A 的自由度為　$m - 1$

(3) SS_B 的自由度為　$n - 1$

(4) SS_E 的自由度為　$(m - 1)(n - 1)$

4. 計算各種均方 (mean of square)

(1) $MS_A = SS_A / (m-1)$

(2) $MS_B = SS_B / (n-1)$

(3) $MS_E = SS_E / [(m-1)(n-1)]$

5. 計算 F 值

(1) $F_A = MS_A / MS_E \sim F(m-1,\ (m-1)(n-1))$

(2) $F_B = MS_B / MS_E \sim F(n-1,\ (m-1)(n-1))$

6. 查表找 F 臨界值

若顯著水準為 α ，則由 F 分配表，找出臨界值 $F_{(\alpha,\, m-1,\, (m-1)(n-1))}$ 及 $F_{(\alpha,\, n-1,\, (m-1)(n-1))}$ 。

(1) 當 $F_A > F_{(\alpha,\, m-1,\, (m-1)(n-1))}$ 時，拒絕 H_0 ，表示因子 A 各處理的平均效果有顯著性差異存在。反之則接受 H_0 。

(2) 當 $F_B > F_{(\alpha,\, n-1,\, (m-1)(n-1))}$ 時，拒絕 H_0 ，表示因子 B 各處理的平均效果有顯著性差異存在。反之則接受 H_0 。

☑ 表 10-9｜二因子變異數分析表

變異來源	變異數	自由度	均方	F 值
因子 A	SS_A	$m-1$	MS_A	$F_A = MS_A / MS_E$
因子 B	SS_B	$n-1$	MS_B	$F_B = MS_B / MS_E$
誤差	SS_E	$(m-1)(n-1)$	MS_E	
總和	SS_t	$mn-1$		

例題 05

某行政主管想了解該公司員工的平均工作績效是否因教育背景及年資的不同而有差異存在。調查結果如下：

教育背景 服務年資	高職	大學	研究所
$0 \sim 1$	69	72	82
$1 \sim 2$	72	78	83
$2 \sim 3$	81	81	84

試以 $\alpha = 0.05$ 之顯著水準，檢定下列問題：

(1) 是否服務年資不同對平均工作績效有影響？

(2) 是否教育背景不同對平均工作績效有影響？

(1) 建立假設

① 檢定服務年資不同對平均工作績效是否有影響。

虛無假設 H_0：$\tau_1 = \tau_2 = \tau_3$（表示服務年資不同對平均工作績效沒有影響）

對立假設 H_1：並非所有的 τ_i 都相等（表示服務年資不同對平均工作績效有影響）

② 檢定教育背景不同對平均工作績效是否有影響。

虛無假設 H_0：$r_1 = r_2 = r_3$（表示教育背景不同對平均工作績效沒有影響）

對立假設 H_1：並非所有的 r_j 都相等（表示教育背景不同對平均工作績效有影響）

(2) 計算各種變異數

教育背景 服務年資	高職	大學	研究所	合計
0 ～ 1	69	72	82	223
1 ～ 2	72	78	83	233
2 ～ 3	81	81	84	246
合計	222	231	249	702

$SS_t = (69^2 + 72^2 + \cdots + 83^2 + 84^2) - 702^2/9 = 248$

$SS_A = (223^2 + 233^2 + 246^2)/3 - 702^2/9 = 88.67$

$SS_B = (222^2 + 231^2 + 249^2)/3 - 702^2/9 = 126$

$SS_E = (248 - 88.67 - 126) = 33.33$

(3) 二因子變異數分析表

變異來源	變異數	自由度	均方	F 值
服務年資因子	88.67	2	44.33	5.32
教育背景因子	126	2	63	7.56
誤差	33.33	4	8.33	
總和	248	8		

(4) 查表找 F 臨界值

顯著水準 $\alpha = 0.05$，由 F 分配表，得知臨界值 $F_{(0.05,2,4)} = 6.94$。

(5) 由於 $F_A = 5.32 < F_{(0.05,2,4)} = 6.94$，所以此檢定不能拒絕虛無假設 H_0，即服務年資對平均工作績效沒有顯著性差異。

而 $F_B = 7.56 > F_{(0.05,2,4)} = 6.94$，所以此檢定可以拒絕虛無假設 H_0，即教育背景對平均工作績效有顯著性差異存在。

| 例題 06

　　某餐廳經理想瞭解不同年齡層的員工,在不同教導方式下,學會使用某種餐飲技術所需的平均時間(單位:分)是否有所差異,經過一段時間的觀察記錄,得到如下的結果。試以 $\alpha = 0.05$ 之顯著水準,檢定下列問題:

(1) 是否年齡層不同對學習所需的平均時間有影響?

(2) 是否教導方式不同對學習所需的平均時間有影響?

教導方式 年齡層	A	B	C
20 歲以下	16	20	15
20 歲～30 歲	19	21	17
30 歲～40 歲	22	24	16
40 歲～50 歲	26	25	22

解

(1) 建立假設

　　① 檢定年齡層不同對學習所需的平均時間是否有影響。

　　　虛無假設 H_0:$\tau_1 = \tau_2 = \tau_3 = \tau_4$(表示年齡層不同對學習所需的平均時間沒有影響)

　　　對立假設 H_1:並非所有的 τ_i 都相等(表示年齡層不同對學習所需的平均時間有影響)

　　② 檢定教導方式不同對學習所需的平均時間是否有影響。

　　　虛無假設 H_0:$r_A = r_B = r_C$(表示教導方式對學習所需的平均時間沒有影響)

　　　對立假設 H_1:並非所有的 r_j 都相等(表示教導方式不同對學習所需的平均時間有影響)

(2) 計算各種變異數

教導方式 年齡層	A	B	C	合計
20 歲以下	16	20	15	51
20 歲～30 歲	19	21	17	57
30 歲～40 歲	22	24	16	62
40 歲～50 歲	26	25	22	73
合計	83	90	70	243

$$SS_t = (16^2 + 19^2 + \cdots + 16^2 + 22^2) - 243^2/12 = 152.25$$
$$SS_A = (51^2 + 57^2 + 62^2 + 73^2)/3 - 243^2/12 = 86.92$$
$$SS_B = (83^2 + 90^2 + 70^2)/4 - 243^2/12 = 51.5$$
$$SS_E = (152.25 - 86.92 - 51.5) = 13.83$$

(3) 二因子變異數分析表

變異來源	變異數	自由度	均方	F 值
年齡層因子	86.92	3	28.97	12.57
教導方式因子	51.5	2	25.75	11.17
誤差	13.83	6	2.306	
總和	152.25	11		

(4) 查表找 F 臨界值

顯著水準 $\alpha = 0.05$，由 F 分配表，得知臨界值 $F_{(0.05,3,6)} = 4.76$ 及 $F_{(0.05,2,6)}$ $= 5.14$。

(5) 由於 $F_A = 12.57 > F_{(0.05,3,6)} = 4.76$，$F_B = 11.17 > F_{(0.05,2,6)} = 5.14$，所以此兩種檢定都拒絕虛無假設 H_0，即年齡層不同及教導方式不同對學習所需的平均時間都有影響。

例題 07

　　某農業試驗所以五種不同品種的稻穀與三種不同成分的肥料測試產量是否會有差異存在。根據品種及肥料成分，得到下列平均產量（公升）：

肥料成分 稻穀品種	B_1	B_2	B_3
A_1	24	31	28
A_2	26	34	30
A_3	24	32	26
A_4	25	30	27
A_5	27	30	29

試以 $\alpha = 0.05$ 之顯著水準，檢定下列問題：

(1) 是否稻穀品種不同對平均產量有影響？

(2) 是否肥料成分不同對平均產量有影響？

(1) 建立假設

① 檢定稻穀品種不同對平均產量是否有影響。

虛無假設 H_0：$\tau_{A_1} = \tau_{A_2} = \tau_{A_3} = \tau_{A_4} = \tau_{A_5}$（表示稻穀品種不同對平均產量沒有影響）

對立假設 H_1：並非所有的 τ_{A_i} 都相等（表示稻穀品種不同對平均產量有影響）

② 檢定肥料成分不同對平均產量是否有影響。

虛無假設 H_0：$r_{B_1} = r_{B_2} = r_{B_3}$（表示肥料成分不同對平均產量沒有影響）

對立假設 H_1：並非所有的 r_{B_j} 都相等（表示肥料成分不同對平均產量有影響）

(2) 計算各種變異數

稻穀品種 \ 肥料成分	B_1	B_2	B_3	合計
A_1	24	31	28	83
A_2	26	34	30	90
A_3	24	32	26	82
A_4	25	30	27	82
A_5	27	30	29	86
合計	126	157	140	423

$$SS_t = (24^2 + 26^2 + \cdots + 27^2 + 29^2) - 423^2/15 = 124.4$$

$$SS_A = (83^2 + 90^2 + 82^2 + 82^2 + 86^2)/3 - 423^2/15 = 15.73$$

$$SS_B = (126^2 + 157^2 + 140^2)/5 - 423^2/15 = 96.4$$

$$SS_E = (124.4 - 15.73 - 96.4) = 12.27$$

(3) 二因子變異數分析表

變異來源	變異數	自由度	均方	F 值
品種因子	15.73	4	3.93	2.56
肥料因子	96.4	2	48.2	31.5
誤差	12.27	8	1.53	
總和	124.4	14		

(4) 查表找 F 臨界值

顯著水準 $\alpha = 0.05$，由 F 分配表，得知臨界值 $F_{(0.05,4,8)} = 3.84$ 及 $F_{(0.05,2,8)} = 4.46$。

(5) 由於 $F_A = 2.56 < F_{(0.05,4,8)} = 3.84$，所以此檢定不能拒絕虛無假設 H_0，即稻穀品種對稻穀平均產量的影響效果不顯著。

而 $F_B = 31.5 > F_{(0.05,2,8)} = 4.46$，所以此檢定可以拒絕虛無假設 H_0，即肥料成分對稻穀平均產量的影響效果有顯著性差異存在。

【交互作用存在時】

● 表 10-10 │ 二因子實驗資料表（有重覆觀察值）

因子 A	因子 B						合計	平均
	1	2	3	…	…	n		
1	$x_{1,11}$ $x_{1,12}$ ⋮ ⋮ $x_{1,1l}$	$x_{1,21}$ $x_{1,22}$ ⋮ ⋮ $x_{1,2l}$	$x_{1,31}$ $x_{1,32}$ ⋮ ⋮ $x_{1,3l}$			$x_{1,n1}$ $x_{1,n2}$ ⋮ ⋮ $x_{1,nl}$	$T_{1\cdot}$	$\overline{x}_{1\cdot}$
2	$x_{2,11}$ $x_{2,12}$ ⋮ ⋮ $x_{2,1l}$	$x_{2,21}$ $x_{2,22}$ ⋮ ⋮ $x_{2,2l}$	$x_{2,31}$ $x_{2,32}$ ⋮ ⋮ $x_{2,3l}$			$x_{2,n1}$ $x_{2,n2}$ ⋮ ⋮ $x_{2,nl}$	$T_{2\cdot}$	$\overline{x}_{2\cdot}$
⋮	⋮	⋮	⋮			⋮		
m	$x_{m,11}$ $x_{m,12}$ ⋮ ⋮ $x_{m,1l}$	$x_{m,21}$ $x_{m,22}$ ⋮ ⋮ $x_{m,2l}$	$x_{m,31}$ $x_{m,32}$ ⋮ ⋮ $x_{m,3l}$			$x_{m,n1}$ $x_{m,n2}$ ⋮ ⋮ $x_{m,nl}$	$T_{m\cdot}$	$\overline{x}_{m\cdot}$
合計 平均	$T_{\cdot 1}$ $\overline{x}_{\cdot 1}$	$T_{\cdot 2}$ $\overline{x}_{\cdot 2}$	$T_{\cdot 3}$ $\overline{x}_{\cdot 3}$			$T_{\cdot n}$ $\overline{x}_{\cdot n}$		

檢定的步驟如下：

1. 建立假設

假設因子 A 的第 i 個因子水準的平均效果為 τ_i，因子 B 的第 j 個因子水準的平均效果為 r_j，此時統計假設有下列三種：

(1) 檢定因子 A 效果是否相同。

虛無假設 H_0：$\tau_1 = \tau_2 = \cdots = \tau_m$（表示因子 A 效果相同）

對立假設 H_1：並非所有的 τ_i 都相等（表示因子 A 效果不完全相同）

(2) 檢定因子 B 效果是否相同。

虛無假設 H_0：$r_1 = r_2 = \cdots = r_n$（表示因子 B 效果相同）

對立假設 H_1：並非所有的 r_j 都相等（表示因子 B 效果不完全相同）

(3) 檢定交互作用是否存在。

虛無假設 H_0：因子 A 與因子 B 的交互作用不存在

對立假設 H_1：因子 A 與因子 B 的交互作用存在

2. **計算各種變異數**：此時變異數的來源是來自於因子 A、因子 B、因子 A 和因子 B 二個因子的交互作用及隨機誤差項。

總變異＝ 因子 A 變異＋因子 B 變異＋A、B 二個因子交互作用變異＋隨機誤差變異

$$SS_t = SS_A + SS_B + SS_{AB} + SS_E$$

(1) SS_t (sum of square of total)

$$SS_t = \sum_{i=1}^{m}\sum_{j=1}^{n}\sum_{k=1}^{l} x_{ijk}^2 - \left(\sum_{i=1}^{m}\sum_{j=1}^{n}\sum_{k=1}^{l} x_{ijk}\right)^2 \bigg/ (mnl)$$

(2) SS_A (sum of square due to factor A)

$$SS_A = \sum_{i=1}^{m}\left(\sum_{j=1}^{n}\sum_{k=1}^{l} x_{ijk}\right)^2 /(nl) - \left(\sum_{i=1}^{m}\sum_{j=1}^{n}\sum_{k=1}^{l} x_{ijk}\right)^2 \bigg/ (mnl)$$

(3) SS_B (sum of square due to factor B)

$$SS_B = \sum_{j=1}^{n}\left(\sum_{i=1}^{m}\sum_{k=1}^{l} x_{ijk}\right)^2 /(ml) - \left(\sum_{i=1}^{m}\sum_{j=1}^{n}\sum_{k=1}^{l} x_{ijk}\right)^2 \bigg/ (mnl)$$

(4) SS_{AB} (sum of square due to factor A and B)

$$SS_{AB} = \sum_{i=1}^{m}\sum_{j=1}^{n}\left(\sum_{k=1}^{l} x_{ijk}\right)^2 / l - \sum_{i=1}^{m}\left(\sum_{j=1}^{n}\sum_{k=1}^{l} x_{ijk}\right)^2 /(nl) - \sum_{j=1}^{n}\left(\sum_{i=1}^{m}\sum_{k=1}^{l} x_{ijk}\right)^2 /(ml)$$
$$+ \left(\sum_{i=1}^{m}\sum_{j=1}^{n}\sum_{k=1}^{l} x_{ijk}\right)^2 \bigg/ (mnl)$$

(5) SS_E (sum of square of error)

$$SS_E = SS_t - SS_A - SS_B - SS_{AB}$$

3. **計算各種自由度**

(1) SS_t 的自由度為 $mnl - 1$

(2) SS_A 的自由度為 $m - 1$

(3) SS_B 的自由度為 $n - 1$

(4) SS_{AB} 的自由度為 $(m-1)(n-1)$

(5) SS_E 的自由度為 $mn(l-1)$

4. 計算各種均方 (mean of square)

(1) $MS_A = SS_A / (m-1)$

(2) $MS_B = SS_B / (n-1)$

(3) $MS_{AB} = SS_{AB} / [(m-1)(n-1)]$

(4) $MS_E = SS_E / [mn(l-1)]$

5. 計算 F 值

(1) $F_A = MS_A / MS_E \sim F(m-1,\quad mn(l-1))$

(2) $F_B = MS_B / MS_E \sim F(n-1,\quad mn(l-1))$

(3) $F_{AB} = MS_{AB} / MS_E \sim F((m-1)(n-1),\quad mn(l-1))$

6. 查表找 F 臨界值

若顯著水準為 α，則由 F 分配表，找出臨界值 $F_{(\alpha, m-1, mn(l-1))}$、$F_{(\alpha, n-1, mn(l-1))}$ 及 $F_{(\alpha,(m-1)(n-1), mn(l-1))}$。

(1) 當 $F_A > F_{(\alpha, m-1, mn(l-1))}$ 時，拒絕 H_0，表示因子 A 各處理的平均效果有顯著性差異存在。反之則接受 H_0。

(2) 當 $F_B > F_{(\alpha, n-1, mn(l-1))}$ 時，拒絕 H_0，表示因子 B 各處理的平均效果有顯著性差異存在。反之則接受 H_0。

(3) 當 $F_{AB} > F_{(\alpha,(m-1)(n-1), mn(l-1))}$ 時，拒絕 H_0，表示因子 A 與因子 B 的交互作用存在。反之則接受 H_0。

◎ 表 10-11│二因子變異數分析表

變異來源	變異數	自由度	均方	F 值
因子 A	SS_A	$m-1$	MS_A	$F_A = MS_A / MS_E$
因子 B	SS_B	$n-1$	MS_B	$F_B = MS_B / MS_E$
交互作用	SS_{AB}	$(m-1)(n-1)$	MS_{AB}	$F_{AB} = MS_{AB} / MS_E$
誤差	SS_E	$mn(l-1)$	MS_E	
總和	SS_t	$mnl-1$		

例題 **08**

　　某調酒師想了解不同性別受訓者，在不同教導方式下，學會某種調酒技術所需的時間（單位：分）是否有所差異，記錄三日來所需的平均時間，得到如下的結果。

性　別 ＼ 教導方式	I	II	III
男性	56, 35, 23	43, 25, 16	74, 52, 48
女性	27, 16, 14	84, 62, 58	22, 15, 14

試以 $\alpha = 0.05$ 之顯著水準，對這組資料作一些檢定與結論。是否受訓者性別不同及教導方式不同對所需的時間有差異？

解

(1) 建立假設

① 虛無假設 $H_0 : \tau_1 = \tau_2$（表示性別不同對其所需的時間沒有差異）

　　對立假設 $H_1 : \tau_1 \neq \tau_2$（表示性別不同對其所需的時間有差異）

② 虛無假設 $H_0 : r_\mathrm{I} = r_\mathrm{II} = r_\mathrm{III}$（表示教導方式不同對其所需的時間沒有差異）

　　對立假設 H_1：並非所有的 r_j 都相等（表示教導方式不同對其所需的時間有差異）

③ 虛無假設 H_0：性別與教導方式沒有交互作用存在

　　對立假設 H_1：性別與教導方式有交互作用存在

(2) 計算各種變異數

性　別 ＼ 教導方式	I	II	III	合計
男性	56,35, 23(114)	43, 25, 16(84)	74,52,48(174)	372
女性	27, 16, 14(57)	84,62, 58(204)	22, 15,14(51)	312
合計	171	288	225	684

$$SS_t = (56^2 + 35^2 + \cdots + 15^2 + 14^2) - 684^2/18 = 8462$$

$$SS_A = (372^2 + 312^2)/9 - 684^2/18 = 200$$

$$SS_B = (171^2 + 288^2 + 225^2)/6 - 684^2/18 = 1143$$

$$SS_{AB} = (114^2 + 84^2 + 174^2 + 57^2 + 204^2 + 51^2)/3 - (372^2 + 312^2)/9$$
$$- (171^2 + 288^2 + 225^2)/6 + 684^2/18 = 5263$$

$$SS_E = (8462 - 200 - 1143 - 5263) = 1856$$

(3) 二因子變異數分析表

變異來源	變異數	自由度	均方	F 值
性別因子	200	1	200	1.293
教導方式因子	1143	2	571.5	3.695
交互作用	5263	2	2631.5	17.014
誤差	1856	12	154.67	
總和	8462	17		

(4) 查表找 F 臨界值

顯著水準 $\alpha = 0.05$，由 F 分配表，得知臨界值 $F_{(0.05,1,12)} = 4.75$ 及 $F_{(0.05,2,12)} = 3.89$。

(5) ① 由於 $F_A = 1.293 < F_{(0.05,1,12)} = 4.75$，所以接受虛無假設 H_0，即性別不同對其所需的學習時間沒有差異。

② 由於 $F_B = 3.695 < F_{(0.05,2,12)} = 3.89$，所以接受虛無假設 H_0，即教導方式不同對其所需的學習時間沒有差異。

③ 由於 $F_{AB} = 17.014 > F_{(0.05,2,12)} = 3.89$，所以拒絕虛無假設 H_0，即性別因子與教導方式因子的交互作用存在。

例題 09

不同及銷售員年資的不同而有所差異，藉由四週來的觀察記錄，得到如下的結果。（單位：個）

年資 年齡層	1~3 年	3~5 年	5~7 年
年輕人	130,155,74,180	150,188,140,126	138,110,168,160
中年人	30,44,80,75	136,122,106,115	174,120,150,139
老年人	20,70,82,58	25,70,58,45	96,104,82,60

　　試以 α =0.05 之顯著水準，對這組資料作一些檢定與結論。是否年資不同及年齡層不同對產品的銷售量有影響？

(1) 建立假設

　　① 虛無假設 H_0：$\tau_1 = \tau_2 = \tau_3$（表示年齡層不同對產品的銷售量沒有影響）

　　　對立假設 H_1：並非所有的 τ_i 都相等（表示年齡層不同對產品的銷售量有影響）

　　② 虛無假設 H_0：$r_I = r_{II} = r_{III}$（表示年資不同對產品的銷售量沒有影響）

　　　對立假設 H_1：並非所有的 r_j 都相等（表示年資不同對產品的銷售量有影響）

　　③ 虛無假設 H_0：年齡層與年資沒有交互作用存在

　　　對立假設 H_1：年齡層與年資有交互作用存在

(2) 計算各種變異數

年資 年齡層	1~3 年	3~5 年	5~7 年	合計
年輕人	130,155,74,180(539)	150,188,140,126(604)	138,110,168,160(576)	1719
中年人	30,44,80,75(229)	136,122,106,115(479)	174,120,150,139(583)	1291
老年人	20,70,82,58(230)	25,70,58,45(198)	96,104,82,60(342)	770
合計	998	1281	1501	3780

$$SS_t = (130^2 + 155^2 + \cdots + 82^2 + 60^2) - 3780^2/36 = 76046$$

$$SS_A = (1719^2 + 1291^2 + 770^2)/12 - 3780^2/36 = 37645.17$$

$$SS_B = (998^2 + 1281^2 + 1501^2)/12 - 3780^2/36 = 10597.17$$

$$SS_{AB} = (539^2 + 604^2 + \cdots + 198^2 + 342^2)/4 - 37645.17 - 10597.17 - 3780^2/36$$
$$= 9345.67$$

$$SS_E = (76046 - 37645.17 - 10597.17 - 9345.67) = 18457.99$$

(3) 二因子變異數分析表

變異來源	變異數	自由度	均方	F 值
年齡層因子	37645.17	2	18822.58	27.53
年資因子	10597.17	2	5298.58	7.75
交互作用	9345.67	4	2336.42	3.42
誤差	18458	27	683.63	
總和	76046	35		

(4) 查表找 F 臨界值

顯著水準 $\alpha = 0.05$，由 F 分配表，得知臨界值 $F_{(0.05,2,27)} = 3.35$ 及 $F_{(0.05,4,27)}$ $= 2.73$。

(5) ① 由於 $F_A = 27.53 > F_{(0.05,2,27)} = 3.35$，所以拒絕虛無假設 H_0，即年齡層不同對產品的銷售量有影響。

② 由於 $F_B = 7.75 > F_{(0.05,2,27)} = 3.35$，所以拒絕虛無假設 H_0，即年資不同對產品的銷售量有影響。

③ 由於 $F_{AB} = 3.42 > F_{(0.05,4,27)} = 2.73$，所以拒絕虛無假設 H_0，即年齡層因子與年資因子的交互作用存在。

10-3 EXCEL 與變異數分析

👉 10-3-1 單因子變異數分析

例題 10

某生產部門主管想了解不同機器生產三種不同產品所需的時間，是否因機器的不同而有所差異，他隨機選取五台機器記錄生產三種不同產品所需的時間，得到的結果如下表所示。試問在 $\alpha = 0.05$ 之顯著水準下，

此些資料是否足以顯示生產三種不同產品所需的時間,會因機器的不同而有所差異?

機器＼產品	A	B	C
1	7	8	10
2	8	9	11
3	9	10	12
4	10	10	13
5	11	12	14

H_0: 生產三種不同產品所需的時間相同($\mu_A = \mu_B = \mu_C$)

H_1: 生產三種不同產品所需的時間有所差異

步驟 1: 將資料輸入到儲存格範圍 A1:C6。

步驟 2: 選【資料／資料分析】,在視窗【資料分析】下,選取【單因子變異數分析】,按【確定】。

步驟 3: 輸入

輸入範圍:A1:C6(即使各組資料數不同,選一能涵蓋資料的最小矩形範圍)

分組方式:◉逐欄

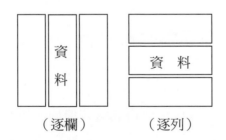

(逐欄)　　　(逐列)

☑類別軸標記在第一列上(L) (各組名稱)

α(A):0.05 (顯著水準)

輸出選項

◉新工作表

按【確定】

	A	B	C
1	A	B	C
2	7	8	10
3	8	9	11
4	9	10	12
5	10	10	13
6	11	12	14
7			

單因子變異數分析

輸入
輸入範圍(I): $A$1:$C$6
分組方式:
● 逐欄(C)
○ 逐列(R)
☑ 類別軸標記在第一列上(L)
α(A): 0.05

輸出選項
○ 輸出範圍(O):
● 新工作表(P):
○ 新活頁簿(W):

確定　取消　說明(H)

	A	B	C	D	E	F	G
1	單因子變異數分析						
2							
3	摘要						
4	組	個數	總和	平均	變異數		
5	A	5	45	9	2.5		
6	B	5	49	9.8	2.2		
7	C	5	60	12	2.5		
8							
9							
10	ANOVA						
11	變源	SS	自由度	MS	F	P-值	臨界值
12	組間	24.133333	2	12.066667	5.0277778	0.0259406	3.8852903
13	組內	28.8	12	2.4			
14							
15	總和	52.933333	14				

因為檢定值 $F=5.027778$ 大於臨界值 3.8852903，所以拒絕 H_0。

👉 10-3-2　二因子變異數分析

例題 11

隨機選取某一段時間內三台自動販賣機的銷售數量如下：

販賣機\飲料	1	2	3
咖啡	22	24	16
汽水	26	25	22
紅茶	19	21	17
運動飲料	16	20	15

在 $\alpha=0.05$ 下，檢定不同的販賣機及不同的飲料之間的銷售量有無顯著性差異？

解

步驟 1： 將資料輸入到儲存格範圍 A1：D5。

步驟 2： 選【資料／資料分析】，在視窗【資料分析】下，選取【雙因子變異數分析：無重複試驗】，按【確定】。

	A	B	C	D
1		販賣機1	販賣機2	販賣機3
2	咖啡	22	24	16
3	汽水	26	25	22
4	紅茶	19	21	17
5	運動飲料	16	20	15

步驟 3： 輸入

輸入範圍：A1：D5。

☑標記

α(A)：0.05　（顯著水準）

輸出選項

⊙新工作表

按【確定】

	A	B	C	D	E	F	G
1	雙因子變異數分析：無重複試驗						
2							
3	摘要	個數	總和	平均	變異數		
4	咖啡	3	62	20.666667	17.333333		
5	汽水	3	73	24.333333	4.3333333		
6	紅茶	3	57	19	4		
7	運動飲料	3	51	17	7		
8							
9	販賣機1	4	83	20.75	18.25		
10	販賣機2	4	90	22.5	5.6666667		
11	販賣機3	4	70	17.5	9.6666667		
12							
13							
14	ANOVA						
15	變源	SS	自由度	MS	F	P-值	臨界值
16	列	86.916667	3	28.972222	12.566265	0.0053623	4.7570552
17	欄	51.5	2	25.75	11.168675	0.0094924	5.1432494
18	錯誤	13.833333	6	2.3055556			

因為列的 F 值為 12.566265 大於臨界值 4.7570552，所以不同的飲料之間的銷售量有顯著性差異。

欄的 F 值為 11.168675 大於臨界值 5.1432494，所以不同的販賣機之間的銷售量有顯著性差異。

例題 12

某調酒師想了解不同性別受訓者，在不同教導方式下，學會某種調酒技術所需的時間（單位：分）是否有所差異，記錄三日來所需的平均時間，得到如下的結果。

教導方式 性別	I	II	III
男性	56, 23, 35	43, 25, 16	48, 52, 74
女性	16, 14, 27	58, 62, 84	15, 14, 22

試以 $\alpha = 0.05$ 之顯著水準，對這組資料作一些檢定與結論。是否受訓者性別不同及教導方式不同對所需的時間有差異？

解

步驟 1： 將資料輸入到儲存格範圍 A1：D7。

步驟 2： 選【資料／資料分析】，在視窗【資料分析】下，選取【雙因子
變異數分析：重複試驗】，按【確定】。

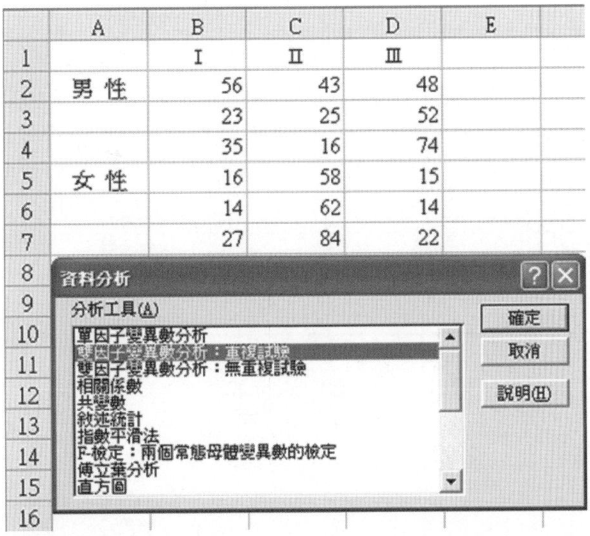

	A	B	C	D	E
1		I	II	III	
2	男　性	56	43	48	
3		23	25	52	
4		35	16	74	
5	女　性	16	58	15	
6		14	62	14	
7		27	84	22	

資料分析

分析工具(A)

單因子變異數分析
雙因子變異數分析：重複試驗
雙因子變異數分析：無重複試驗
相關係數
共變數
敘述統計
指數平滑法
F-檢定：兩個常態母體變異數的檢定
傅立葉分析
直方圖

確定　取消　說明(H)

步驟 3： 輸入

輸入範圍：A1：D7。

每一樣本的列數：3

α (A)：0.05　　（顯著水準）

輸出選項

⊙新工作表

按【確定】

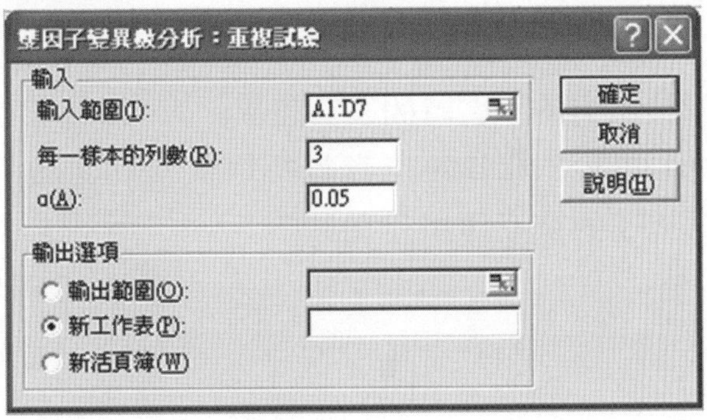

雙因子變異數分析：重複試驗

輸入

輸入範圍(I)：A1:D7

每一樣本的列數(R)：3

a(A)：0.05

輸出選項

○ 輸出範圍(O)：

⊙ 新工作表(P)：

○ 新活頁簿(W)：

確定　取消　說明(H)

	A	B	C	D	E	F	G
1	雙因子變異數分析：重複試驗						
2							
3	摘要	I	II	III	總和		
4	男性						
5	個數	3	3	3	9		
6	總和	114	84	174	372		
7	平均	38	28	58	41.333333		
8	變異數	279	189	196	341		
9							
10	女性						
11	個數	3	3	3	9		
12	總和	57	204	51	312		
13	平均	19	68	17	34.666667		
14	變異數	49	196	19	691.75		
15							
16	總和						
17	個數	6	6	6			
18	總和	171	288	225			
19	平均	28.5	48	37.5			
20	變異數	239.5	634	590.3			
21							
22							
23	ANOVA						
24	變源	SS	自由度	MS	F	P-值	臨界值
25	樣本	200	1	200	1.2931034	0.2776743	4.7472213
26	欄	1143	2	571.5	3.6950431	0.0561835	3.8852903
27	交互作用	5263	2	2631.5	17.014009	0.000314	3.8852903
28	組內	1856	12	154.66667			
29							
30	總和	8462	17				

(1) 由於 1.2931034<4.7472213，所以不能拒絕無假設 H_0，即性別不同對其所需的學習時間沒有差異。

(2) 由於 3.6950431<3.8852903，所以不能拒絕虛無假設 H_0，即教導方式不同對其所需的學習時間沒有差異。

(3) 由於 17.014009>3.8852903，所以拒絕虛無假設 H_0，即性別因子與教導方式因子的交互作用存在。

1. 今有 15 名學童，隨機分成 A、B、C 三組，每組 5 人，測其身高，結果如下：（單位：公分）

	A	B	C
1	151	155	156
2	153	153	154
3	152	151	153
4	148	149	149
5	146	147	148

試以 $\alpha = 0.05$ 之顯著水準，檢定此三組學童的平均身高是否有顯著性的差異？

2. 某零售商想知道三種商品 A、B、C 每日的銷售量。記錄 5 日來的銷售量，結果如下：（單位：個）

	A	B	C
1	11	10	10
2	10	14	11
3	8	13	8
4	9	12	9
5	12	11	12

試以 $\alpha = 0.05$ 之顯著水準，檢定不同商品的平均銷售量是否有顯著性的差異？

3. 某飲料店記錄了四天來八種不同飲料的銷售情形，得知各種飲料每日的銷售量如下：（單位：杯）

	1	2	3	4
A	9	6	4	3
B	8	8	5	2
C	7	10	7	3
D	8	8	4	4
E	10	7	5	3
F	8	9		3
G	8			3
H	6			

試以 $\alpha = 0.05$ 之顯著水準，檢定此四天的平均銷售量是否有所差異？

4. 某公司記錄了所屬三個經銷商七種商品某日的銷售情形，結果如下，試以 $\alpha = 0.05$ 之顯著水準，檢定該日三個經銷商的平均銷售量是否有所不同？（單位：個）

	A	B	C
1	29	32	24
2	28	35	25
3	27	30	26
4	28	34	24
5	29	29	25
6	27		27
7			24

5. 某餐廳經理想了解套餐的銷售量是否因套餐的不同及年齡層的不同而有差異存在。他記錄了某日顧客的用餐情形，得知不同年齡層對四種套餐 A、B、C、D 的銷售量，結果如下表所示：（單位：份）

套餐 年齡層	A	B	C	D
年輕人	15	10	15	6
中年人	9	12	18	14
老年人	12	8	6	16

試以 $\alpha = 0.05$ 之顯著水準，檢定

(1) 是否年齡層不同對銷售量有影響？

(2) 是否套餐不同對銷售量有影響？

6. 某餐廳經理想了解不同性別的受訓者，在不同教導方式下，學會使用某種餐飲技術所需的時間（單位：分）是否有所差異，記錄三日來所需的平均時間，得到如下的結果。

教導方式 性　別	I	II	III
男性	25, 21, 20	35, 26, 19	34, 32, 25
女性	36, 32, 28	33, 27, 21	25, 22, 22

試以 $\alpha = 0.05$ 之顯著水準，對這組資料作一些檢定與結論。是否受訓者性別不同及教導方式不同對所需的平均時間有差異？

迴歸分析

11-1 資料散佈圖與相關係數

通常研究者在進行研究時，會對每一個研究的對象，進行多項變數的量測。例如，在做市場調查時，會對所要調查的個體，詢問其年齡、職業、收入，是否買過或用過此種商品，用過後是否覺得滿意、或是否繼續使用，進而詢問其消費額度或對商品的改良或改善的意見等等。有了這些資料後，我們想知道所量測到的資料之間是否有關係存在，如商品的售價與收入是否有關係？年齡與購買此商品的意願是否有關係？在統計學上，此關係，就稱為相關(correlation)，即為統計相關(statistical relation)。而是否年收入愈高，購買的數量就愈多呢？是否年齡愈大，購買的可能性就愈高呢？相關的程度有多少呢？其相關程度的大小，稱為「相關係數」，以符號 r 表之。

因此，欲了解兩個變數之間是否有關係，如智商與學業成績的關係，學歷與工作績效的關係，廣告費用與銷售量的關係等，都屬於統計學上的相關問題。一般，當我們想了解兩個連續變數 X 與 Y 之間的關係，最直接的方法就是將兩種資料的數據，在坐標平面上以點標示出，此種圖示即為資料 X 與 Y 之**散佈圖**(scatter diagram)。由資料的散佈圖，我們可以看出 X 與 Y 這兩個變數之間呈現何種形式的分佈，約略可以看出它們之間的相關形式。若散佈圖約略呈直線的形式，則稱這兩個變數之間呈直線相關。若散佈圖約略呈曲線的形式，則稱這兩個變數之間呈曲線相關。

【資料散佈圖呈直線走向】

例題 01

某醫院提供了一份健保門診病患年齡和血壓的資料，如表 11-1 所示。

◎ 表 11-1｜年齡和血壓的對應資料

年齡 X	43	48	56	61	67	70	74	80	62	73
血壓 Y	137	128	138	143	141	152	157	168	156	162

解

我們將年齡視為自變數放在 X 軸，血壓視為依變數放在 Y 軸，即 (X, Y)
=（年齡, 血壓）。則血壓與年齡所形成的散佈圖，如圖 11-1 所示。

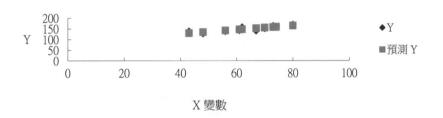

圖 11-1　年齡與血壓的散佈圖

由上圖可以看出，年齡和血壓的關係大略是呈直線偏右上走勢。

【資料散佈圖呈非直線走向】

例題 02

　　某飲料工廠於各賣場所設置的自動販賣機數與所販賣的飲料罐數，
如表 11-2 所示。

表 11-2　自動販賣機數與所販賣的飲料罐數的對應資料

販賣機數 X	1	1	2	2	3	3	4	4	5	5
飲料罐數 Y	8	9	5	6	3	4	6	8	7	10

解

我們將販賣機數視為自變數放在 X 軸，飲料罐數視為依變數放在 Y 軸，
即 (X, Y) =（販賣機數, 飲料罐數）。則販賣機數與飲料罐數所形成的
散佈圖，如圖 11-2 所示。

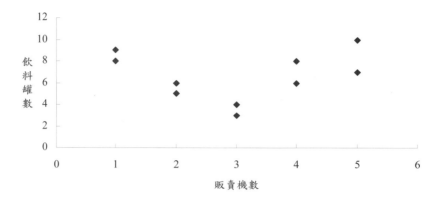

圖 11-2　販賣機數與飲料罐數的散佈圖

由上圖可以看出，販賣機數與飲料罐數的對應資料呈非直線走向。

【資料散佈圖呈無相關】

例題 **03**

某公司提供了一份員工年齡與員工眷屬人數的對應資料，如表 11-3 所示。

年齡 X	12	23	32	17	26	35	42	51	37	48
眷屬人數 Y	5	7	6	6	5	7	5	5	6	7

解

我們將年齡視為自變數放在 X 軸，眷屬人數視為依變數放在 Y 軸，即 (X, Y)＝（年齡,眷屬人數）。則年齡與眷屬人數所形成的散佈圖，如圖 11-3 所示。

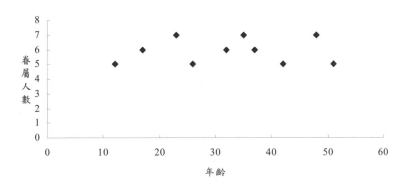

圖 11-3　年齡與眷屬人數的散佈圖

由上圖可以看出，年齡和眷屬人數的對應資料，幾近於一水平線，表示其間無任何關係存在。

一般而言，自然界任兩種現象一定有一種關係存在，為正相關、零相關、負相關三者之其中一種。若散佈圖呈往右上走勢，則稱資料 X 與 Y 兩變數間之關係為正相關，其相關係數 $r > 0$。若散佈圖呈往右下走勢，則稱資料 X 與 Y 兩變數間之關係為負相關，其相關係數 $r < 0$。若散佈圖呈現一團或不規則的情況，則稱資料 X 與 Y 兩變數之間沒有相關或關係很小，其相關係數為 $r = 0$ 或很接近 0。當兩種現象沒有任何關聯時，即為零相關，或稱為統計無關。由圖 11-1 所示，我們知該組資料，年齡和血壓之間呈正相關，相關係數 $r > 0$。

研究資料是否相關的第一步驟，就是將蒐集到的樣本資料 (x_i, y_i)，$i = 1, 2, \ldots, n$，用散佈圖表示出來。由散佈圖中我們可以約略看出資料 X 與 Y 之間的分佈情形，也可以隱約看出資料 X 與 Y 之關係。而由相關係數的大小，我們可以知道相關程度的強弱。相關係數的計算公式如下：

$$r = \frac{\sum_{i=1}^{n}(x_i - \overline{x})(y_i - \overline{y})}{\sqrt{\sum_{i=1}^{n}(x_i - \overline{x})^2 \sum_{i=1}^{n}(y_i - \overline{y})^2}} = \frac{\sum_{i=1}^{n}x_i y_i - (\sum_{i=1}^{n}x_i)(\sum_{i=1}^{n}y_i)/n}{\sqrt{[\sum_{i=1}^{n}x_i^2 - (\sum_{i=1}^{n}x_i)^2/n][\sum_{i=1}^{n}y_i^2 - (\sum_{i=1}^{n}y_i)^2/n]}} \text{ ,}$$

其中 $\bar{x}$、$\bar{y}$ 分別為樣本資料 X 與 Y 之平均數。此種相關係數,稱為皮爾森積差相關係數(Pearson product-moment correlation coefficient),簡稱相關係數。當 $r>0$ 時,我們稱資料 X 與 Y 之間為正相關。當 $r=0$ 時,則稱資料 X 與 Y 之間為零相關,即沒有關係存在。當 $r<0$ 時,則稱資料 X 與 Y 之間為負相關。

例題 04

由表 11-1 所示之資料,計算 Pearson 積差相關係數。

編號	X	Y	XY	X^2	Y^2
1	43	137	5891	1849	18769
2	48	128	6144	2304	16384
3	56	138	7728	3136	19044
4	61	143	8723	3721	20449
5	67	141	9447	4489	19881
6	70	152	10640	4900	23104
7	74	157	11618	5476	24649
8	80	168	13440	6400	28224
9	62	156	9672	3844	24336
10	73	162	11826	5329	26244
總和	634	1482	95129	41448	221084

解

$$r = \frac{95129 - \dfrac{634 \times 1482}{10}}{\sqrt{(41448 - \dfrac{634}{10})(221084 - \dfrac{1482}{10})}} = \frac{1170.2}{1348.3} = 0.868$$

由於 $r>0$,可知資料 X 與 Y 之間為正相關。也就是說,當年齡愈大,其血壓也就愈高。至於增加的量有多少,則可藉由迴歸模式之間的函數關係(functional relation)來作預測,此將於下一節中作說明。

　　另一種相關係數，稱為斯皮爾曼等級相關係數(Spearman rank correlation coefficient)，計算前須先將 X 與 Y 兩組資料分別由小到大加以排序，得到等級 r_{x_i} 和 r_{y_i} 後，利用等級數值來計算，其計算公式如下：

$$r_s = \frac{\sum_{i=1}^{n}(r_{x_i}-\overline{r}_x)(r_{y_i}-\overline{r}_y)}{\sqrt{\sum_{i=1}^{n}(r_{x_i}-\overline{r}_x)^2 \sum_{i=1}^{n}(r_{y_i}-\overline{r}_y)^2}}$$

$$= \frac{\sum_{i=1}^{n}r_{x_i}r_{y_i}-(\sum_{i=1}^{n}r_{x_i})(\sum_{i=1}^{n}r_{y_i})/n}{\sqrt{[\sum_{i=1}^{n}r_{x_i}^2-(\sum_{i=1}^{n}r_{x_i})^2/n][\sum_{i=1}^{n}r_{y_i}^2-(\sum_{i=1}^{n}r_{y_i})^2/n]}}\ ,$$

其中 $\overline{r}_x = \sum_{i=1}^{n}r_{x_i}/n$ ，$\overline{r}_y = \sum_{i=1}^{n}r_{y_i}/n$。若觀察值都不相同時，則可由計算每對樣本的等級差 $d_i = r_{x_i}-r_{y_i}$，$i = 1, 2, ..., n$，來計算斯皮爾曼等級相關係數，計算公式可簡化如下：

$$r_s = 1 - \frac{6\sum_{i=1}^{n}d_i^2}{n(n^2-1)}$$

當樣本數很大時，Spearman 等級相關係數與 Pearson 積差相關係數非常接近，但 Spearman 等級相關係數比較不受離群值的影響。

| 例題 05 |

由表 11-2 所示之資料，計算 Spearman 等級相關係數。

編號	X	Y	r_x	r_y	$r_x r_y$	r_x^2	r_y^2
1	1	8	1.5	7.5	11.25	2.25	56.25
2	1	9	1.5	9	13.5	2.25	81
3	2	5	3.5	3	10.5	12.25	9
4	2	6	3.5	4.5	15.75	12.25	20.25
5	3	3	5.5	1	5.5	30.25	1
6	3	4	5.5	2	11	30.25	4
7	4	6	7.5	4.5	33.75	56.25	20.25
8	4	8	7.5	7.5	56.25	56.25	56.25
9	5	7	9.5	6	57	90.25	36
10	5	10	9.5	10	95	90.25	100
總和	30	66	55	55	309.5	382.5	384

$$r_s = \frac{309.5 - \dfrac{55 \times 55}{10}}{\sqrt{(382.5 - \dfrac{55^2}{10})(384 - \dfrac{55^2}{10})}} = \frac{7}{\sqrt{80 \times 81.5}} = 0.087$$

例題 06

由表 11-1 所示之資料，計算 Spearman 等級相關係數。

編號	X	Y	r_x	r_y	d_i	d_i^2
1	43	137	1	2	−1	1
2	48	128	2	1	1	1
3	56	138	3	3	0	0
4	61	143	4	5	−1	1
5	67	141	6	4	2	4
6	70	152	7	6	1	1
7	74	157	9	8	1	1
8	80	168	10	10	0	0
9	62	156	5	7	−2	4
10	73	162	8	9	−1	1
總和			55	55		14

解

由於此些資料沒有相同的觀察值，所以可用簡化的公式來計算 Spearman 等級相關係數。

$$r_s = 1 - \frac{6\sum_{i=1}^{n} d_i^2}{n(n^2 - 1)} = 1 - \frac{6 \times 14}{10(10^2 - 1)} = 0.915$$

一般而言，樣本相關係數 r（或 r_s）是母體相關係數 ρ 的最佳點估計值，可以直接由 $\rho = r$（或 $\rho = r_s$）來表示，所以沒有區間估計值。當 ρ 接近 1 時，樣本相關係數 r 的抽樣分配呈左偏分佈；ρ 接近−1 時，樣本相關係數 r 的抽樣分配呈右偏分佈；$\rho = 0$ 時，樣本相關係數 r 的抽樣分配呈對稱分佈，為一自由度 $n-2$ 之 t 分配。而母體相關係數 ρ 是否等於 0，是我們所關切的問題，其統計假設為

$$H_0 : \rho = 0$$
$$H_1 : \rho \neq 0$$

為一雙尾的檢定，檢定統計量為 $t = r\sqrt{n-2}/\sqrt{1-r^2}$ 。

 例題 **07**

由表 11-1 所示之資料，以 $\alpha = 0.05$ 時之顯著水準，檢定母體相關係數 ρ 是否等於 0？

解

由例題 4 知，表 11-1 所示資料之 $r = 0.868$

(1) 統計假設

$$H_0 : \rho = 0$$
$$H_1 : \rho \neq 0$$

(2) $\alpha = 0.05$ ， $t_{(0.025,8)} = 2.306$

(3) 檢定統計量

$$t = \frac{0.868 \times \sqrt{10-2}}{\sqrt{1-0.868^2}} = 4.944$$

(4) 因為 4.944>2.306，所以拒絕 $H_0 : \rho = 0$ 之假設

例題 **08**

由表 11-2 所示之資料，以 $\alpha = 0.05$ 時之顯著水準，檢定母體相關係數 ρ 是否等於 0？

由例題 5 知，表 11-2 所示資料之 $r_s = 0.087$

(1) 統計假設

$$H_0 : \rho = 0$$
$$H_1 : \rho \neq 0$$

(2) $\alpha = 0.05$ ， $t_{(0.025.8)} = 2.306$

(3) 檢定統計量

$$t = \frac{0.087\sqrt{10-2}}{\sqrt{1-0.087^2}} = 0.247$$

(4) 因為 0.247<2.306，所以不能拒絕 $H_0 : \rho = 0$ 之假設。

 11-2 單變數線性廻歸模式

　　廻歸模式與相關係數都是在探討兩個變數之間的關係。但是在相關係數分析中，並沒有考慮到自變數與因變數之間的函數關係。在廻歸分析中，我們可建構一適當的廻歸模式，以數學方程式來表示變數之間的函數關係，此數學方程式稱為廻歸方程式。若因變數 Y 和自變數 X 之間有線性的函數關係存在，則此廻歸模式為**單變數線性廻歸**(simple linear regression)。若因變數 Y 和自變數 X 之間存在有非線性的函數關係，則為**單變數曲線廻歸**(simple nonlinear regression)。若自變數的個數不只一個（兩個或兩個以上），且因變數與自變數之間存在著線性的函數關係，則為**多元線性廻歸**（或線性複廻歸, multiple linear regression）。同理，若因變數與自變數之間存在著非線性的函數關係，則為**多元曲線廻歸**（或曲線複廻歸, multiple nonlinear regression）。就單變數線性廻歸模式而言，當我們判定兩個變數間的函數關係之後，我們便可根據廻歸方程式的建構方法，建立一廻歸方程式，再依此廻歸方程式來作系統分析與預測。

以藥品銷售量和藥品廣告費用為例，若我們想知道花在藥品廣告上的費用與藥品銷售量的關係，則可藉由所建立的迴歸方程式來作預測，例如當我們投入 100 萬元的廣告費用後，銷售量將會有多少？此銷售量的多寡，即可由迴歸方程式中兩者之間的函數關係得知。

單變數線性迴歸模式的建立

單變數線性迴歸模式是由自變數 X 與因變數 Y 建構而成，此兩變數之間的關係，可以一直線方程式來表示，其關係式為：

$$y = \beta_0 + \beta_1 x$$

式中 β_0 為此直線的截距(intercept)，而 β_1 為此直線的斜率(slope)，其意義為當 x 變動一個單位時，y 的變動量為 β_1 單位。

在迴歸分析中，若 x 與 y 之間的關係為一直線，則 x 與 y 的迴歸關係式為：

$$y_i = \beta_0 + \beta_1 x_i + \varepsilon_i, i = 1,\ 2,\ \ldots,\ n,$$

其中 (x_i, y_i) 為第 i 個樣本資料，β_0, β_1 為參數（常數值），ε_i 為第 i 個樣本的隨機誤差項。在對參數作估計及檢定時，我們須對迴歸模式作些基本的假設：

1. 隨機誤差項 ε_i 是互相獨立的，且服從常態分配 $N(0,\ \sigma^2)$。

2. X_i 為常數，且 Y_i 為常數項 $\beta_0 + \beta_1 X_i$ 與 ε_i 之和，故 Y_i 亦是互相獨立的，且服從常態分配 $N(\beta_0 + \beta_1 X_i,\ \sigma^2)$。

3. ε_i 與 X_i 無關，即 $Cov(\varepsilon_i, X_i) = 0$。

由於迴歸參數 β_0, β_1 未知，所以必須利用樣本資料來估計，其值可由最小平方法(method of least squares)求得。利用最小平方法找出一條最適當的直線(the fitted line) $\hat{y} = b_0 + b_1 x$，此直線稱為迴歸直線，使得資料值 y_i 與所對應的直線上的 $\hat{y}_i$ 值的差異最小，其中 b_0，b_1 分別為 β_0，β_1 之估計值。所謂差異最小，我們指的是各個 y_i 與 $\hat{y}_i$ 的差距的平方總和為最小，此差距稱為殘差(residuals)，而差距的平方總和，稱為誤差平方和(sum of the square due to error)。

$$SSE = \sum_{i=1}^{n} e_i^2 = \sum_{i=1}^{n}(y_i - \hat{y}_i)^2 = \sum_{i=1}^{n}(y_i - b_0 - b_1 x_i)^2$$

也就是利用 n 個樣本資料值，找出 b_0，b_1，使得 SSE 為最小。b_0，b_1 之計算公式如下：

$$b_1 = \frac{\sum_{i=1}^{n}(x_i - \overline{x})(y_i - \overline{y})}{\sum_{i=1}^{n}(x_i - \overline{x})^2} = \frac{S_{xy}}{S_{xx}}$$

$$b_0 = \overline{y} - b_1 \overline{x}$$

其中 $S_{xy} = \sum_{i=1}^{n}(x_i - \overline{x})(y_i - \overline{y}) = \sum_{i=1}^{n} x_i y_i - \frac{\sum_{i=1}^{n} x_i \sum_{i=1}^{n} y_i}{n}$

$$S_{xx} = \sum_{i=1}^{n}(x_i - \overline{x})^2 = \sum_{i=1}^{n} x_i^2 - \frac{(\sum_{i=1}^{n} x_i)^2}{n}$$

而所求得之廻歸直線 $\hat{y} = b_0 + b_1 x$，即為未知母體廻歸直線 $y = \beta_0 + \beta_1 x$ 的估計式。

例題 09

試求表 11-1 所示資料之廻歸直線方程式。

編號	X	Y	X^2	XY
1	43	137	1849	5891
2	48	128	2304	6144
3	56	138	3136	7728
4	61	143	3721	8723
5	67	141	4489	9447
6	70	152	4900	10640
7	74	157	5476	11618
8	80	168	6400	13440
9	62	156	3844	9672
10	73	162	5329	11826
總和	634	1482	41448	95129

解

$$S_{xy} = 95129 - \frac{634 \times 1482}{10} = 1170.2$$

$$S_{xx} = 41448 - \frac{634^2}{10} = 1252.4$$

$$b_1 = \frac{1170.2}{1252.4} = 0.934$$

$$\bar{x} = 63.4 \quad , \quad \bar{y} = 148.2$$

$$b_0 = 148.2 - 0.934 \times 63.4 = 88.98$$

因此，迴歸直線方程式為 $\hat{Y} = 88.98 + 0.934X$。這條直線便代表了年齡與血壓之間的關係，當年齡增加一歲時，血壓就會增加 0.934 mmHg。

若院方想知道當病患年齡為 65 歲時，其血壓值為何？此時就可利用此迴歸直線方程式來估計，其血壓的預測值為 $\hat{y} = 88.98 + 0.934 \times 65 = 149.69$。也就是說，當病患年齡為 65 歲時，其血壓值為 149.69 mmHg。

11-3 單變數線性迴歸模式的推論統計

一般而言，在線性迴歸分析中，大多數研究者的主要目的，是想了解期望的因變數 y，是否會隨著自變數 x 的變動而變動，也就是說，線性迴歸係數 β_1 是否為零。若 $\beta_1 = 0$，則表示自變數與因變數之間並無任何關係存在。以年齡與血壓之關係為例，若 $\beta_1 = 0$，則表示無論年齡如何改變，都不會對血壓產生作用。因此，院方必須另外尋求影響血壓改變的因素。是故，檢定「自變數與因變數之間彼此之間是否有關係存在」是一很重要的工作。由於

$$y_i - \bar{y} = (\hat{y}_i - \bar{y}) + (y_i - \hat{y}_i)$$

將上式兩邊平方後，再將 n 個觀察值(observation)加總，化簡之，得

$$\sum_{i=1}^{n}(y_i-\overline{y})^2=\sum_{i=1}^{n}(\hat{y}_i-\overline{y})^2+\sum_{i=1}^{n}(y_i-\hat{y}_i)^2$$

由上式可知，因變數 Y 的變異（ $i.e., \sum_{i=1}^{n}(y_i-\overline{y})^2$ ，稱為總變異，以 SST 或 S_{yy} 表示），來自於兩部分，一為由 X ($i.e., \sum_{i=1}^{n}(\hat{y}_i-\overline{y})^2$)所解釋的變異，這是廻歸模式所能解釋的變異（稱為廻歸變異，以 SSR 表示），另一則為由殘差項 ε ($i.e., \sum_{i=1}^{n}(y_i-\hat{y}_i)^2$)所造成的變異，這是不能被廻歸模式所解釋的變異（稱為殘差變異，以 SSE 表示）。因此，因變數 Y 的變異，可分成

1. 由廻歸模式所解釋的變異　$SSR=\sum_{i=1}^{n}(\hat{y}_i-\overline{y})^2=\dfrac{S_{xy}^2}{S_{xx}}$

2. 由殘差項 ε 所造成的變異　$SSE=\sum_{i=1}^{n}(y_i-\hat{y}_i)^2=S_{yy}-\dfrac{S_{xy}^2}{S_{xx}}$

其中　$S_{yy}=\sum_{i=1}^{n}(y_i-\overline{y})^2=\sum_{i=1}^{n}y_i^2-\dfrac{(\sum_{i=1}^{n}y_i)^2}{n}$

$S_{xx}=\sum_{i=1}^{n}(x_i-\overline{x})^2=\sum_{i=1}^{n}x_i^2-\dfrac{(\sum_{i=1}^{n}x_i)^2}{n}$

$S_{xy}=\sum_{i=1}^{n}(x_i-\overline{x})(y_i-\overline{y})=\sum_{i=1}^{n}x_iy_i-\dfrac{\sum_{i=1}^{n}x_i\sum_{i=1}^{n}y_i}{n}$

在此廻歸模式中，各種變異之間的關係如下：

$$\text{總平方和} = \text{廻歸平方和} + \text{殘差平方和}$$
$$SST \quad = \quad SSR \quad + \quad SSE$$

此時，

$$r^2=\dfrac{SSR}{SST}=1-\dfrac{SSE}{SST}$$

稱為判定係數(coefficient of determination)，也就是由 X 變數所能解釋的變異佔總變異的百分比，也是線性關係的強度。判定係數 r^2 值的範圍為：$0 \le r^2 \le 1$。當 r^2 值很接近 1 時，代表此廻歸直線是良好的配適直線；當 r^2 值很接近 0 時，我們僅能說此廻歸直線並不是此組資料的最佳配適直線，其直線關係可能是不適當的，此時，此組資料的關係有可能為曲線相關，亦有可能為零相關。而 $\sqrt{r^2} = \pm r$ 即為相關係數。

| 例題 10

以表 11-1 之資料說明判定係數的計算。

解

$$SST = \sum_{i=1}^{n} y_i^2 - \frac{(\sum_{i=1}^{n} y_i)^2}{n} = 221084 - \frac{1482^2}{10} = 1451.6$$

$$SSR = \frac{S_{xy}^2}{S_{xx}} = \frac{1170.2^2}{1252.4} = 1093.4$$

$$SSE = S_{yy} - \frac{S_{xy}^2}{S_{xx}} = 1451.6 - \frac{1170.2^2}{1252.4} = 358.2$$

$$r^2 = \frac{1093.4}{1451.6} = 75.3\%$$

也就是說，在此廻歸模式中，由年齡所引起的變異佔了總變異的 75.3 %。

【線性廻歸係數 β_1 之檢定】

單變數線性廻歸模式中，欲檢定廻歸係數 β_1 是否為零，可由兩種方法來達成，一為變異數分析法，另一為 t 檢定法。其統計假設為

$$H_0 : \beta_1 = 0$$
$$H_1 : \beta_1 \neq 0$$

1. 變異數分析法

在單變數線性廻歸模式中，總變異 SST 的自由度為 $n-1$，廻歸變異 SSR 的自由度為 1，殘差變異 SSE 的自由度為 $n-2$，此些自由度符合加法性。

$$n-1 = 1 + (n-2)$$

若將平方和分別除以其對應的自由度，則為均方(mean square)。如 $SSR/1 = MSR$，稱為廻歸均方(mean square for regression)，$SSE/(n-2) = MSE$，稱為殘差均方(mean square for error)。檢定統計量為

$$F = \frac{MSR}{MSE}$$

當顯著水準為 α 時，若 $F > F_{(\alpha, 1, n-2)}$，則拒絕 H_0，即自變數與因變數之間有線性廻歸關係存在。

變異來源	變異數	自由度	均方	F 值
廻歸	SSR	1	MSR	MSR/MSE
殘差	SSE	$n-2$	MSE	
總和	SST	$n-1$		

2. t 檢定法

在單變數線性廻歸模式中，由於隨機誤差項 ε_i 服從常態分配 $N(0, \sigma^2)$，因此，σ^2 之不偏估計值為 $\hat{\sigma}^2 = SSE/(n-2) = MSE$，而 $\hat{\sigma}^2$ 之平方根 $\hat{\sigma}$，則稱為估計標準誤(estimated standard error)。此時斜率 b_1 之分配為一平均數 β_1，變異數為 MSE/S_{xx} 之 t 分配，其自由度為 $n-2$。檢定統計量為

$$t = \frac{b_1}{\sqrt{\dfrac{MSE}{S_{xx}}}}$$

當顯著水準為 α 時，若 $|t| > t_{(\alpha/2,n-2)}$，則拒絕 H_0，即自變數與應變數之間有線性迴歸關係存在。此時，

$$t^2 = \frac{b_1^2 S_{xx}}{MSE} = \frac{b_1 S_{xy}}{MSE} = \frac{MSR}{MSE} = F$$

因此，想了解線性迴歸係數 β_1 是否為零，用變異數分析法或 t 檢定皆可。

【線性迴歸係數 β_0 之檢定】

在單變數線性迴歸模式中，截距 b_0 之分配，為一平均數 β_0，變異數為 $MSE(\frac{1}{n} + \frac{\overline{X}^2}{S_{xx}})$ 之 t 分配，自由度亦為 $n-2$。欲檢定截距 β_0 是否為零時，其統計假設為

$$H_0 : \beta_0 = 0$$
$$H_1 : \beta_0 \neq 0$$

檢定統計量為

$$t = \frac{b_0}{\sqrt{MSE(\frac{1}{n} + \frac{\overline{x}^2}{S_{xx}})}}$$

當顯著水準為 α 時，若 $|t| > t_{(\alpha/2,n-2)}$，則拒絕 H_0。

【區間估計】

若信賴水準為 $100(1-\alpha)\%$，則

1. β_1 之 $100(1-\alpha)\%$ 之信賴區間為 $b_1 \pm t_{(\frac{\alpha}{2},n-2)} \sqrt{\frac{MSE}{S_{xx}}}$ 。

   若信賴區間包含數值 0，則迴歸係數 β_1 可能是 0，也就是說，兩變數之間可能沒有線性關係存在。

2. β_0 之 $100(1-\alpha)\%$ 之信賴區間為 $b_0 \pm t_{(\frac{\alpha}{2}, n-2)} \sqrt{MSE(\frac{1}{n} + \frac{\overline{x}^2}{S_{xx}})}$ 。

事實上，β_0 的推論，在實務上並不重要。

| 例題 11

以表 11-1 所示資料為例作說明。

(1) 欲檢定廻歸係數 β_1 是否為零，統計假設為

$$H_0 : \beta_1 = 0$$
$$H_1 : \beta_1 \neq 0$$

① 變異數分析法

變異數分析表

變異來源	變異數	自由度	均方	F 值
廻歸	1093.4	1	1093.4	24.4
殘差	358.2	8	44.775	
總和	1451.6	9		

在 $\alpha = 0.05$ 時之顯著水準之下，查表得知 $F_{(0.05, 1, 8)} = 5.32$。因為 $24.4 > 5.32$，所以拒絕 $H_0 : \beta_1 = 0$ 之假設。即自變數與因變數之間有線性廻歸關係存在，年齡這項因子應該引入廻歸模式中。

② t 檢定法

檢定統計量為

$$t = \frac{0.934}{\sqrt{\dfrac{44.775}{1252.4}}} = 4.94$$

在 $\alpha = 0.05$ 時之顯著水準之下，查表得知 $t_{(0.025, 8)} = 2.306$，因為 $4.94 > 2.306$，所以拒絕 $H_0 : \beta_1 = 0$ 之假設。此結果與變異數分析法的結果是相同的。

(2) 欲檢定截距 β_0 是否為零,統計假設為

$$H_0 : \beta_0 = 0 \text{ ,}$$
$$H_1 : \beta_0 \neq 0 \text{ 。}$$

檢定統計量為

$$t = \frac{88.98}{\sqrt{44.775(\frac{1}{10} + \frac{63.4^2}{1252.4})}} = 7.31 \text{ 。}$$

在 $\alpha = 0.05$ 之顯著水準下,查表得知 $t_{(0.025,\, 8)} = 2.306$,因為 $7.31 > 2.306$,所以拒絕 $H_0 : \beta_0 = 0$ 之假設。在此例中,β_0 不具任何重要性。當病患年齡為 0 歲時,血壓值為何,並無任何意義存在。

(3) 區間估計
① 對斜率 β_1 而言,其 95% 之信賴區間為

$$0.934 \pm 2.306\sqrt{\frac{44.775}{1252.4}} = 0.934 \pm 0.436$$

即 (0.498, 1.37) 為其 95% 之信賴區間。也就是說,我們有 95% 的把握,確信斜率 β_1 之值會落在 0.498 至 1.37 之間,或說,當年齡增加一歲時,血壓的增加量會介於 0.498 mmHg 至 1.37 mmHg 之間。

② 對截距 β_0 而言,其 95% 之信賴區間則為

$$88.98 \pm 2.306\sqrt{44.775(\frac{1}{10} + \frac{63.4^2}{1252.4})} = 88.98 \pm 28.07$$

即 (60.91, 117.05) 為其 95% 之信賴區間。也就是說,我們有 95% 的把握,確信截距 β_0 之值會落在 60.91mmHg 至 117.05mmHg 之間。

11-4 新觀察值的預測

廻歸分析中最重要的目的之一，就是應用廻歸直線來預測對應於某一特定水準之自變數的期望反應值。例如，我們想要得知，當病患年齡為 x_g 歲時，血壓之預測值。此時，若欲對某特定之 x 值下之**平均**反應作預測，則採用 t 分配，自由度為 $n-2$，所求之 $100(1-\alpha)\%$ 之信賴區間之範圍為

$$\hat{y} \pm t_{(\alpha/2,\,n-2)} \sqrt{MSE(\frac{1}{n}+\frac{(x_g-\overline{x})^2}{S_{xx}})}$$

其中 $\hat{y}=b_0+b_1 x_g$，x_g 為所給定的 x 值。而若是欲對某特定之 x 值下之某一特定反應作預測，則亦採用 t 分配，自由度為 $n-2$，所求之 $100(1-\alpha)\%$ 之信賴區間之範圍為

$$\hat{y} \pm t_{(\alpha/2,\,n-2)} \sqrt{MSE(1+\frac{1}{n}+\frac{(x_g-\overline{x})^2}{S_{xx}})}$$

其中 $\hat{y}=b_0+b_1 x_g$，x_g 為所給定的 x 值。此兩者是有區別的，前者是對所有母體在特定之 x_g 值下作預測，而後者是僅對單一個體在特定之 x_g 值下作預測，通常在預測單一反應的誤差會大於預測平均反應的誤差，相對地，所建立的信賴區間也就有所差異。

例題 12

由例題 9 之結果，試求當病患年齡為 65 歲時，所有 65 歲病患的平均血壓值預測範圍之 95%信賴區間。

解

查表得知 $t_{(0.025,8)} = 2.306$。由廻歸直線方程式得知其血壓的預測值為
$\hat{y}=88.98+0.934 \times 65 = 149.69$，則其 95% 之信賴區間為

$$149.69 \pm 2.306 \sqrt{44.775(\frac{1}{10} + \frac{(65-63.4)^2}{1252.4})} = 149.69 \pm 4.93$$

即 (144.76, 154.62) 為其 95% 之信賴區間。也就是說，我們有 95%的把握，確信當病患年齡為 65 歲時，其血壓值會落在 144.76 mmHg 至 154.62 mmHg 之間。

例題 13

若院方只想了解某一特定之 65 歲病患的血壓值的預測範圍，則其 95% 之信賴區間為？

$$149.69 \pm 2.306 \sqrt{44.775(1 + \frac{1}{10} + \frac{(65-63.4)^2}{1252.4})} = 149.69 \pm 16.20$$

即 (133.49, 165.89) 為其 95% 之信賴區間。也就是說，我們有 95%的把握，確信當某一特定病患之年齡為 65 歲時，其血壓值會落在 133.49 mmHg 至 165.89 mmHg 之間。此信賴區間較所有病患的平均血壓值的預測範圍之信賴區間為大，此乃因在某一特定值下，其抽樣的變異較大所致。

例題 14

由例題 9 之結果，試求當病患年齡為 70 歲時，所有 70 歲病患的**平均**血壓值預測範圍之 95%信賴區間。

解

由迴歸直線方程式得知其血壓的預測值為 $\hat{y} = 88.98 + 0.934 \times 70$ $= 154.36$，則其 95% 之信賴區間為

$$154.36 \pm 2.306\sqrt{44.775(\frac{1}{10} + \frac{(70-63.4)^2}{1252.4})} = 154.36 \pm 5.66$$

即 (148.70, 160.02) 為其 95% 之信賴區間。也就是說，我們有 95%的把握，確信當病患年齡為 70 歲時，其血壓值會落在 148.70 mmHg 至 160.02 mmHg 之間。

 例題 **15**

若院方只想了解某一特定之 70 歲病患的血壓值的預測範圍，則其 95% 之信賴區間為？

解

$$154.36 \pm 2.306\sqrt{44.775(1 + \frac{1}{10} + \frac{(70-63.4)^2}{1252.4})} = 154.36 \pm 16.44$$

即 (137.92, 170.80) 為其 95% 之信賴區間。也就是說，我們有 95%的把握，確信當某一特定病患年齡為 70 歲時，其血壓值會落在 137.92 mmHg 至 170.80 mmHg 之間。當病患年齡為 70 歲時所求得的信賴區間，又較當病患年齡為 65 歲時所求得的信賴區間為大，可知接近 $\bar{x}$ 的預測值較偏離 $\bar{x}$ 的預測值來的精確。

若想得知病患年齡為 30 歲時的血壓值，此廻歸直線是不適用的，我們只能就所給定的 x 範圍來作預測。因此，若所給定的病患年齡不在 43 歲至 80 歲之間，而仍使用此廻歸直線預測其血壓值，所得的結果並無多大意義存在。

11-5 殘差分析

由 11-2 節知

$$e_i = y_i - \hat{y}_i \ , \ \ i = 1, \ 2, \ ..., \ n$$

此值代表的是觀察值 y_i 與迴歸直線上 $\hat{y}_i$ 值的距離,我們可由殘差的大小,來測度不能由迴歸模式所能解釋的變異之大小,殘差分析是用來判斷迴歸模式是否適當的一個有效的方法。若自變數與因變數之間存在有線性關係,則圖點應是均勻地散佈於 $e = 0$ 這條水平線上。若是殘差 e_i 的圖點散佈不是均勻地散佈於 $e = 0$ 這條水平線上,而是形成一曲線形態,此時我們得懷疑此些資料可能不符合假設,自變數與因變數之間可能呈曲線關係。當由殘差分析圖看出資料不符合線性迴歸的假設時,之前所述的估計和檢定的方法可能不適用於原始資料上,此時可考慮使用轉換 (transformation)的技巧,對原始資料進行轉換,使得轉換後的資料符合線性迴歸的假設,再加以分析。又

$$\varepsilon_i = Y_i - E(Y_i) \ , \ \ i = 1, \ 2, \ ..., \ n$$

此些未知的真正誤差項(unknown true error)為一平均數為 0,標準差為 σ 的常態分配。

此些殘差有幾個重要性質:

1. 其平均數為 0,$\overline{e} = \dfrac{\sum\limits_{i=1}^{n} e_i}{n} = 0$

2. 變異數的平均(均方)為

$$\frac{\sum\limits_{i=1}^{n}(e_i - \overline{e})^2}{n-2} = \frac{\sum\limits_{i=1}^{n} e_i^2}{n-2} = \frac{SSE}{n-2} = MSE$$

若此線性迴歸模型是適當的,則 MSE 是誤差項(error term)變異數(σ^2) 的一不偏估計值(unbiased estimator)。

3. 此些殘差不是獨立的隨機變數，因 e_i 與 $\hat{y}_i$ 之值有關，而 $\hat{y}_i$ 又是由樣本估計值(sample estimates) b_0、b_1 計算而得，其自由度為 $n-2$，但若樣本數 n 夠大時，此些殘差是獨立的。

4. 標準化後的殘差值

$$d_i = \frac{e_i}{\sqrt{MSE}}, \quad i = 1, 2, \ldots, n$$

為一平均數為 0，標準差為 1 的標準常態分配。

 16

以表 11-1 所示資料為例，殘差分析結果如下：

殘差輸出

觀察值	預測值 Y	殘差	標準化殘差
1	129.1389	7.861066	1.246054
2	133.8107	−5.810763	−0.921061
3	141.2856	−3.285691	−0.520813
4	145.9575	−2.957521	−0.468795
5	151.5637	−10.56371	−1.674450
6	154.3668	−2.366815	−0.375162
7	158.1042	−1.104279	−0.175038
8	163.7104	4.289524	0.679930
9	146.8918	9.108112	1.443723
10	157.1699	4.830086	0.765614

機率輸出

百分比	Y
5	128
15	137
25	138
35	141
45	143
55	152
65	156
75	157
85	162
95	168

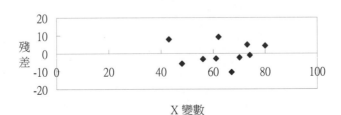

X 變數 殘差圖

由殘差圖知，此些圖點均勻地散佈於 $e = 0$ 之水平線上，可知迴歸模式符合線性的假設。

11-6 EXCEL 與迴歸分析

11-6-1 散佈圖

例題 17

某醫院提供了一份健保門診病患年齡和血壓的資料，如下表所示。

年齡 X	43	48	56	61	67	70	74	80	62	73
血壓 Y	137	128	138	143	141	152	157	168	156	162

試繪出年齡與血壓的散佈圖。

解

步驟 1： 將資料輸入到儲存格 A1：B11。

	A	B
1	年齡X	血壓Y
2	43	137
3	48	128
4	56	138
5	61	143
6	67	141
7	70	152
8	74	157
9	80	168
10	62	156
11	73	162

步驟 2： 選取儲存格範圍 A1：B11。

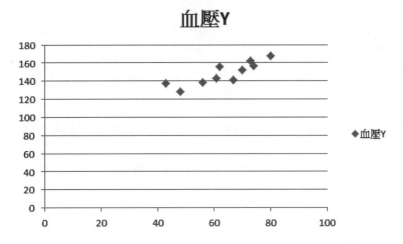

步驟 3： 選【插入／散佈圖／帶有資料標記的 XY 散佈圖】。

血壓Y

步驟 4： 按【下一步】，輸入標題名稱，刪除主要格線及圖例，修改座標
軸刻度，使其更符合所需。

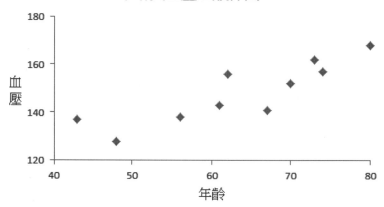

年齡與血壓之散佈圖

11-6-2　迴歸

例題 18

某醫院提供了一份健保門診病患年齡和血壓的資料如下表所示。

年齡 X	43	48	56	61	67	70	74	80	62	73
血壓 Y	137	128	138	143	141	152	157	168	156	162

(1) 試以 $\alpha = 0.05$ 之顯著水準，檢定其線性迴歸關係是否存在？
(2) 試寫出斜率 β_1 之 95%信賴區間。

解

步驟 1：　選取【資料／資料分析】，在視窗【資料分析】下選【迴歸】，
　　　　　按【確定】。

步驟 2： 輸入 Y 範圍、X 範圍，勾選所需資料欄位，如 ☑標記，☑信賴度，按【確定】。

結果如下：

	A	B	C	D	E	F	G	H	I
15	摘要輸出								
16									
17	迴歸統計								
18	R 的倍數	0.8678908							
19	R 平方	0.75323444							
20	調整的 R 平方	0.72238875							
21	標準誤	6.69145805							
22	觀察值個數	10							
23									
24	ANOVA								
25		自由度	SS	MS	F	顯著值			
26	迴歸	1	1093.395	1093.395	24.41943	0.001133			
27	殘差	8	358.2049	44.77561					
28	總和	9	1451.6						
29									
30		係數	標準誤	t 統計	P-值	下限 95%	上限 95%	下限 95.0%	上限 95.0%
31	截距	88.9611945	12.1731	7.308018	8.32E-05	60.88999	117.0324	60.88999	117.0324
32	年齡 X	0.93436602	0.189082	4.941602	0.001133	0.498343	1.370389	0.498343	1.370389

由結果知，

(1) $p = 0.001133 < 0.05$，故拒絕 $H_0 : \beta_1 = 0$ 之假設，此線性廻歸關係存在。

(2) β_1 之 95%信賴區間為 $(0.498343, 1.370389)$。

習 題

1. 下表為某公司八台影印機的使用時間（單位：年）與維修費用（單位：千元）資料。

● 使用時間與維修費用的對應資料

影印機編號	使用時間 X	維修費用 Y
1	3.1	16.1
2	1.9	8.1
3	2.7	11.9
4	2.5	10.1
5	1.3	6.2
6	2.2	9.8
7	1.8	8.9
8	1.6	7.5

(1) 試繪出資料散佈圖。

(2) 試寫出其相關係數 r。

(3) 試寫出迴歸直線方程式。

(4) 試解釋迴歸係數 b_1 的意義。

(5) 若有一影印機的使用時間為 2 年，則其維修費用的預測值為何？

(6) 試寫出其判定係數 r^2，並解釋其意義。

(7) 試寫出 σ^2 的不偏估計值。

(8) 試寫出 β_1 之 99% 之信賴區間。

(9) 試寫出變異數分析表(ANOVA)。

(10) 試以 $\alpha = 0.05$ 之顯著水準，檢定 $\beta_1 = 0$ 是否成立，並解釋你所得的結論。

(11) 若某些影印機的使用時間為 2 年，則其平均維修費用的 99% 之信賴區間為何？

(12) 若有一影印機的使用時間為 2 年，則其維修費用的 99% 之信賴區間為何？

2. 下表為某公司所屬各經銷商投資金額與月營業額（單位：萬元）的資料。

○ 投資金額與月營業額的對應資料

經銷商	投資金額 X	月營業額 Y
A	45	132
B	58	138
C	56	136
D	61	143
E	67	145
F	72	148
G	76	154
H	82	163
I	62	156
J	73	151

(1) 試繪出資料散佈圖。

(2) 試寫出其相關係數 r。

(3) 試寫出廻歸直線方程式。

(4) 試解釋廻歸係數 b_1 的意義。

(5) 若經銷商的投資金額為 64 萬元，則其月營業額的預測值為何？

(6) 試寫出其判定係數 r^2，並解釋其意義。

(7) 試寫出 σ^2 的不偏估計值。

(8) 試寫出 β_1 之 90% 之信賴區間。

(9) 試寫出變異數分析表(ANOVA)。

(10) 試以 $\alpha = 0.05$ 之顯著水準，檢定 $\beta_1 = 0$ 是否成立，並解釋你所得的結論。

(11) 若經銷商的投資金額為 64 萬元，則其平均月營業額的 90% 之信賴區間為何？

(12) 若有一經銷商的投資金額為 64 萬元，則其月營業額的 90% 之信賴區間為何？

3. 某餐廳經理想了解廣告宣導對其各式菜色銷售額的影響。餐廳經理針對 12 種菜色製作了一份宣導廣告，並記錄某一時段內，廣告播放之後，各式菜色的銷售額（單位：千元），而各式菜色之廣告播放次數不同，其銷售額資料如表所示。

◐ 播放次數和銷售額的對應資料

菜色編號	播放次數 X	銷售額 Y
1	4	3.51
2	2	1.78
3	3	2.96
4	1	0.84
5	2	1.35
6	5	4.27
7	3	2.15
8	1	1.64
9	2	2.25
10	8	5.32
11	3	2.66
12	2	1.04

(1) 試繪出資料散佈圖。

(2) 試寫出其相關係數 r。

(3) 試寫出迴歸直線方程式。

(4) 試解釋迴歸係數 b_1 的意義。

(5) 若某菜色廣告播放之次數為 6 次，則該菜色銷售額的預測值為何？

(6) 試寫出其判定係數 r^2，並解釋其意義。

(7) 試寫出 σ^2 的不偏估計值。

(8) 試寫出 β_1 之 95% 之信賴區間。

(9) 試寫出變異數分析表(ANOVA)。

(10) 試以 $\alpha = 0.05$ 之顯著水準，檢定 $\beta_1 = 0$ 是否成立，並解釋你所得的結論。

(11) 若某菜色廣告播放之次數為 6 次，則該菜色平均銷售額的 95% 之信賴區間為何？

(12) 若某菜色廣告播放之次數為 6 次，則該菜色銷售額的 95% 之信賴區間為何？

無母數統計方法

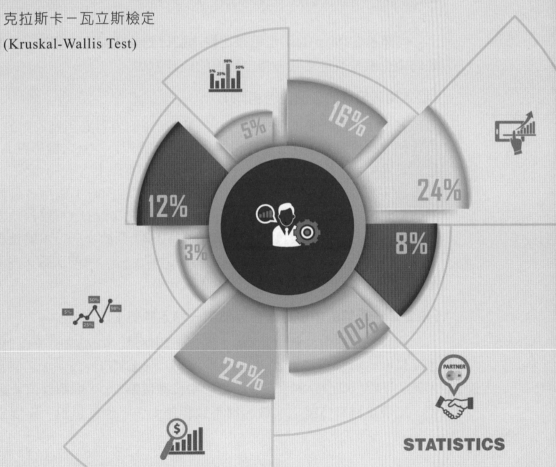

STATISTICS

前面幾章所述之統計檢定方法的基本假設為母體是常態分配，或樣本數夠大時，利用中央極限定理可知母體近似常態分配，在常態分配的情況下，所適用的假設檢定，稱為母數檢定(parameter test)。

而當母體的分配未知或不為常態分配時，若想對母體的參數作檢定，就得用無母數的統計方法做分析。其優點是不需對母體做任何的假設，而且計算過程簡單，尤其是當樣本數少的時候。缺點則是量化的資料經過排序後，可能失去一些資訊，無法再對原始資料做分析。又當資料符合有母數的統計方法的分配假設，若以無母數統計方法作檢定，其檢定力可能較低，因為當虛無假設為假時，需要較多的樣本來提供足夠的證據，以拒絕虛無假設，而一般使用無母數統計方法時，樣本數通常不是很大。

12-1 符號檢定(Sign Test)

符號檢定(Sign Test)是用來比較兩個母體的分配是否相同，或單一母體的中位數是否符合某一特定數值的統計方法。

【檢定兩個母體的分配是否相同】

在檢定兩個母體的分配是否相同時，所用的資料必須是成對的資料，若任何一對資料 (x_i, y_i) 是來自相同分配的母體，則 $x_i > y_i$ 之機率應為 $1/2$，也就是 $P(x_i > y_i) = 1/2$ 或 $P(x_i - y_i > 0) = 1/2$。實際上，$x_i - y_i$ 之值，有可能大於、等於、或小於零，若兩個母體的分配相同時，則由各母體所得到的觀察值 x_i 與 y_i 的差，出現正號與負號之次數，應不致相差太多，也就是說，出現正號與負號之機率應各為 $1/2$，至於 $x_i - y_i = 0$ 的情況，則予以剔除不計。就 m 組成對資料而言，計算 $x_i - y_i > 0$ 的次數，令為 k，而 $x_i - y_i > 0$ 與 $x_i - y_i < 0$ 之總次數，令為 n。

【檢定單一母體的中位數是否等於某一特定數值】

假設特定的中位數值為 η_0，則每一觀察值 $x_i > \eta_0$ 之機率應為 $1/2$，也就是 $P(x_i > \eta_0) = 1/2$ 或 $P(x_i - \eta_0 > 0) = 1/2$。實際上，$x_i - \eta_0$ 之值有可能大於、等於、或小於零，若該母體的中位數值為 η_0，則觀察值 x_i 與 η_0 的差，出現正號與負號之次數，應不致相差太多，也就是說，出現正號與

負號之機率應各為 $1/2$，至於 $x_i - \eta_0 = 0$ 的情況，則予以剔除不計。就 m 組成對資料而言，計算 $x_i - \eta_0 > 0$ 的次數，令為 k，而 $x_i - \eta_0 > 0$ 與 $x_i - \eta_0 < 0$ 之總次數，令為 n。

於是上述兩問題，即為檢定二項分配的母體參數 p 是否為 $1/2$ 的問題。

統計假設：

1. 對兩個母體的分配是否相同作檢定時，虛無假設 $H_0 : p = 0.5$，對立假設 $H_1 : p \neq 0.5$ 或 $H_1 : p > 0.5$ 或 $H_1 : p < 0.5$。此三種對立假設所代表的意義分別為

    (1) $H_1 : p \neq 0.5$：表示成對觀察值所來自的兩個母體的分配不同。

    (2) $H_1 : p > 0.5$：表示 x_i 的母體的分配在 y_i 的母體的分配的右方。

    (3) $H_1 : p < 0.5$：表示 x_i 的母體的分配在 y_i 的母體的分配的左方。

2. 對單一母體的中位數是否等於某一特定數值作檢定時，虛無假設 $H_0 : p = 0.5$，對立假設 $H_1 : p \neq 0.5$ 或 $H_1 : p > 0.5$ 或 $H_1 : p < 0.5$。此三種對立假設所代表的意義分別為

    (1) $H_1 : p \neq 0.5$：表示母體的中位數 $\eta \neq \eta_0$。

    (2) $H_1 : p > 0.5$：表示母體的中位數 $\eta > \eta_0$。

    (3) $H_1 : p < 0.5$：表示母體的中位數 $\eta < \eta_0$。

決策原則： 顯著水準為 α

1. 在較小樣本 ($n \leq 10$) 的情況下，利用二項分配計算 $P(X \geq k)$ 或 $P(X \leq k)$ 之值，決策原則為

    (1) 雙尾檢定：當 $P(X \geq k) < \alpha/2$ 或 $P(X \leq k) < \alpha/2$ 時，拒絕 H_0。

    (2) 右尾檢定：當 $P(X \geq k) < \alpha$ 時，拒絕 H_0。

    (3) 左尾檢定：當 $P(X \leq k) < \alpha$ 時，拒絕 H_0。

2. 若是稍大樣本 ($n > 10$)，則用標準化的公式計算檢定統計量 $z = \dfrac{k - np}{\sqrt{np(1-p)}}$ 之值。

    (1) 雙尾檢定：當 $z > Z_{\alpha/2}$ 或 $z < -Z_{\alpha/2}$ 時，拒絕 H_0。

    (2) 右尾檢定：當 $z > Z_\alpha$ 時，拒絕 H_0。

    (3) 左尾檢定：當 $z < -Z_\alpha$ 時，拒絕 H_0。

例題 01

我們想知道兩家超市貨品的價格有無差異。今隨機從兩個超市抽出 10 個均有出售之貨品，記錄其售價，成對資料如下，在 $\alpha = 0.05$ 的顯著水準下，檢定此兩家超市貨品的價格有無差異。

$A(x_i)$	10	6	7	9	8	7	8	7	8	6
$B(y_i)$	8	9	7	5	6	4	10	9	6	9

解

虛無假設 H_0:兩家超市貨品的價格沒有差異($p = 0.5$)

對立假設 H_1:兩家超市貨品的價格有差異($p \neq 0.5$)

計算 x_i 與 y_i 的差，由下表得知，$k = 5$，$n = 9$，$P(X \geq 5) = 0.5 > 0.025$ 或 $P(X \leq 5) = 0.746 > 0.025$，所以不能拒絕 H_0。也就是說，此兩家超市貨品的價格沒有差異。

$x_i - y_i$	2	−3	0	4	2	3	−2	−2	2	−3
符號	+	−	X	+	+	+	−	−	+	−

例題 02

某校宣稱其畢業生月薪的中位數為 26000 元。今隨機選取 8 名畢業生，得其月薪資料如下：27500 元、25000 元、24000 元、28500 元、26000 元、25000 元、25500 元、24500 元。在 $\alpha = 0.05$ 的顯著水準下，檢定此母體的中位數是否為 26000 元。

解

虛無假設 H_0:此母體的中位數為 26000 元

對立假設 H_1:此母體的中位數不為 26000 元

計算 x_i 與 26000 的差，由下表得知，$k=2$，$n=7$，則 $P(X \geq 2)=0.937$ >0.025 或 $P(X \leq 2)=0.227>0.025$，不能拒絕 H_0。也就是說，其畢業生月薪的中位數為 26000 元。

$x_i-26000$	1500	−1000	−2000	2500	0	−1000	−500	−1500
符號	+	−	−	+	X	−	−	−

例題 03

某飲料公司銷售員隨機訪問 16 名消費者，對其公司所生產的兩種品牌飲料的喜好度給予評分（最高 10 分，最低 1 分），結果如下表所示。在 $\alpha=0.05$ 的顯著水準下，檢定消費者對 A 品牌飲料的喜好度是否偏低。

品牌 A (x_i)	3	5	6	8	7	5	7	8	5	6	4	9	7	8	5	4
品牌 B (y_i)	5	6	8	7	9	8	5	9	7	9	6	8	9	7	8	6

解

虛無假設 H_0：消費者對 A、B 兩種品牌飲料的喜好度沒有差異 （$p=0.5$）

對立假設 H_1：消費者對 A 品牌飲料的喜好度偏低（$p<0.5$）

計算 x_i 與 y_i 的差，由下表得知，$k=4$，$n=16$，故採用大樣本的左尾檢定，$z=\dfrac{k-np}{\sqrt{np(1-p)}}=\dfrac{4-16\times0.5}{\sqrt{16\times0.5\times0.5}}=-2<Z_{0.05}=-1.645$，所以拒絕

H_0。也就是說，消費者對 A 品牌飲料的喜好度偏低。

x_i-y_i	−2	−1	−2	1	−2	−3	2	−1	−2	−3	−2	1	−2	1	−3	−2
符號	−	−	−	+	−	−	+	−	−	−	−	+	−	+	−	−

12-2 威爾康森符號等級檢定 (Wilcoxon Sign-Rank Test)

威爾康森符號等級檢定(Wilcoxon Sign-Rank Test)是用來比較兩個母體的分配是否相同。與符號檢定相同，用的是成對的資料。但符號檢定只考慮到觀察值差的符號的次數，並沒有考慮到等級大小的問題。

假設有 m 組成對資料 (x_i, y_i)，$i = 1, 2, \cdots m$，欲檢定兩個樣本的母體的分配是否相同時，虛無假設為 H_0：成對觀察值所來自的兩個母體的分配相同，而對立假設有三種。此三種對立假設所代表的意義分別為

1. 雙尾檢定時，H_1：表示成對觀察值所來自的兩個母體的分配不同。

2. 右尾檢定時，H_1：表示 x_i 的母體的分配在 y_i 的母體的分配的右方。

3. 左尾檢定時，H_1：表示 x_i 的母體的分配在 y_i 的母體的分配的左方。

檢定程序如下：

1. 就 m 組成對資料而言，計算 $x_i - y_i$，取絕對值，由小而大依序排列後賦與等級，至於 $x_i - y_i = 0$ 的情況，則予以剔除不計。在排序的過程中，若有兩個或兩個以上的絕對值相同時，此種情形稱為結(tie)，其處理方式為將此些相同絕對值所對應的等級平均，以平均等級來表示此些相同絕對值所對應的等級。

2. 分別計算 $x_i - y_i > 0$ 的等級和，令為 R^+，$x_i - y_i < 0$ 的等級和，令為 R^-。若成對觀察值所來自的兩個母體的分配相同，則 R^+ 與 R^- 在理論上應相等。假設 $x_i - y_i > 0$ 和 $x_i - y_i < 0$ 的總個數為 n，則等級和 $R^+ + R^- = n(n+1)/2$。

3. 選取等級和統計量
   在小樣本($n \leq 25$)的情況下，
   (1) 雙尾檢定時，由 R^+ 與 R^- 中選取較小者，令為 R_0。
   (2) 右尾檢定時，令 R^- 為 R_0。
   (3) 左尾檢定時，令 R^+ 為 R_0。
   在大樣本($n > 25$)的情況下，
   (1) 雙尾檢定時，由 R^+ 與 R^- 中任選一值，令為 R_0。
   (2) 右尾檢定時，令 R^+ 為 R_0。

(3) 左尾檢定時，令 R^- 為 R_0。

4. 決策原則（顯著水準為 α）

在小樣本($n \le 25$)的情況下，查等級和統計量表，找出臨界值。

(1) 雙尾檢定：當 $R_0 \le R_{\alpha/2}$，拒絕 H_0。

(2) 右尾檢定：當 $R_0 \le R_\alpha$，拒絕 H_0。

(3) 左尾檢定：當 $R_0 \le R_\alpha$，拒絕 H_0。

在大樣本($n > 25$)的情況下，則查標準常態分配表，等級和統計量為一平均數為 $n(n+1)/4$，變異數為 $n(n+1)(2n+1)/24$ 之常態分配。標準化後，

檢定統計量 $z = \dfrac{R_0 - n(n+1)/4}{\sqrt{n(n+1)(2n+1)/24}}$。

(1) 雙尾檢定：當 $z > Z_{\alpha/2}$ 或 $z < -Z_{\alpha/2}$ 時，拒絕 H_0。

(2) 右尾檢定：當 $z > Z_\alpha$ 時，拒絕 H_0。

(3) 左尾檢定：當 $z < -Z_\alpha$ 時，拒絕 H_0。

例題 04

有 10 組成對觀察值資料如下，在 $\alpha = 0.05$ 的顯著水準下，檢定此兩母體的分配是否相同。

X	10	6	7	9	8	7	8	7	8	6
Y	8	9	7	5	6	4	10	9	6	9

解

虛無假設 H_0：兩母體的分配相同

對立假設 H_1：兩母體的分配不相同

x_i	y_i	$x_i - y_i$	$|x_i - y_i|$	等級	正數等級	負數等級
10	8	2	2	3	3	
6	9	−3	3	7		7
7	7	0	0			
9	5	4	4	9	9	
8	6	2	2	3	3	
7	4	3	3	7	7	
8	10	−2	2	3		3
7	9	−2	2	3		3
8	6	2	2	3	3	
6	9	−3	3	7		7
					$R^+ = 25$	$R^- = 20$

由於 $n = 9$，所以 $R^+ + R^- = n(n+1)/2 = 45$。此為雙尾檢定，由 R^+ 與 R^- 中選取較小者，$R_0 = 20$，查 Wilcoxon 符號等級檢定臨界值表，找出臨界值，得知 $R_{(0.05,9)} = 6$，因為 $20 > 6$，所以不能拒絕 H_0。也就是說，此兩母體的分配是相同的。

例題 05

某飲料公司銷售員隨機訪問 9 名消費者，對其公司所生產的兩種品牌飲料的喜好度給予評分（最高 10 分，最低 1 分），結果如下表所示。在 $\alpha = 0.05$ 的顯著水準下，檢定消費者對 A、B 兩種品牌飲料的喜好度是否有所不同。

品牌 A	6	5	10	3	2	6	7	6	7
品牌 B	7	8	9	6	7	7	9	8	6

虛無假設 H_0：消費者對 A、B 兩種品牌飲料的喜好度沒有差異

對立假設 H_1：消費者對 A、B 兩種品牌飲料的喜好度有差異

品牌 A	品牌 B	$x_i - y_i$	$\lvert x_i - y_i \rvert$	等級	正數等級	負數等級
6	7	−1	1	2.5		2.5
5	8	−3	3	7.5		7.5
10	9	1	1	2.5	2.5	
3	6	−3	3	7.5		7.5
2	7	−5	5	9		9
6	7	−1	1	2.5		2.5
7	9	−2	2	5.5		5.5
6	8	−2	2	5.5		5.5
7	6	1	1	2.5	2.5	
					$R^+ = 5$	$R^- = 40$

由於 $n = 9$，所以 $R^+ + R^- = n(n+1)/2 = 45$。此為雙尾檢定，由 R^+ 與 R^- 中選取較小者，$R_0 = 5$，查 Wilcoxon 符號等級檢定臨界值表，找出臨界值，得知 $R_{(0.05,9)} = 6$，因為 $5 < 6$，所以拒絕 H_0。也就是說，消費者對 A、B 兩種品牌飲料的喜好度有顯著性差異。

例題 06

某飲料公司銷售員隨機訪問 30 名消費者，對其公司所生產的兩種品牌飲料的喜好度給予評分（最高 10 分，最低 1 分），得其正數等級和 R^+ $= 325$，負數等級和 $R^- = 140$（假定每名消費者對兩種品牌的評分沒有相同）。在 $\alpha = 0.05$ 的顯著水準下，檢定消費者對 A 品牌飲料的喜好度是否較 B 品牌高。

解

虛無假設 H_0：消費者對 A、B 兩種品牌飲料的喜好度沒有差異

對立假設 H_1：消費者對 A 品牌飲料的喜好度是較 B 品牌高

此為大樣本的右尾檢定，$R_0 = R^+ = 325$，檢定統計量
$z = \dfrac{R_0 - n(n+1)/4}{\sqrt{n(n+1)(2n+1)/24}} = \dfrac{325 - 30(30+1)/4}{\sqrt{30(30+1)(2 \times 30+1)/24}} = 1.903$。因為 $1.903 >$
$Z_{0.05} = 1.645$，所以拒絕 H_0。也就是說，消費者對 A 品牌飲料的喜好度較 B 品牌高。

12-3 曼惠特尼 U 檢定 (Mann-Whitney U Test)

曼惠特尼 U 檢定(Mann-Whitney U Test)是用來比較兩組獨立樣本所來自的母體分配是否相同，也可以比較兩組獨立樣本的母體平均數或中位數是否相等。其基本假設為兩母體為連續分配且形狀相同，只有集中趨勢的位置不同。虛無假設有三種：

1. 兩組獨立樣本所來自的母體分配相同

2. 兩組獨立樣本所來自的母體平均數相等

3. 兩組獨立樣本所來自的母體中位數相等

上述三種檢定的程序是相同的,假設兩組獨立樣本的樣本數為 n_1 及 n_2,檢定程序如下:

1. 將兩組樣本混合,由小而大依序排列,並標示等級。若兩組樣本混合後,在排序的過程中,有兩個或兩個以上的觀察值相同時,則將此些相同觀察值所對應的等級平均,以平均等級來表示此些相同觀察值所對應的等級。

2. 計算曼惠特尼 U 檢定統計量

$$U_1 = n_1 n_2 + \frac{n_1(n_1+1)}{2} - R_1 \text{ , } U_2 = n_1 n_2 + \frac{n_2(n_2+1)}{2} - R_2$$

其中 R_1、R_2 分別為兩組樣本的等級和。

3. 選取 U 統計量
   雙尾檢定時,由 U_1 與 U_2 中選取較小者,令為 u_0。
   右尾檢定時,令 U_1 為 u_0。
   左尾檢定時,令 U_2 為 u_0。

4. 決策原則(顯著水準為 α)
   在較小樣本($n_1 \le 10$,$n_2 \le 10$)的情況下,查 U 統計量分配表,找出 $P(U \le u_0)$ 之值。
   (1) 雙尾檢定:當 $P(U \le u_0) < \alpha/2$,拒絕 H_0。
   (2) 右尾檢定:當 $P(U \le u_0) < \alpha$,拒絕 H_0。
   (3) 左尾檢定:當 $P(U \le u_0) < \alpha$,拒絕 H_0。
   在稍大樣本($n_1 > 10$,$n_2 > 10$)的情況下,則查標準常態分配表。U 統計量近似於一平均數為 $\frac{n_1 n_2}{2}$,變異數為 $\frac{n_1 n_2 (n_1 + n_2 + 1)}{12}$ 之常態分配。標準化後,檢定統計量 $z = \dfrac{u_0 - n_1 n_2 / 2}{\sqrt{n_1 n_2 (n_1 + n_2 + 1)/12}}$。
   (1) 雙尾檢定:當 $z > Z_{\alpha/2}$ 或 $z < -Z_{\alpha/2}$ 時,拒絕 H_0。

(2) 右尾檢定：當 $z < -Z_\alpha$ 時，拒絕 H_0。

(3) 左尾檢定：當 $z < -Z_\alpha$ 時，拒絕 H_0。

例題 07

若甲乙兩組獨立樣本資料如下，在 $\alpha = 0.05$ 的顯著水準下，檢定此兩組獨立樣本的母體分配是否相同。

甲樣本	16	21	22	
乙樣本	14	19	11	26

解

虛無假設 H_0：兩組獨立樣本所來自的母體分配相同

對立假設 H_1：兩組獨立樣本所來自的母體分配不相同

(1) 將兩組樣本混合，由小而大依序排列，得觀察值及其對應的等級如下：

甲樣本	16(3)	21(5)	22(6)	
乙樣本	14(2)	19(4)	11(1)	26(7)

(2) 計算曼惠特尼 U 檢定統計量

$$U_1 = n_1 n_2 + \frac{n_1(n_1+1)}{2} - R_1 = 3 \times 4 + \frac{3(3+1)}{2} - (3+5+6) = 4$$

$$U_2 = n_1 n_2 + \frac{n_2(n_2+1)}{2} - R_2 = 3 \times 4 + \frac{4(4+1)}{2} - (2+4+1+7) = 8$$

(3) 選取 U 統計量，此為雙尾檢定，故 $u_0 = 4$。

(4) 由於 $n_1 = 3$，$n_2 = 4$ 為小樣本，查 U 統計量分配表，找出 $P(U \le 4) = 0.3143 > 0.025$，所以不能拒絕 H_0。也就是說，此兩組獨立樣本所來自的母體分配是相同的。

例題 08

隨機選取甲乙兩商店數日日營業額資料，在 $\alpha = 0.05$ 的顯著水準下，檢定此兩兩商店日營業額的中位數是否相等。（單位：萬元）

甲商店	1.6	1.2	2.6	1.6	2.8	1.4	
乙商店	2.4	2.9	>3.2	2.6	2.0	2.5	2.8

虛無假設 H_0：甲乙兩商店日營業額的中位數相等

對立假設 H_1：甲乙兩商店日營業額的中位數不相等

(1) 將兩組樣本混合，由小而大依序排列，得觀察值及其對應的等級如下：

甲商店	1.6(3.5)	1.2(1)	2.6(8.5)	1.6(3.5)	2.8(10.5)	1.4(2)	
乙商店	2.4(6)	2.9(12)	>3.2(13)	2.6(8.5)	2.0(5)	2.5(7)	2.8(10.5)

計算甲乙兩商店樣本資料的等級和，$R_1 = 29$，$R_2 = 62$。

(2) 計算曼惠特尼 U 檢定統計量

$$U_1 = n_1 n_2 + \frac{n_1(n_1+1)}{2} - R_1 = 6 \times 7 + \frac{6(6+1)}{2} - 29 = 34$$

$$U_2 = n_1 n_2 + \frac{n_2(n_2+1)}{2} - R_2 = 6 \times 7 + \frac{7(7+1)}{2} - 62 = 8$$

(3) 選取 U 統計量，此為雙尾檢定，故 $u_0 = 8$。

(4) 由於 $n_1 = 6$，$n_2 = 7$ 為小樣本，查 U 統計量分配表，找出 $P(U \leq 8) = 0.0367 > 0.025$，所以不能拒絕 H_0。也就是說，此兩商店日營業額的中位數是相等的。

例題 **09**

隨機選取甲乙兩賣場數日之日營業額資料，在 $\alpha = 0.05$ 的顯著水準下，檢定此兩賣場數日營業額的平均數是否相等。（單位：千元）

甲賣場	75	64	82	91	55	74	80	77	88	69	80	78			
乙賣場	82	66	65	89	92	56	68	73	76	86	53	90	60	71	78

解

虛無假設 H_0：甲乙兩賣場日營業額的平均數相等

對立假設 H_1：甲乙兩賣場日營業額的平均數不相等

(1) 將兩組樣本混合，由小而大依序排列，得其對應的等級如下：

甲賣場 等級	13	5	20.5	26	2	12	18.5	15	23	9	18.5	16.5			
乙賣場 等級	20.5	7	6	24	27	3	8	11	14	22	1	25	4	10	16.5

計算甲乙兩賣場樣本資料的等級和，$R_1 = 179$，$R_2 = 199$。

(2) 計算曼惠特尼 U 檢定統計量

$$U_1 = n_1 n_2 + \frac{n_1(n_1+1)}{2} - R_1 = 12 \times 15 + \frac{12(12+1)}{2} - 179 = 79$$

$$U_2 = n_1 n_2 + \frac{n_2(n_2+1)}{2} - R_2 = 12 \times 15 + \frac{15(15+1)}{2} - 199 = 101$$

(3) 選取 U 統計量，此為雙尾檢定，故 $u_0 = 79$。

(4) 由於 $n_1 = 12$，$n_2 = 15$ 為一大樣本，是故 U 統計量近似於常態分配，檢定統計量

$$z = \frac{u_0 - n_1 n_2 / 2}{\sqrt{n_1 n_2 (n_1 + n_2 + 1)/12}} = \frac{79 - 12 \times 15 / 2}{\sqrt{12 \times 15(12+15+1)/12}} = -0.54$$

因為 $-0.54 > -Z_{0.025} = -1.96$，所以不能拒絕 H_0。也就是說，甲乙兩賣場日營業額的平均數是相等的。

12-4 柯莫果夫－史邁諾夫檢定 (Kolmogorov-Smirnov Test)

　　柯莫果夫－史邁諾夫檢定(Kolmogorov-Smirnov Test)是用來檢定樣本資料是否來自某一特定的機率分配。也就是要檢定由樣本所得到的觀察次數分配與理論次數分配之間是否有顯著性差異存在。亦可用來檢定兩組獨立樣本所來自的母體中位數是否相等。其統計假設為

　　虛無假設 H_0:樣本資料來自某一特定的機率分配

　　對立假設 H_1:樣本資料並非來自某一特定的機率分配

　　或

　　虛無假設：兩組獨立樣本所來自的母體中位數相等

　　對立假設：兩組獨立樣本所來自的母體中位數不完全相等

檢定程序如下:

1. 將 n 個樣本資料排序後,計算每一觀察值的累積相對次數,令為 $\hat{F}(x_i)$。

2. 計算每一觀察值之母體累積分配函數,令為 $F(x_i)$。

3. 計算 $\left| F(x_i) - \hat{F}(x_i) \right|$,取其最大值,令為 D。

4. 查 D 統計量表,顯著水準為 α,若 $D > D_{(\alpha,n)}$,則拒絕 H_0。

例題 10

　　隨機選取某班 10 名學生數學成績排序後如下所示:

$$58 \quad 64 \quad 67 \quad 73 \quad 74 \quad 78 \quad 82 \quad 90 \quad 93 \quad 95$$

在 $\alpha = 0.05$ 的顯著水準下,試問此班學生的數學成績是否為一平均數 75 分,標準差 5 分之常態分配。

　　H_0:此班學生的數學成績為一平均數 75 分,標準差 5 分之常態分配

　　H_1:此班學生的數學成績不為一平均數 75 分,標準差 5 分之常態分配

$$\hat{F}(58) = \frac{1}{10} = 0.1$$

$$F(58) = P(X \le 58) = P(Z \le \frac{58-75}{5}) = P(Z \le -3.4) = 0.0003$$

依次計算 $\hat{F}(x_i)$ 與 $F(x_i)$，結果如下表所示。

數學成績	$\hat{F}(x_i)$	Z	$F(x_i)$	$\left|F(x_i)-\hat{F}(x_i)\right|$
58	0.1	−3.4	0.0003	0.0997
64	0.2	−2.2	0.0139	0.1861
67	0.3	−1.6	0.0548	0.2452
73	0.4	−0.4	0.3446	0.0554
74	0.5	−0.2	0.4207	0.0793
78	0.6	0.6	0.7258	0.1258
82	0.7	1.4	0.9192	0.2192
90	0.8	3.0	0.9987	0.1987
93	0.9	3.6	0.9998	0.0998
95	1.0	4.0	1.0000	0

由上表可知，$\left|F(x_i)-\hat{F}(x_i)\right|$ 之最大值 $D = 0.2452$，查 D 統計量表，得知 $0.2452 < D_{(0.05,10)} = 0.409$，所以不能拒絕 H_0。也就是說，此班學生的數學成績為一平均數 75 分，標準差 5 分之常態分配。

| 例題 11

某班 50 名學生數學成績的次數分配表如下所示：

數學成績	20~30	30~40	40~50	50~60	60~70	70~80	80~90
次數	5	15	12	8	5	3	2

在 $\alpha = 0.05$ 的顯著水準下，試問此班學生的數學成績是否為一平均數 47 分，標準差 15.5 分之常態分配。

解

H_0：此班學生的數學成績為一平均數 47 分，標準差 15.5 分之常態分配

H_1：此班學生的數學成績不為一平均數 47 分，標準差 15.5 分之常態分配

$$\hat{F}(30) = \frac{5}{50} = 0.1$$

$$F(30) = P(X \le 30) = P(Z \le \frac{30-47}{15.5}) = P(Z \le -1.1) = 0.1357$$

依次計算 $\hat{F}(x_i)$ 與 $F(x_i)$，結果如下表所示。

數學成績	次數	累積次數	$\hat{F}(x_i)$	Z	$F(x_i)$	$\left| F(x_i) - \hat{F}(x_i) \right|$
20~30	5	5	0.1	−1.1	0.1357	0.0357
30~40	15	20	0.4	−0.45	0.3264	0.0736
40~50	12	32	0.64	0.19	0.5753	0.0647
50~60	8	40	0.8	0.84	0.7995	0.0005
60~70	5	45	0.9	1.48	0.9306	0.0306
70~80	3	48	0.96	2.13	0.9834	0.0234
80~90	2	50	1.0	2.77	0.9979	0.0021

由上表可知，$\left| F(x_i) - \hat{F}(x_i) \right|$ 之最大值 $D = 0.0736$，查 D 統計量表，得知 $0.0736 < D_{(0.05,50)} = \frac{1.36}{\sqrt{50}} = 0.1923$，所以不能拒絕 H_0。也就是說，此班學生的數學成績為一平均數 47 分，標準差 15.5 分之常態分配。

例題 12

某飲料公司銷售員隨機訪問 7、6 名消費者，對其公司所生產的兩種品牌飲料的喜好度給予評分，結果如下表所示。在 $\alpha = 0.05$ 的顯著水準下，檢定消費者對此兩種品牌評分後之中位數是否相等。

品牌 A	75	66	67	61	67	78	63
品牌 B	65	67	85	86	73	66	

虛無假設 H_0 :消費者對此兩種品牌評分後之中位數相等

對立假設 H_1 :消費者對此兩種品牌評分後之中位數不相等

(1) 將兩組樣本資料各自排序,計算各數值在各組的相對累積次數

品牌 A	次數	相對累積次數	品牌 B	次數	相對累積次數
61	1	1/7	65	1	1/6
63	1	2/7	66	1	2/6
66	1	3/7	67	1	3/6
67	2	5/7	73	1	4/6
75	1	6/7	85	1	5/6
78	1	1	86	1	1

(2) 兩組資料混合後,計算各數值之相對累積次數差的絕對值

	61	63	65	66	67	73	75	78	85	86
品牌 A	1/7	2/7	2/7	2/7	3/7	5/7	6/7	1	1	1
品牌 B	0	0	1/6	2/6	3/6	4/6	4/6	4/6	5/6	1
差的絕對值	1/7	2/7	5/42	4/42	9/42	2/42	8/42	1/3	1/6	0

(3) 由上表可知,差的絕對值之最大值 $D = 1/3$,查 D 統計量表,得知 $1/3 < D_{(0.05, 13)} = 0.361$,所以不能拒絕 H_0 。也就是說,消費者對此兩種品牌評分後之中位數是相等的。

12-5 克拉斯卡－瓦立斯檢定 (Kruskal-Wallis Test)

　　克拉斯卡－瓦立斯檢定(Kruskal-Wallis Test)是用來比較兩組以上獨立樣本所來自的母體分配是否相同,或比較兩組以上獨立樣本的母體平均數或中位數是否相等。當多個獨立樣本的母體分配都是常態分配且為連續型態的資料時,可用變異數分析 F 檢定。但當多個獨立樣本的母體分配不是常態分配或樣本資料不是連續型態資料時,欲檢定母體平均數是否相等,就得用克拉斯卡-瓦立斯檢定。檢定後,若拒絕虛無假設,又

欲知哪兩組有顯著性差異可用前節所述的曼惠特尼 U 檢定作兩兩比較，此即為事後的多重比較(multiple comparisons)。若檢定的顯著水準為 α，兩兩獨立樣本的組合數為 k，每一個類別比較的顯著水準為 $\alpha^* = \alpha / C_2^k$，此為 Bonferroni Adjustment。此種檢定的虛無假設有三種：

1. m 組獨立樣本所來自的母體分配相同。

2. m 組獨立樣本所來自的母體平均數相等。

3. m 組獨立樣本所來自的母體中位數相等。

上述三種檢定的程序是相同的，假設 m 組獨立樣本的樣本數為 $n_1, n_2, \cdots, n_m$，檢定程序如下：

1. 將 m 組樣本混合，由小而大依序排列，並標示等級。若 m 組樣本混合後，在排序的過程中，有兩個或兩個以上的觀察值相同時，則將此些相同觀察值所對應的等級平均，以平均等級來表示此些相同觀察值所對應的等級。

2. 計算克拉斯卡－瓦立斯檢定統計量，簡稱 K 統計量。

$$K = \frac{12}{n(n+1)} \sum_{i=1}^{m} \frac{R_j^2}{n_j} - 3(n+1)$$

其中 $n = \sum_{i=1}^{m} n_j$，R_j 及 n_j 分別為第 j 組樣本的等級和及樣本數，$j = 1, 2, \cdots, m$。

3. 若各組樣本數 $n_j \geq 5$，$j = 1, 2, \cdots, m$，則 K 統計量為一自由度 $m-1$ 的卡方分配。當顯著水準為 α，其決策原則為：若 $K > \chi^2_{(\alpha, m-1)}$，則拒絕 H_0。

例題 13

若甲乙丙三組獨立樣本資料如下，在 $\alpha = 0.05$ 的顯著水準下，檢定此三組獨立樣本所來自的母體中位數是否相等。

甲樣本	1.6	1.2	2.6	1.6	2.8	1.4	
乙樣本	2.4	2.9	>3.2	2.6	2.0	2.5	2.8
丙樣本	1.0	1.1	1.5	<0.9	1.2		

解

虛無假設 H_0：三組獨立樣本所來自的母體中位數相等

對立假設 H_1：三組獨立樣本所來自的母體中位數不相等

(1) 將三組樣本混合，由小而大依序排列，得觀察值及其對應的等級如下：

甲樣本	1.6(8.5)	1.2(4.5)	2.6(13.5)	1.6(8.5)	2.8(15.5)	1.4(6)	
乙樣本	2.4(11)	2.9(17)	>3.2(18)	2.6(13.5)	2.0(10)	2.5(12)	2.8(15.5)
丙樣本	1.0(2)	1.1(3)	1.5(7)	<0.9(1)	1.2(4.5)		

計算甲乙丙三組獨立樣本的等級和，$R_1 = 56.5$，$R_2 = 97$ 及 $R_3 = 17.5$。

(2) 計算克拉斯卡－瓦立斯檢定統計量

$$K = \frac{12}{n(n+1)} \sum_{i=1}^{m} \frac{R_j^2}{n_j} - 3(n+1)$$

$$= \frac{12}{18(18+1)} \left(\frac{56.5^2}{6} + \frac{97^2}{7} + \frac{17.5^2}{5} \right) - 3(18+1) = 10.98$$

(3) 在 $\alpha = 0.05$ 的顯著水準下，$10.98 > \chi^2_{(0.05,2)} = 5.991$，所以拒絕 H_0。也就是說，此三組獨立樣本的母體中位數是不相等的。

例題 14

某公司的業務部主任想了解客戶對其四個經銷店服務的滿意度（最高 10 分，最低 1 分）。今隨機選取不同據點的客戶，得到的評分如下表所示，在 $\alpha = 0.05$ 的顯著水準下，檢定此四個經銷店的客戶滿意度是否有顯著性差異。

甲經銷店	8.5	7.3	9.2	6.4	5.9	7.0	7.1
乙經銷店	9.5	8.2	8.7	9.0	8.8		
丙經銷店	5.5	4.9	7.5	8.2	6.4	6.2	
丁經銷店	3.5	7.1	4.8	5.0	5.2		

解

虛無假設 H_0:四個經銷店的客戶滿意度沒有差異

對立假設 H_1:四個經銷店的客戶滿意度有差異

(1) 將四組樣本混合，由小而大依序排列，得觀察值及其對應的等級如下：

甲經銷店	8.5(18)	7.3(14)	9.2(22)	6.4(9.5)	5.9(7)	7.0(11)	7.1(12.5)
乙經銷店	9.5(23)	8.2(16.5)	8.7(19)	9.0(21)	8.8(20)		
丙經銷店	5.5(6)	4.9(3)	7.5(15)	8.2(16.5)	6.4(9.5)	6.2(8)	
丁經銷店	3.5(1)	7.1(12.5)	4.8(2)	5.0(4)	5.2(5)		

計算四個經銷店的等級和，$R_1 = 94$，$R_2 = 99.5$，$R_3 = 58$ 及 $R_4 = 24.5$。

(2) 計算克拉斯卡－瓦立斯檢定統計量

$$K = \frac{12}{n(n+1)} \sum_{i=1}^{m} \frac{R_j^2}{n_j} - 3(n+1)$$

$$= \frac{12}{23(23+1)} \left(\frac{94^2}{7} + \frac{99.5^2}{5} + \frac{58^2}{6} + \frac{24.5^2}{5} \right) - 3(23+1)$$

$$= 13.28$$

(3) 在 $\alpha = 0.05$ 的顯著水準下，$13.28 > \chi^2_{(0.05,3)} = 7.815$，所以拒絕 H_0。也就是說，此四個經銷店的客戶滿意度是有顯著性差異的。

12-6 中位數檢定(Median Test)

中位數檢定(Median Test)是用來比較 k 組獨立樣本所來自的母體中位數是否相等。其統計假設為

虛無假設：k 組獨立樣本所來自的母體中位數相等

對立假設：k 組獨立樣本所來自的母體中位數不完全相等

假設 k 組獨立樣本的樣本數為 n_1，n_2，$\cdots$，n_k，檢定程序如下：

1. 將 k 組樣本混合，由小而大依序排列，找出中位數 η。

2. 分別計算 k 組獨立樣本中，小於等於 ($\le$) 中位數 η 及大於 ($>$) 中位數 η 的次數，檢定統計量為一自由度 $k-1$ 的卡方分配，為一右尾檢定。當 $k=2$ 時，若小於等於 ($\le$) 中位數 η 及大於 ($>$) 中位數 η 的次數，分別為 a、b、c、d，則檢定統計量 $\chi^2 = \dfrac{(n_1+n_2)(ad-bc)^2}{n_1 n_2 (a+b)(c+d)}$。

	樣本一	樣本二	合計
$\le \eta$	a	b	$a+b$
$> \eta$	c	d	$c+d$
合計	n_1	n_2	n_1+n_2

3. 當顯著水準為 α，其決策原則為：若 $\chi^2 > \chi^2_{(\alpha, k-1)}$，則拒絕 H_0。

例題 15

某飲料公司銷售員隨機訪問 16、12 名消費者，對其公司所生產的兩種品牌飲料的喜好度給予評分，結果如下表所示。在 $\alpha = 0.05$ 的顯著水準下，檢定消費者對此兩種品牌評分後之中位數是否相等。

品牌 A	75	66	67	61	67	78	63	65	69	90	83	62	82	87	82	72
品牌 B	65	67	85	86	73	66	86	81	90	87	84	81				

虛無假設 H_0:消費者對此兩種品牌評分後之中位數相等
對立假設 H_1:消費者對此兩種品牌評分後之中位數不相等
(1) 將兩組樣本混合，由小而大依序排列後，得知中位數 $\eta=76.5$。
(2) 分別計算兩組樣本中，小於等於 ($\le$) 及大於 ($>$) 中位數 η 的次數。

	品牌 A	品牌 B	合計
$\le \eta$	10	4	14
$> \eta$	6	8	14
合計	16	12	28

$$\chi^2 = \frac{(n_1+n_2)(ad-bc)^2}{n_1 n_2 (a+b)(c+d)} = \frac{(16+12)(10 \times 8 - 6 \times 4)^2}{16 \times 12 \times 14 \times 14} = 2.33$$

(3) 因為 $2.33 < \chi^2_{(0.05,1)} = 3.841$，所以不能拒絕 H_0。也就是說，消費者對
此兩種品牌評分後之中位數是相等的。

例題 **16**

某公司的業務部主任想了解顧客對其四種商品使用後的滿意度。今
隨機選取使用過此四種商品的顧客，得到的評分如下表所示，在 $\alpha = 0.05$
的顯著水準下，檢定此四種商品顧客滿意度之中位數是否相等。

商品 A	99	85	73	98	83	74	99	80	74	91	80	98	94	94	80	
商品 B	78	74	69	79	57	78	79	68	59	91	89	55	60	55	79	
商品 C	64	75	71	80	82	70	72	76	78	79	74	85	90	69	80	75	76
商品 D	55	60	88	57	60	71	53	55	58	60	78	75	55			

虛無假設 H_0：此四種商品顧客滿意度之中位數相等
對立假設 H_1：此四種商品顧客滿意度之中位數不相等
(1) 將四組樣本資料混合，由小而大依序排列後，得知中位數 $\eta = 75.5$。
(2) 分別計算四組樣本中，小於等於 ($\leq$) 及大於(>)中位數 η 的次數。

	商品 A	商品 B	商品 C	商品 D	合計
$\leq \eta$	3	8	8	11	30
$> \eta$	12	7	9	2	30
合計	15	15	17	13	60

(3) 計算各細格之期望次數

	商品 A	商品 B	商品 C	商品 D	合計
$\leq \eta$	3 (7.5)	8 (7.5)	8 (8.5)	11 (6.5)	30
$> \eta$	12 (7.5)	7 (7.5)	9 (8.5)	2 (6.5)	30
合計	15	15	17	13	60

$$\chi^2 = \frac{4.5^2}{7.5} + \frac{4.5^2}{7.5} + \frac{0.5^2}{7.5} + \frac{0.5^2}{7.5} + \frac{0.5^2}{8.5} + \frac{0.5^2}{8.5} + \frac{4.5^2}{6.5} + \frac{4.5^2}{6.5} = 11.756$$

(4) 因為 $11.756 > \chi^2_{(0.05,3)} = 7.815$，所以拒絕 H_0。也就是說，此四種商品顧客滿意度之中位數是不相等的。

12-7 傅立曼檢定(Friedman Test)

傅立曼檢定(Friedman Test)是用來檢定在隨機區集設計(Random Block Design)下，k 種試驗的母體分配是否相同。當多個獨立樣本的母體分配都是常態分配且為連續型態的資料時，可用變異數分析 F 檢定。但當多個獨立樣本的母體分配不是常態分配或樣本資料不是連續型態資料時，欲檢定經過 k 種試驗後，母體分配是否相同，就得用傅立曼檢定。其統計假設為

虛無假設：k 種試驗的母體分配相同

對立假設：k 種試驗的母體分配不同

假設區集個數為 b，試驗次數為 k 種，也就是在每一區集內隨機給予 k 種試驗，每一試驗在每一區集只出現一次，檢定的程序如下：

1. 將各區集資料分別排序，而後計算各種試驗下的等級和 R_i，$i = 1, 2, \cdots, k$。

2. 檢定統計量：$\chi^2 = \dfrac{12}{bk(k+1)} \sum_{i=1}^{k} R_j^2 - 3b(k+1)$。

3. 當顯著水準為 α，其決策原則為：若 $\chi^2 > \chi^2_{(\alpha, k-1)}$，則拒絕 H_0。

例題 17

某公司的行銷部門提出四種方案，邀請 6 名專家評估，並予以評分（最高 10 分，最低 1 分）。在 $\alpha = 0.05$ 的顯著水準下，檢定此四種方案的評價是否有相同。

專家＼方案	A	B	C	D
1	9	6	8	7
2	5	4	6	5
3	7	8	9	6
4	7	6	8	5
5	6	8	7	4
6	2	7	4	3

虛無假設 H_0 : 四種方案的評價相同

對立假設 H_1 : 四種方案的評價不同

(1) 將各區集資料分別排序，計算各種試驗的等級和。

專家＼方案	A	B	C	D
1	9(4)	6(1)	8(3)	7(2)
2	5(2.5)	4(1)	6(4)	5(2.5)
3	7(2)	8(3)	9(4)	6(1)
4	7(3)	6(2)	8(4)	5(1)
5	6(2)	8(4)	7(3)	4(1)
6	2(1)	7(4)	4(3)	3(2)
	$R_A = 14.5$	$R_B = 15$	$R_C = 21$	$R_D = 9.5$

(2) 檢定統計量：

$$\chi^2 = \frac{12}{bk(k+1)}\sum_{i=1}^{k} R_j^2 - 3b(k+1)$$

$$= \frac{12}{6 \times 4 \times (4+1)}(14.5^2 + 15^2 + 21^2 + 9.5^2) - 3 \times 6 \times (4+1) = 6.65$$

(3) 因為 $6.65 < \chi^2_{(0.05,3)} = 7.815$，所以不能拒絕 H_0。也就是說，四種方案的評價是相同的。

例題 **18**

　　某餐廳推出三種新套餐,分別給予 9 名顧客品嚐,詢問其滿意度,1:表示滿意,2:表示普通,3:表示不滿意。在 $\alpha = 0.05$ 的顯著水準下,檢定顧客對此三種新套餐的滿意度是否有相同。

套餐 顧客	A	B	C
1	2	3	1
2	2	3	1
3	2	3	1
4	1	3	2
5	3	2	1
6	1	2	3
7	2	3	1
8	1	3	2
9	1	3	2

解

虛無假設 H_0:顧客對此三種新套餐的滿意度相同

對立假設 H_1:顧客對此三種新套餐的滿意度不同

(1) 由於資料已經排序,故可直接計算等級和, $R_A = 15$, $R_B = 25$, $R_C = 14$ 。

(2) 檢定統計量:

$$\chi^2 = \frac{12}{bk(k+1)} \sum_{i=1}^{k} R_j^2 - 3b(k+1)$$

$$= \frac{12}{9 \times 3 \times (3+1)} (15^2 + 25^2 + 14^2) - 3 \times 9 \times (3+1) = 8.22$$

(3) 因為 $8.22 > \chi_{(0.05,2)}^2 = 5.991$,所以拒絕 H_0 。也就是說,顧客對此三種新套餐的滿意度是不同的。

12-8 連檢定(Run Test)

連檢定(Run Test)適用來檢定一序列的觀察值是否是隨機的。由一序列相同事物所形成者，稱為一個連(run)。

例如：若由 A、B 兩種屬性所構成的一序列六個觀察值為 $AABBAA$，則其連數為 3。

若由 A、B 兩種屬性所構成的一序列十二個觀察值為 $AAAAAABBBBBB$，則其連數為 2。

若由 A、B 兩種屬性所構成的一序列十二個觀察值為 $ABABABABABAB$，則其連數為 12。

若分屬兩個屬性 A、B 的一序列觀察值是隨機的，則連數不會太多，也不會太少。

虛無假設 H_0：觀察值序列是隨機的

對立假設 H_1：觀察值序列不是隨機的

由於觀察值序列不是隨機的，因此採雙尾檢定。令一序列觀察值中，屬性 A 的觀察值個數有 n_1 個，屬性 B 的觀察值個數有 n_2 個，連數為 R_0。當顯著水準為 α，

1. 在較小樣本($n_1 \leq 10$，$n_2 \leq 10$)的情況下，查連數分配表，找出 $P(R \leq R_0)$ 及 $P(R \geq R_0)$ 之值。若 $P(R \leq R_0) < \alpha/2$ 或 $P(R \geq R_0) < \alpha/2$，則拒絕 H_0。

2. 在稍大樣本($n_1 > 10$，$n_2 > 10$)的情況下，則查標準常態分配表。R 統計量近似於一平均數為 $\dfrac{2n_1n_2}{n_1+n_2}+1$，變異數為 $\dfrac{2n_1n_2(2n_1n_2-n_1-n_2)}{(n_1+n_2)^2(n_1+n_2-1)}$ 之常態分配。標準化後，檢定統計量

$$z = \frac{R_0 - [2n_1n_2/(n_1+n_2)+1]}{\sqrt{2n_1n_2(2n_1n_2-n_1-n_2)/[(n_1+n_2)^2(n_1+n_2-1)]}}$$

當 $z > Z_{\alpha/2}$ 或 $z < -Z_{\alpha/2}$ 時，拒絕 H_0。

| 例題 **19**

若一個連續生產過程的產品可區分為良品(A)和不良品(B)。現有三個序列的產品記錄如下，試分別就此三個觀察值序列，在 $\alpha = 0.05$ 的顯著水準下，進行隨機性檢定。

序列一：$ABBAAB$

序列二：$AAAAABBBBB$

序列三：$ABABABABABABAB$

| 解

虛無假設 H_0：觀察值序列是隨機的

對立假設 H_1：觀察值序列不是隨機的

(1) 在序列一中，$n_1 = 3$，$n_2 = 3$，$R_0 = 4$，查連數分配表，得知 $P(R \le 4) = 0.7 > 0.025$ 及 $P(R \ge 4) = 0.7 > 0.025$。所以不能拒絕 H_0，也就是說，此觀察值序列是隨機的。

(2) 在序列二中，$n_1 = 5$，$n_2 = 5$，$R_0 = 2$，查連數分配表，得知 $P(R \le 2) = 0.008 < 0.025$。所以拒絕 H_0，也就是說，此觀察值序列不是隨機的。

(3) 在序列三中，$n_1 = 7$，$n_2 = 7$，$R_0 = 14$，查連數分配表，得知 $P(R \ge 14) = 0.001 < 0.025$。所以拒絕 H_0，也就是說，此觀察值序列不是隨機的。

| 例題 **20**

試分別就下列三個觀察值序列，在 $\alpha = 0.05$ 的顯著水準下，進行隨機性檢定。

序列一：$AABBAAABAABAAABAABABABBAABABBA$

序列二：$AAAABABBBABABABABABABABAAB$

序列三：$ABBBAABABAABBBBAAAAAABBAAAABBBBBAAAABBBB$

解

虛無假設 H_0：觀察值序列是隨機的

對立假設 H_1：觀察值序列不是隨機的

(1) 在序列一中，$n_1 = 18$，$n_2 = 12$，$R_0 = 19$，採大樣本之雙尾檢定。

$$z = \frac{19 - [2 \times 18 \times 12/(18+12)+1]}{\sqrt{2 \times 18 \times 12 \times (2 \times 18 \times 12 - 18 - 12)/[(18+12)^2(18+12-1)]}}$$

$$= 1.3956$$

因為 $1.3956 < Z_{0.025} = 1.96$，所以不能拒絕 H_0。也就是說，此觀察值序列是隨機的。

(2) 在序列二中，$n_1 = 13$，$n_2 = 11$，$R_0 = 18$，採大樣本之雙尾檢定。

$$z = \frac{18 - [2 \times 13 \times 11/(13+11)+1]}{\sqrt{2 \times 13 \times 11 \times (2 \times 13 \times 11 - 13 - 11)/[(13+11)^2(13+11-1)]}}$$

$$= 2.1374$$

因為 $2.1374 > Z_{0.025} = 1.96$，所以拒絕 H_0。也就是說，此觀察值序列不是隨機的。

(3) 在序列三中，$n_1 = 20$，$n_2 = 20$，$R_0 = 14$，採大樣本之雙尾檢定。

$$z = \frac{14 - [2 \times 20 \times 20/(20+20)+1]}{\sqrt{2 \times 20 \times 20 \times (2 \times 20 \times 20 - 20 - 20)/[(20+20)^2(20+20-1)]}}$$

$$= -2.2425$$

因為 $-2.2425 < -Z_{0.025} = -1.96$，所以拒絕 H_0。也就是說，此觀察值序列不是隨機的。

12-9 SPSS 與無母數統計

👉 12-9-1 符號檢定

例題 **21**

有 10 組成對觀察值資料如下，在 $\alpha = 0.05$ 的顯著水準下，檢定此兩母體的分配是否相同。

X	10	6	7	9	8	7	8	7	8	6
Y	8	9	7	5	6	4	10	9	6	9

解

步驟 1：進入 SPSS 視窗，鍵入資料，選擇【分析】→【無母數檢定(N)】→【二個相關樣本(L)】。

未命名 - SPSS 資料編輯程式

檔案(F) 編輯(E) 檢視(V) 資料(D) 轉換(T) 分析(A) 統計圖(G) 公用程式(U) 視窗(W) 輔助說明(H)

報表(P)
敘述統計(E)
比較平均數法(M)
一般線性模式(G)
混合模式(X)
相關(C)
迴歸方法(R)
對數線性(O)
分類(Y)
資料縮減(D)
尺度(A)
無母數檢定(N)
存活分析(S)
複選題分析(U)

卡方分配(C)...
二項式(B)...
連檢定(R)...
單一樣本 K-S 統計(1)...
二個獨立樣本(2)...
K 個獨立樣本(K)...
二個相關樣本(L)...
K 個相關樣本(S)...

1 : X   10

	X	Y	Var	Var	Var
1	10.00	8.00			
2	6.00	9.00			
3	7.00	7.00			
4	9.00	5.00			
5	8.00	6.00			
6	7.00	4.00			
7	8.00	10.00			
8	7.00	9.00			
9	8.00	6.00			
10	6.00	9.00			
11					
12					
13					
14					
15					
16					

步驟 2：點選【二個相關樣本(L)】後，將變數 1：X、變數 2：Y，進入〔欲檢定之配對變數的清單(T)〕中，於〔檢定類型〕，勾選「符號檢定」。

步驟 3：按【確定】，結果如下。

符號檢定

次數分配表

		個數
Y–X	負差異 [a]	5
	正差異 [b]	4
	等值結 [c]	1
	總和	10

a. Y<X
b. Y>X
c. Y=X

檢定統計量 [b]

	Y–X
精確顯著性（雙尾）	1.000 [a]

a. 使用二項式分配。
b. 符號檢定

由於機率值=1，沒有小於 0.05，所以不能拒絕 H_0，此兩母體的分配是相同的。

👍 12-9-2　威爾康森符號等級檢定

如前例，步驟同上，唯一不同的是於步驟 2 之〔檢定類型〕中，勾選「Wilcoxon 檢定」，結果如下。

Wilcoxon 符號等級檢定

等級

		個數	等級平均數	等級總和
Y–X	負等級	5[a]	5.00	25.00
	正等級	4[b]	5.00	20.00
	等值結	1[c]		
	總和	10		

a. Y<X
b. Y>X
c. Y=X

檢定統計量[b]

	Y–X
Z 檢	−.303[a]
漸近顯著性（雙尾）	.762

a. 以正等級為基礎。
b. Wilcoxon 符號等級檢定

由於機率值=0.762，沒有小於 0.05，所以不能拒絕 H_0，此兩母體的分配是相同的。

👍 12-9-3　曼惠特尼 U 檢定

例題 22

若甲乙兩組獨立樣本資料如下，在 $\alpha = 0.05$ 的顯著水準下，檢定此兩組獨立樣本的母體分配是否相同。

甲樣本	16	21	22	
乙樣本	14	19	11	26

解

步驟 1： 進入 SPSS 視窗，鍵入資料，選擇【分析】→【無母數檢定 (N)】→【二個獨立樣本(2)】。

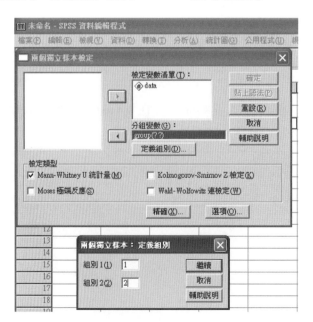

步驟 2：點選【二個獨立樣本(2)】後，於〔檢定類型〕中，勾選 「Mann-Whitney U 統計量(M) 」。將變數 data 進入〔檢定變 數清單(T)〕，變數 group 進入〔分組變數(G)〕，點選【定義 組別】，分別鍵入數字 1、2，按【繼續】。

步驟 3：按【確定】，結果如下。

Mann-Whitney 檢定

等級

	Group	個數	等級平均數	等級總和
data	1.00	3	4.67	14.00
	2.00	4	3.50	14.00
	總和	7		

檢定統計量 [b]

	data
Mann-Whitney U 統計量	4.000
Wilcoxon W 統計量	14.000
Z 檢定	-.707
漸近顯著性（雙尾）	.480
精確顯著性[2*(單尾顯著性)]	.629[a]

a.未對等值結做修正。

b.分組變數：group

由於機率值=0.629，沒有小於 0.05，所以不能拒絕 H_0，此兩母體的分配是相同的。

👆 12-9-4　柯莫果夫－史邁諾夫檢定

例題 **23**

隨機選取某班 10 名學生數學成績排序後如下所示：

58　64　67　73　74　78　82　90　93　95

在 $\alpha = 0.05$ 的顯著水準下，試問此班學生的數學成績是否為一常態分配。

解

步驟 1： 進入 SPSS 視窗，鍵入資料，選擇【分析】→【無母數檢定 (N)】→【單一樣本 K-S 統計(1)】。

步驟 2： 點選【單一樣本 K-S 統計(1)】後，將變數 score 進入〔檢定 變數清單(T)〕，於〔檢定分配〕中，勾選「常態分配」。

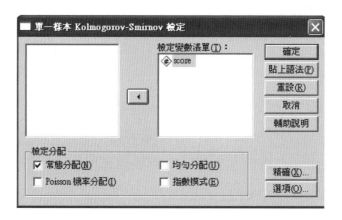

步驟 3： 按【確定】，結果如下。

單一樣本 Kolmogorov-Smirnov 檢定

		score
個數		10
常態參數 a.b	平均數	77.4000
	標準差	12.59806
最大差異	絕對	.141
	正的	.106
	負的	-.141
Kolmo gorov-Smirnov Z 檢定		.447
漸近顯著性(雙尾)		.988

a.檢定分配為常態。
b.根據資料計算。

由於機率值=0.988，沒有小於 0.05，所以不能拒絕 H_0，此班學生的數學成績可視為一常態分配。

例題 24

某飲料公司銷售員隨機訪問 7、6 名消費者，對其公司所生產的兩種品牌飲料的喜好度給予評分，結果如下表所示。在 $\alpha = 0.05$ 的顯著水準下，檢定消費者對此兩種品牌評分後之中位數是否相等。

品牌 A	75	66	67	61	67	78	63
品牌 B	65	67	85	86	73	66	

解

步驟1： 進入 SPSS 視窗，鍵入資料，選擇【分析】→【無母數檢定
(N)】→【二個獨立樣本(2)】。

	group	data		var	var
1	1.00	75.00			
2	1.00	66.00			
3	1.00	67.00			
4	1.00	61.00			
5	1.00	67.00			
6	1.00	78.00			
7	1.00	63.00			
8	2.00	65.00			
9	2.00	67.00			
10	2.00	85.00			
11	2.00	86.00			
12	2.00	73.00			
13	2.00	66.00			
14					
15					

步驟2： 點選【二個獨立樣本(2)】後，於〔檢定類型〕中，勾選
「Kolmogorov-Smirnov Z 檢定」。將變數 data 進入〔檢定變
數清單(T)〕，變數 group 進入〔分組變數(G)〕，點選【定義
組別】，分別鍵入數字 1、2，按【繼續】。

步驟 3： 按【確定】，結果如下。

二個樣本 Kolmogorov-Smirnov 檢定

次數分配表

	group	個數
data	1.00	7
	2.00	6
	總和	13

檢定統計量 [a]

		data
最大差異	絕對	.333
	正的	.333
	負的	.000
Kolmogorov-Smirnov 檢定		.599
漸近顯著性(雙尾)		.865

a.分組變數：group

由於機率值=0.865，沒有小於 0.05，所以不能拒絕 H_0，消費者對此兩種品牌評分後之中位數是相等的。

12-9-5 克拉斯卡－瓦立斯檢定

例題 **25**

某公司的業務部主任想了解客戶對其四個經銷店服務的滿意度（最高 10 分，最低 1 分）。今隨機選取不同據點的客戶，得到的評分如下表所示，在 $\alpha = 0.05$ 的顯著水準下，檢定此四個經銷店的客戶滿意度是否有顯著性差異。

甲經銷店	8.5	7.3	9.2	6.4	5.9	7.0	7.1
乙經銷店	9.5	8.2	8.7	9.0	8.8		
丙經銷店	5.5	4.9	7.5	8.2	6.4	6.2	
丁經銷店	3.5	7.1	4.8	5.0	5.2		

解

步驟1：進入 SPSS 視窗，鍵入資料，選擇【分析】→【無母數檢定(N)】→【K 個獨立樣本(K)】。

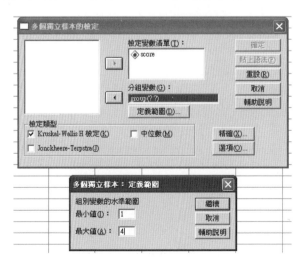

步驟2：點選【K 個獨立樣本(K)】後，於〔檢定類型〕中，勾選「Kruskal-Wallis H 檢定(K)」。將變數 score 進入〔檢定變數清單(T)〕，變數 group 進入〔分組變數(G)〕，點選【定義組別】，分別鍵入數字 1、4，按【繼續】。

步驟 3： 按【確定】，結果如下。

Kruskal-Wallis 檢定

等級

	group	個數	等級平均數
score	1.00	7	13.43
	2.00	5	19.90
	3.00	6	9.67
	4.00	5	4.90
	總和	23	

檢定統計量 [a,b]

	score
卡方	13.303
自由度	3
漸近顯著性	.004

a.Kruskal Wallis 檢定
b.分組變數：group

由於機率值=0.004，小於 0.05，所以拒絕 H_0，此四個經銷店的客戶滿意度有顯著性差異。

12-9-6 中位數檢定

如前節之例，步驟同上，唯一不同的是於步驟 2 之〔檢定類型〕中，勾選「中位數(M)」。

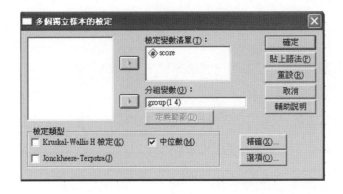

結果如下。

中位數檢定

次數分配表

		Group			
		1.00	2.00	3.00	4.00
score	>中位數	3	5	2	0
	<=中位數	4	0	4	5

檢定統計量 [b]

	score
個數	23
中位數	7.1000
卡方	10.599[a]
自由度	3
漸近顯著性	.014

a. 8 個格(100.0%)的期望次數少於
   5。最小的期望格次數為 2.2。

b. 分組變數：group

由於機率值=0.014，小於 0.05，所以拒絕 H_0，此四個經銷店的客戶滿意度有顯著性差異。

12-9-7　傅立曼檢定

 例題 26

某公司的行銷部門提出四種方案，邀請 6 名專家評估，並予以評分（最高 10 分，最低 1 分）。在 $\alpha = 0.05$ 的顯著水準下，檢定此四種方案的評價是否有相同。

 解

專家＼方案	A	B	C	D
1	9	6	8	7
2	5	4	6	5
3	7	8	9	6
4	7	6	8	5
5	6	8	7	4
6	2	7	4	3

步驟 1：進入 SPSS 視窗，鍵入資料，選擇【分析】→【無母數檢定 (N)】→【K 個相關樣本(S)】。

	A	B	var	var
1	9.00	6.00		
2	5.00	4.00		
3	7.00	8.00		
4	7.00	6.00		
5	6.00	8.00		
6	2.00	7.00		
7				
8				
9				
10				
11				
12				
13				
14				

步驟 2：點選【K 個相關樣本(S)】後，將變數 A、B、C、D 分別進入〔檢定變數清單(T)〕，於〔檢定類型〕中，勾選「Friedman 檢定(F)」。

步驟 3：按【確定】，結果如下。

Friedman 檢定

等級

	等級平均數
A	2.42
B	2.50
C	3.50
D	1.50

檢定統計量[a]

個數	6
卡方	6.763
自由度	3
漸近顯著性	.080

a. Friedman 檢定

由於機率值=0.08，沒有小於 0.05，所以不能拒絕 H_0，此四種方案的評價是相同的。

👉 12-9-8　連檢定

| 例題 **27**

若一個連續生產過程的產品可區分為良品(*A*)和不良品(*B*)。現有三個序列的產品記錄如下，試分別就此三個觀察值序列，在 $\alpha = 0.05$ 的顯著水準下，進行隨機性檢定。

序列一：*ABBAAB*

序列二：*AAAAABBBBB*

序列三：*ABABABABABABAB*

解

步驟 1： 進入 SPSS 視窗，鍵入資料，選擇【分析】→【無母數檢定(N)】→【連檢定(R)】。

步驟 2： 點選【連檢定(R)】後，將序列一、二、三分別進入〔檢定變數清單(T)〕，於〔分割點〕中，勾選「平均數(E)」。

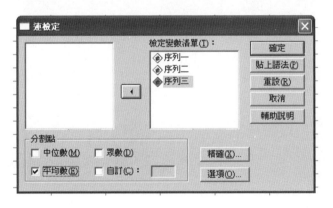

步驟 3： 按【確定】，結果如下。

連檢定

	序列一	序列二	序列三
檢定值 [a]	1.50	1.50	1.50
觀察值<檢定值	3	5	7
觀察值>=檢定值	3	5	7
總觀察值	6	10	14
連數	4	2	14
Z 檢定	.000	−2.348	3.060
漸近顯著性(雙尾)	1.000	.019	.002

a.平均數

在序列一中，由於機率值=1.00，沒有小於 0.05，所以不能拒絕 H_0，此觀察值序列是隨機的。

在序列二中，由於機率值=0.019，小於 0.05，所以拒絕 H_0，此觀察值序列不是隨機的。

在序列三中，由於機率值=0.002，小於 0.05，所以拒絕 H_0，此觀察值序列不是隨機的。

 習 題

1. 記錄某公司 12 名員工經過訓練後，文書處理所需的時間如下表所示，在 $\alpha = 0.05$ 的顯著水準下，試分別以(1)符號檢定 (2)威爾康森符號等級檢定，檢定員工經過訓練後，文書處理所需的時間是否有顯著性差異？

訓練前	11	7	10	9	6	16	5	7	12	13	11	10
訓練後	9	8	7	11	9	10	9	9	12	9	12	12

2. 記錄某餐廳 5 名男性及 6 名女性服務生訓練儀態，經過訓練後，學習服務儀態所需的時間如下表所示，在 $\alpha = 0.05$ 的顯著水準下，試以曼惠特尼 U 檢定，檢定男、女服務生經過訓練後，學習服務儀態所需的時間是否有顯著性差異？

男性	15	10	12	14	10	
女性	6	9	11	8	7	10

3. 某飲料公司銷售員隨機訪問 6、7 名消費者，對其公司所生產的兩種品牌飲料的喜好度給予評分，結果如下表所示。在 $\alpha = 0.05$ 的顯著水準下，試分別以(1)柯莫果夫－史邁諾夫檢定 (2)中位數檢定，檢定消費者對此兩種品牌評分後之中位數是否相等。

品牌 A	82	69	77	81	67	72	
品牌 B	75	67	84	78	75	76	78

4. 某公司經理想了解顧客對其三個不同部門員工服務的滿意度。今隨機選取三個不同部門的顧客數名，詢問其滿意度，給予評分（最高 10 分，最低 1 分），結果如下表所示。在 $\alpha = 0.05$ 的顯著水準下，試分別以(1)克拉斯卡-瓦立斯檢定 (2)中位數檢定，檢定顧客對其三個不同部門員工服務滿意度的中位數是否相同？

A 部門	9	8	8	5	8	6		
B 部門	4	7	5	5	6	9	6	7	8
C 部門	5	7	8	6	4	7	7		

5. 某公司行銷部推出三種促銷活動，分別邀請 8 位該公司一級主管進行評估，詢問其對此三種促銷活動的滿意度，1：表示滿意，2：表示普通，3：表示不滿意。在 $\alpha = 0.05$ 的顯著水準下，檢定該公司一級主管對此三種促銷活動的滿意度是否相同。

主管 ＼促銷活動	A	B	C
1	2	1	3
2	1	3	2
3	2	1	3
4	1	2	3
5	3	2	1
6	1	2	3
7	1	3	2
8	2	1	3

6. 若一個連續生產過程的產品記錄如下，試分別就此二個觀察值序列，在 $\alpha = 0.05$ 的顯著水準下，進行隨機性檢定。

序列一：$AABBAABBBB$

序列二：$AABABBAABABBAAAABAABBBB$

附錄 **1** | 統計表

● 表一｜標準常態分配表

標準常態(z)分配

z	.00	.01	.02	.03	.04	.05	.06	.07	.08	.09
0.0	.0000	.0040	.0080	.0120	.0160	.0199	.0239	.0279	.0319	.0359
0.1	.0398	.0438	.0478	.0517	.0557	.0596	.0636	.0675	.0714	.0753
0.2	.0793	.0832	.0871	.0910	.0948	.0987	.1026	.1064	.1103	.1141
0.3	.1179	.1217	.1255	.1293	.1331	.1368	.1406	.1443	.1480	.1517
0.4	.1554	.1591	.1628	.1664	.1700	.1736	.1772	.1808	.1844	.1879
0.5	.1915	.1950	.1985	.2019	.2054	.2088	.2123	.2157	.2190	.2224
0.6	.2257	.2291	.2324	.2357	.2389	.2422	.2454	.2486	.2517	.2549
0.7	.2580	.2611	.2642	.2673	.2704	.2734	.2764	.2794	.2823	.2852
0.8	.2881	.2910	.2939	.2967	.2995	.3023	.3051	.3078	.3106	.3133
0.9	.3159	.3186	.3212	.3238	.3264	.3289	.3315	.3340	.3365	.3389
1.0	.3413	.3438	.3461	.3485	.3508	.3531	.3554	.3577	.3599	.3621
1.1	.3643	.3665	.3686	.3708	.3729	.3749	.3770	.3790	.3810	.3830
1.2	.3849	.3869	.3888	.3907	.3925	.3944	.3962	.3980	.3997	.4015
1.3	.4032	.4049	.4066	.4082	.4099	.4115	.4131	.4147	.4162	.4177
1.4	.4192	.4207	.4222	.4236	.4251	.4265	.4279	.4292	.4306	.4319
1.5	.4332	.4345	.4357	.4370	.4382	.4394	.4406	.4418	.4429	.4441
1.6	.4452	.4463	.4474	.4484	.4495*	.4505	.4515	.4525	.4535	.4545
1.7	.4554	.4564	.4573	.4582	.4591	.4599	.4608	.4616	.4625	.4633
1.8	.4641	.4649	.4656	.4664	.4671	.4678	.4686	.4693	.4699	.4706
1.9	.4713	.4719	.4726	.4732	.4738	.4744	.4750	.4756	.4761	.4767
2.0	.4772	.4778	.4783	.4788	.4793	.4798	.4803	.4808	.4812	.4817
2.1	.4821	.4826	.4830	.4834	.4838	.4842	.4846	.4850	.4854	.4857
2.2	.4861	.4864	.4868	.4871	.4875	.4878	.4881	.4884	.4887	.4890
2.3	.4893	.4896	.4898	.4901	.4904	.4906	.4909	.4911	.4913	.4916
2.4	.4918	.4920	.4922	.4925	.4927	.4929	.4931	.4932	.4934	.4936
2.5	.4938	.4940	.4941	.4943	.4945	.4946	.4948	.4949*	.4951	.4952
2.6	.4953	.4955	.4956	.4957	.4959	.4960	.4961	.4962	.4963	.4964
2.7	.4965	.4966	.4967	.4968	.4969	.4970	.4971	.4972	.4973	.4974
2.8	.4974	.4975	.4976	.4977	.4977	.4978	.4979	.4979	.4980	.4981
2.9	.4981	.4982	.4982	.4983	.4984	.4984	.4985	.4985	.4986	.4986
3.0	.4987	.4987	.4987	.4988	.4988	.4989	.4989	.4989	.499	.499
3.1	.49903									
3.2	.49931									
3.3	.49952									
3.4	.49966									
3.5	.49977									
3.6	.49984									
3.7	.49989									
3.8	.49993									
3.9	.49995									
4.0	.49997									
4.5	.499966023									
5.0	.499997133									
5.5	.499999810									
6.0	.499999999									

6.0 以上：利用 0.4999999990

註：
1. z 值超過 6.0 者，其面積均視為 0.4999999990。
2. *右列兩個常用 z 值係依內插補法求得。
   z 值 面積 0.6 以上：利用 0.4999999990

z 值	面積
1.645	0.45
2.57	0.495

◎ 表二｜t 分配表

說明：1. α 為圖中斜線部分之面積。

2. a 為 df=$n-1$，$P(t \geqq a)$ 之臨界值。

3. 樣本數 30 以上可以直接查 Z 分配表。

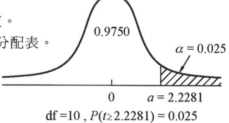

df =10，$P(t \geq 2.2281) = 0.025$

df	α=0.10	α=0.05	α=0.025	α=0.010	α=0.005
1	3.078	6.3138	12.7060	31.821	63.6570
2	1.886	2.9200	4.3027	6.965	9.9248
3	1.638	2.3534	3.1825	4.541	5.8409
4	1.533	2.1318	2.7764	3.747	4.6041
5	1.476	2.0150	2.5706	3.365	4.0321
6	1.440	1.9432	2.4469	3.143	3.7074
7	1.415	1.8943	2.3646	2.998	3.4995
8	1.397	1.8595	2.3060	2.896	3.3554
9	1.383	1.8331	2.2622	2.821	3.2498
10	1.372	1.8125	2.2281	2.764	3.1693
11	1.363	1.7959	2.2010	2.718	3.1058
12	1.356	1.7823	2.1788	2.681	3.0545
13	1.350	1.7709	2.1604	2.650	3.0123
14	1.345	1.7613	2.1448	2.624	2.9768
15	1.341	1.7530	2.1315	2.602	2.9467
16	1.337	1.7459	2.1199	2.583	2.9208
17	1.333	1.7396	2.1098	2.567	2.8982
18	1.330	1.7341	2.1009	2.552	2.8784
19	1.328	1.7291	2.0930	2.539	2.8609
20	1.325	1.7247	2.0860	2.528	2.8453
21	1.323	1.7207	2.0796	2.518	2.8314
22	1.321	1.7171	2.0739	2.508	2.8188
23	1.319	1.7139	2.0687	2.500	2.8073
24	1.318	1.7109	2.0639	2.492	2.7969
25	1.316	1.7081	2.0595	2.485	2.7874
26	1.315	1.7056	2.0555	2.479	2.7787
27	1.314	1.7033	2.0518	2.473	2.7707
28	1.313	1.7011	2.0484	2.467	2.7633
29	1.311	1.6991	2.0452	2.462	2.7564
30	1.310	1.6973	2.0423	2.457	2.7500

● 表三│χ^2 分配表

說明：1. α 為圖中斜線部分之面積。

2. a 為 df=$n-1$，$P(\chi^2 \geq a) = \alpha$ 之臨界值。

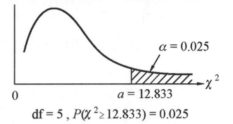

df = 5，$P(\chi^2 \geq 12.833) = 0.025$

臨界值右邊之面積(α)

自由度	0.995	0.99	0.975	0.95	0.90	0.10	0.05	0.025	0.01	0.005
1	-	-	0.001	0.004	0.016	2.706	3.841	5.024	6.635	7.879
2	0.010	0.202	0.051	0.103	0.211	4.605	5.991	7.378	9.210	10.597
3	0.072	0.115	0.216	0.352	0.584	6.251	7.815	9.348	11.345	12.838
4	0.207	0.297	0.484	0.711	1.064	7.779	9.488	11.143	13.277	14.860
5	0.412	0.554	0.831	1.145	1.610	9.236	11.071	12.833	15.086	16.750
6	0.676	0.872	1.237	1.635	2.204	10.645	12.592	14.449	16.812	18.548
7	0.989	1.239	1.690	2.167	2.833	12.017	14.067	16.013	18.475	20.278
8	1.344	1.646	2.180	2.733	3.490	13.362	15.507	17.535	20.090	21.955
9	1.735	2.088	2.700	3.325	4.168	14.684	16.919	19.023	21.666	23.589
10	2.156	2.558	3.247	3.940	4.865	15.987	18.307	20.483	23.209	25.188
11	2.603	3.053	3.816	4.575	5.578	17.275	19.675	21.920	24.725	26.757
12	3.074	3.571	4.404	5.226	6.304	18.549	21.026	23.337	26.217	28.299
13	3.565	4.107	5.009	5.892	7.042	19.812	22.362	24.736	27.688	29.819
14	4.075	4.660	5.629	6.571	7.790	21.064	23.685	26.119	29.141	31.319
15	4.601	5.229	6.262	7.261	8.547	22.307	24.996	27.488	30.578	32.801
16	5.142	5.812	6.908	7.962	9.312	23.542	26.296	28.845	32.000	34.267
17	5.697	6.408	7.564	8.672	10.085	24.769	27.587	30.191	33.409	35.718
18	6.265	7.015	8.231	9.390	10.865	25.989	28.269	31.526	34.805	37.156
19	6.844	7.633	8.907	10.117	11.651	27.204	30.144	32.852	36.191	38.582
20	7.434	8.260	9.591	10.851	12.443	28.412	31.410	34.170	37.566	39.997
21	8.034	8.897	10.283	11.591	13.240	29.615	32.671	35.479	38.932	41.401
22	8.643	9.542	10.982	12.338	14.042	30.813	33.924	36.781	40.289	42.796
23	9.260	10.196	11.689	13.091	14.848	32.007	35.172	38.076	41.638	44.181
24	9.886	10.856	12.401	13.848	15.659	33.196	36.415	39.364	42.980	45.559
25	10.520	11.524	13.120	14.611	16.473	34.382	37.652	40.646	44.314	46.928
26	11.160	12.198	13.844	15.379	17.292	35.563	38.885	41.923	45.642	48.290
27	11.808	12.879	14.573	16.151	18.114	36.741	40.113	43.194	46.963	49.645
28	12.461	13.565	15.308	16.928	18.939	37.916	41.337	44.461	48.278	50.993
29	13.121	14.257	16.047	17.708	19.768	39.087	42.557	45.772	49.588	52.336
30	13.787	15.954	16.791	18.493	20.599	40.256	43.773	46.979	50.892	53.672
40	20.707	22.164	24.433	26.509	29.051	51.805	55.758	59.342	63.691	66.766
50	27.991	29.707	32.357	34.764	37.689	63.167	67.505	71.420	76.154	79.490
60	35.534	37.485	40.482	43.188	46.459	74.397	79.082	83.298	88.379	91.952
70	43.275	45.442	48.758	51.739	55.329	85.527	90.531	95.023	100.425	104.215
80	51.172	53.540	57.153	60.391	64.278	96.578	101.879	106.629	112.329	116.321
90	59.196	61.754	65.647	69.126	73.291	107.565	113.145	118.136	124.116	128.299
100	67.328	70.065	74.222	77.929	82.358	118.498	124.342	129.561	135.807	140.169

● 表四│F 分配表

(1)　α＝0.10

說明：1. a 為圖中斜線部分之面積。

　　　2. a 為 $df_1=n_1-1, df_2=n_2-1$ ，
　　　　 $P(F \geq a)=\alpha$ 之臨界值。

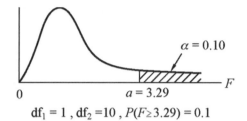

$df_1 = 1$, $df_2 = 10$, $P(F \geq 3.29) = 0.1$

df₂ \ df₁	1	2	3	4	5	6	7	8	9
1	39.86	49.50	53.59	55.83	57.24	58.20	58.91	59.44	59.86
2	8.53	9.00	9.16	9.24	9.29	9.33	9.35	9.37	9.38
3	5.54	5.46	5.39	5.34	5.31	5.28	5.27	5.25	5.24
4	4.54	4.32	4.19	4.11	4.05	4.01	3.98	3.95	3.94
5	4.06	3.78	3.62	3.52	3.45	3.40	3.37	3.34	2.32
6	3.78	3.46	3.29	3.18	3.11	3.05	3.01	2.98	2.96
7	3.59	3.26	3.07	2.96	2.88	2.83	2.78	2.75	2.72
8	3.46	3.11	2.92	2.81	2.73	2.67	2.62	2.59	2.56
9	3.36	3.01	2.81	2.69	2.61	2.55	2.51	2.47	2.44
10	3.29	2.92	2.73	2.61	2.52	2.46	2.41	2.38	2.35
11	3.23	2.86	2.66	2.54	2.45	2.39	2.34	2.30	2.27
12	3.18	2.81	2.61	2.48	2.39	2.33	2.28	2.24	2.21
13	3.14	2.76	2.56	2.43	2.35	2.28	2.23	2.20	2.16
14	3.10	2.73	2.52	2.39	2.31	2.24	2.19	2.15	2.12
15	3.07	2.70	2.49	2.36	2.27	2.21	2.16	2.12	2.09
16	3.05	2.67	2.46	2.33	2.24	2.18	2.13	2.09	2.06
17	3.03	2.64	2.44	2.31	2.22	2.15	2.10	2.06	2.03
18	3.01	2.62	2.42	2.29	2.20	2.13	2.08	2.04	2.00
19	2.99	2.61	2.40	2.27	2.18	2.11	2.06	2.02	1.98
20	2.97	2.59	2.38	2.25	2.16	2.09	2.04	2.00	1.96
21	2.96	2.57	2.36	2.23	2.14	2.08	2.02	1.98	1.95
22	2.95	2.56	2.35	2.22	2.13	2.06	2.01	1.97	1.93
23	2.94	2.55	2.34	2.21	2.11	2.05	1.99	1.95	1.92
24	2.93	2.54	2.33	2.19	2.10	2.04	1.98	1.94	1.91
25	2.92	2.53	2.32	2.18	2.09	2.02	1.97	1.93	1.89
26	2.91	2.52	2.31	2.17	2.08	2.01	1.96	1.92	1.88
27	2.90	2.51	2.30	2.17	2.07	2.00	1.95	1.91	1.87
28	2.89	2.50	2.29	2.16	2.06	2.00	1.94	1.90	1.87
29	2.89	2.50	2.28	2.15	2.06	1.99	1.93	1.89	1.86
30	2.88	2.49	2.28	2.14	2.05	1.98	1.93	1.88	1.85
40	2.84	2.44	2.23	2.09	2.00	1.93	1.87	1.83	1.79
60	2.79	2.39	2.18	2.04	1.95	1.87	1.82	1.77	1.74
120	2.75	2.35	2.13	1.99	1.90	1.82	1.77	1.72	1.68
∞	2.71	2.30	2.08	1.94	1.85	1.77	1.72	1.67	1.63

df₂ \ df₁	10	12	15	20	24	30	40	60	120	∞
1	60.19	60.71	61.22	61.74	62.00	62.26	62.53	62.79	63.06	63.33
2	9.39	9.41	9.42	9.44	9.45	9.46	9.47	9.47	9.48	9.49
3	5.23	5.22	5.20	5.18	5.18	5.17	5.16	5.15	5.14	5.13
4	3.92	3.90	3.87	3.84	3.83	3.82	3.80	3.79	3.78	3.76
5	3.30	3.27	3.24	3.21	3.19	3.17	3.16	3.14	3.12	3.10
6	2.94	2.90	2.87	2.84	2.82	2.80	2.78	2.76	2.74	2.72
7	2.70	2.67	2.63	2.59	2.58	2.56	2.54	2.51	2.49	2.47
8	2.54	2.50	2.46	2.42	2.40	2.38	2.36	2.34	2.32	2.29
9	2.42	2.38	2.34	2.30	2.28	2.25	2.23	2.21	2.18	2.16
10	2.32	2.28	2.24	2.20	2.18	2.16	2.13	2.11	2.08	2.06
11	2.25	2.21	2.17	2.12	2.10	2.08	2.05	2.03	2.00	1.97
12	2.19	2.15	2.10	2.06	2.04	2.01	1.99	1.96	1.93	1.90
13	2.14	2.10	2.05	2.01	1.98	1.96	1.93	1.90	1.88	1.85
14	2.10	2.05	2.01	1.96	1.94	1.91	1.89	1.86	1.83	1.80
15	2.06	2.02	1.97	1.92	1.90	1.87	1.85	1.82	1.79	1.76
16	2.03	1.99	1.94	1.89	1.87	1.84	1.81	1.78	1.75	1.72
17	2.00	1.96	1.91	1.86	1.84	1.81	1.78	1.75	1.72	1.69
18	1.98	1.93	1.89	1.84	1.81	1.78	1.75	1.72	1.69	1.66
19	1.96	1.91	1.86	1.81	1.79	1.76	1.73	1.70	1.67	1.63
20	1.94	1.89	1.84	1.79	1.77	1.74	1.71	1.68	1.64	1.61
21	1.92	1.87	1.83	1.78	1.75	1.72	1.69	1.66	1.62	1.59
22	1.90	1.86	1.81	1.76	1.73	1.70	1.67	1.64	1.60	1.57
23	1.89	1.84	1.80	1.74	1.72	1.69	1.66	1.62	1.59	1.55
24	1.88	1.83	1.78	1.73	1.70	1.67	1.64	1.61	1.57	1.53
25	1.87	1.82	1.77	1.72	1.69	1.66	1.63	1.59	1.56	1.52
26	1.86	1.81	1.76	1.71	1.68	1.65	1.61	1.58	1.54	1.50
27	1.85	1.80	1.75	1.70	1.67	1.64	1.60	1.57	1.53	1.49
28	1.84	1.79	1.74	1.69	1.66	1.63	1.59	1.56	1.52	1.48
29	1.83	1.78	1.73	1.68	1.65	1.62	1.58	1.55	1.51	1.47
30	1.82	1.77	1.72	1.67	1.64	1.61	1.57	1.54	1.50	1.46
40	1.76	1.71	1.66	1.61	1.57	1.54	1.51	1.47	1.42	1.38
60	1.71	1.66	1.60	1.54	1.51	1.48	1.44	1.40	1.35	1.29
120	1.65	1.60	1.55	1.48	1.45	1.41	1.37	1.32	1.26	1.19
∞	1.60	1.55	1.49	1.42	1.38	1.34	1.30	1.24	1.17	1.00

(2) $\alpha = 0.05$

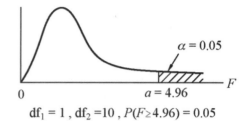

$df_1 = 1$, $df_2 = 10$, $P(F \geq 4.96) = 0.05$

df₂ \ df₁	1	2	3	4	5	6	7	8	9	10
1	161	200	216	225	230	234	237	239	241	242
2	18.5	19.0	19.2	19.2	19.3	19.3	19.4	19.4	19.4	19.4
3	10.1	9.55	9.28	9.12	9.01	8.94	8.89	8.85	8.81	8.79
4	7.71	6.94	6.59	6.39	6.26	6.16	6.09	6.04	6.00	5.96
5	6.61	5.79	5.41	5.19	5.05	4.95	4.88	4.82	4.77	4.74
6	5.99	5.14	4.76	4.53	4.39	4.28	4.21	4.15	4.10	4.06
7	5.59	4.74	4.35	4.12	3.97	3.87	3.79	3.73	3.68	3.64
8	5.32	4.46	4.07	3.84	3.69	3.58	3.50	3.44	3.39	3.35
9	5.12	4.26	3.86	3.63	3.48	3.37	3.29	3.23	3.18	3.14
10	4.96	4.10	3.71	3.48	3.33	3.22	3.14	3.07	3.02	2.98
11	4.84	3.98	3.59	3.36	3.20	3.09	3.01	2.95	2.90	2.85
12	4.75	3.89	3.49	3.26	3.11	3.00	2.91	2.85	2.80	2.75
13	4.67	3.81	3.41	3.18	3.03	2.92	2.83	2.77	2.71	2.67
14	4.60	3.74	3.34	3.11	2.96	2.85	2.76	2.70	2.65	2.60
15	4.54	3.68	3.29	3.06	2.90	2.79	2.71	2.64	2.59	2.54
16	4.49	3.63	3.24	3.01	2.85	2.74	2.66	2.59	2.54	2.49
17	4.45	3.59	3.20	2.96	2.81	2.70	2.61	2.55	2.49	2.45
18	4.41	3.55	3.16	2.93	2.77	2.66	2.58	2.51	2.46	2.41
19	4.38	3.52	3.13	2.90	2.74	2.63	2.54	2.48	2.42	2.38
20	4.35	3.49	3.10	2.87	2.71	2.60	2.51	2.45	2.39	2.35
21	4.32	3.47	3.07	2.84	2.68	2.57	2.49	2.42	2.37	2.32
22	4.30	3.44	3.05	2.82	2.66	2.55	2.46	2.40	2.34	2.30
23	4.28	3.42	3.03	2.80	2.64	2.53	2.44	2.37	2.32	2.27
24	4.26	3.40	3.01	2.78	2.62	2.51	2.42	2.36	2.30	2.25
25	4.24	3.39	2.99	2.76	2.60	2.49	2.40	2.34	2.28	2.24
26	4.23	3.37	2.98	2.74	2.59	2.47	2.39	2.32	2.27	2.22
27	4.21	3.35	2.96	2.73	2.57	2.46	2.37	2.31	2.25	2.20
28	4.20	3.34	2.95	2.71	2.56	2.45	2.36	2.29	2.24	2.19
29	4.18	3.33	2.93	2.70	2.55	2.43	2.35	2.28	2.22	2.18
30	4.17	3.32	2.92	2.69	2.53	2.42	2.33	2.27	2.21	2.16
40	4.08	3.23	2.84	2.61	2.45	2.34	2.25	2.18	2.12	2.08
60	4.00	3.15	2.76	2.53	2.37	2.25	2.17	2.10	2.04	1.99
120	4.92	3.07	2.68	2.45	2.29	2.18	2.09	2.02	1.96	1.91
∞	3.84	3.00	2.60	2.37	2.21	2.10	2.01	1.94	1.88	1.83

df₂ \ df₁	12	15	20	24	30	40	60	120	∞
1	244	246	248	249	250	251	252	253	254
2	19.4	19.4	19.4	19.5	19.5	19.5	19.5	19.5	19.5
3	8.74	8.70	8.66	8.64	8.62	8.59	8.57	8.55	8.53
4	5.91	5.86	5.80	5.77	5.75	5.72	5.69	5.66	5.63
5	4.68	4.62	4.56	4.53	4.50	4.46	4.43	4.40	4.37
6	4.00	3.94	3.87	3.84	3.81	3.77	3.74	3.70	3.67
7	3.57	3.51	3.44	3.41	3.38	3.34	3.30	3.27	3.23
8	3.28	3.22	3.15	3.12	3.08	3.04	3.01	2.97	2.93
9	3.07	3.01	2.94	2.90	2.86	2.83	2.79	2.75	2.71
10	2.91	2.85	2.77	2.74	2.70	2.66	2.62	2.58	2.54
11	2.79	2.72	2.65	2.61	2.57	2.53	2.49	2.45	2.40
12	2.69	2.62	2.54	2.51	2.47	2.43	2.38	2.34	2.30
13	2.60	2.53	2.46	2.42	2.38	2.34	2.30	2.25	2.21
14	2.53	2.46	2.39	2.35	2.31	2.27	2.22	2.18	2.13
15	2.48	2.40	2.33	2.29	2.25	2.20	2.16	2.11	2.07
16	2.42	2.35	2.28	2.24	2.19	2.15	2.11	2.06	2.01
17	2.38	2.31	2.23	2.19	2.15	2.10	2.06	2.01	1.96
18	2.34	2.27	2.19	2.15	2.11	2.06	2.02	1.97	1.92
19	2.31	2.23	2.16	2.11	2.07	2.03	1.98	1.93	1.88
20	2.28	2.20	2.12	2.08	2.04	1.99	1.95	1.90	1.84
21	2.25	2.18	2.10	2.05	2.01	1.96	1.92	1.87	1.81
22	2.23	2.15	2.07	2.03	1.98	1.94	1.89	1.84	1.78
23	2.20	2.13	2.05	2.01	1.96	1.91	1.86	1.81	1.76
24	2.18	2.11	2.03	1.98	1.94	1.89	1.84	1.79	1.73
25	2.16	2.09	2.01	1.96	1.92	1.87	1.82	1.77	1.71
26	2.15	2.07	1.99	1.95	1.90	1.85	1.80	1.75	1.69
27	2.13	2.06	1.97	1.93	1.88	1.84	1.79	1.73	1.67
28	2.12	2.04	1.96	1.91	1.87	1.82	1.77	1.71	1.65
29	2.10	2.03	1.94	1.90	1.85	1.81	1.75	1.70	1.64
30	2.09	2.01	1.93	1.89	1.84	1.79	1.74	1.68	1.62
40	2.00	1.92	1.84	1.79	1.74	1.69	1.64	1.58	1.51
60	1.92	1.84	1.75	1.70	1.65	1.59	1.53	1.47	1.39
120	1.83	1.75	1.66	1.61	1.55	1.50	1.43	1.35	1.25
∞	1.75	1.67	1.57	1.52	1.46	1.39	1.32	1.22	1.00

(3) $\alpha = 0.025$

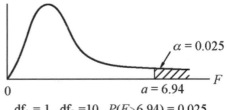

$df_1 = 1$, $df_2 = 10$, $P(F \geq 6.94) = 0.025$

df₂ \ df₁	1	2	3	4	5	6	7	8	9	10
1	648	800	864	900	922	937	948	957	963	969
2	38.5	39.0	39.2	39.2	39.3	39.3	39.4	39.4	39.4	39.4
3	17.4	16.0	15.4	15.1	14.9	14.7	14.6	14.5	14.5	14.4
4	12.2	10.6	9.98	9.60	9.36	9.20	9.07	8.98	8.90	8.84
5	10.0	8.43	7.76	7.39	7.15	6.98	6.85	6.76	6.68	6.62
6	8.81	7.26	6.60	6.23	5.99	5.82	5.70	5.60	5.52	5.46
7	8.07	6.54	5.89	5.52	5.29	5.12	4.99	4.90	4.82	4.76
8	7.57	6.06	5.42	5.05	4.82	4.65	4.53	4.43	4.36	4.30
9	7.21	5.71	5.08	4.72	4.48	4.32	4.20	4.10	4.03	3.96
10	6.94	5.46	4.83	4.47	4.24	4.07	3.95	3.85	3.78	3.72
11	6.72	5.26	4.63	4.28	4.04	3.88	3.76	3.66	3.59	3.53
12	6.55	5.10	4.47	4.12	3.89	3.73	3.61	3.51	3.44	3.37
13	6.41	4.97	4.35	4.00	3.77	3.60	3.48	3.39	3.31	3.25
14	6.30	4.86	4.24	3.89	3.66	3.50	3.38	3.28	3.21	3.15
15	6.20	4.77	4.15	3.80	3.58	3.41	3.29	3.20	3.12	3.06
16	6.12	4.69	4.08	3.73	3.50	3.34	3.22	3.12	3.05	2.99
17	6.04	4.62	4.01	3.66	3.44	3.28	3.16	3.06	2.98	2.92
18	5.98	4.56	3.95	3.61	3.38	3.22	3.10	3.01	2.93	2.87
19	5.92	4.51	3.90	3.56	3.33	3.17	3.05	2.96	2.88	2.82
20	5.87	4.46	3.86	3.51	3.29	3.13	3.01	2.91	2.84	2.77
21	5.83	4.42	3.82	3.48	3.25	3.09	2.97	2.87	2.80	2.73
22	5.79	4.38	3.78	3.44	3.22	3.05	2.93	2.84	2.76	2.70
23	5.75	4.35	3.75	3.41	3.18	3.02	2.90	2.81	2.73	2.67
24	5.72	4.32	3.72	3.38	3.15	2.99	2.87	2.78	2.70	2.64
25	5.69	4.29	3.69	3.35	3.13	2.97	2.85	2.75	2.68	2.61
26	5.66	4.27	3.67	3.33	3.10	2.94	2.82	2.73	2.65	2.59
27	5.63	4.24	3.65	3.31	3.08	2.92	2.80	2.71	2.63	2.57
28	5.61	4.22	3.63	3.29	3.06	2.90	2.78	2.69	2.61	2.55
29	5.59	4.20	3.61	3.27	3.04	2.88	2.76	2.67	2.59	2.53
30	5.57	4.18	3.59	3.25	3.03	2.87	2.75	2.65	2.57	2.51
40	5.42	4.05	3.46	3.13	2.90	2.74	2.62	2.53	2.45	2.39
60	5.29	3.93	3.34	3.01	2.79	2.63	2.51	2.41	2.33	2.27
120	5.15	3.80	3.23	2.89	2.67	2.52	2.39	2.30	2.22	2.16
∞	5.02	3.69	3.12	2.79	2.57	2.41	2.29	2.19	2.11	2.05

df₂ \ df₁	12	15	20	24	30	40	60	120	∞
1	977	985	993	997	1,001	1,006	1,010	1,014	1,018
2	39.4	39.4	39.4	39.5	39.5	39.5	39.5	39.5	39.5
3	14.3	14.3	14.2	14.1	14.1	14.0	14.0	13.9	13.9
4	8.75	8.66	8.56	8.51	8.46	8.41	8.36	8.31	8.26
5	6.52	6.43	6.33	6.28	6.23	6.18	6.12	6.07	6.02
6	5.37	5.27	5.17	5.12	5.07	5.01	4.96	4.90	4.85
7	4.67	4.57	4.47	4.42	4.36	4.31	4.25	4.20	4.14
8	4.20	4.10	4.00	3.95	3.89	3.84	3.78	3.73	3.67
9	3.87	3.77	3.67	3.61	3.56	3.51	3.45	3.39	3.33
10	3.62	3.52	3.42	3.37	3.31	3.26	3.20	3.14	3.08
11	3.43	3.33	3.23	3.17	3.12	3.06	3.00	2.94	2.88
12	3.28	3.18	3.07	3.02	2.96	2.91	2.85	2.79	2.72
13	3.15	3.05	2.95	2.89	2.84	2.78	2.72	2.66	2.60
14	3.05	2.95	2.84	2.79	2.73	2.67	2.61	2.55	2.49
15	2.96	2.86	2.76	2.70	2.64	2.59	2.52	2.46	2.40
16	2.89	2.79	2.68	2.63	2.57	2.51	2.45	2.38	2.32
17	2.82	2.72	2.62	2.56	2.50	2.44	2.38	2.32	2.25
18	2.77	2.67	2.56	2.50	2.44	2.38	2.32	2.26	2.19
19	2.72	2.62	2.51	2.45	2.39	2.33	2.27	2.20	2.13
20	2.68	2.57	2.46	2.41	2.35	2.29	2.22	2.16	2.09
21	2.64	2.53	2.42	2.37	2.31	2.25	2.18	2.11	2.04
22	2.60	2.50	2.39	2.33	2.27	2.21	2.14	2.08	2.00
23	2.57	2.47	2.36	2.30	2.24	2.18	2.11	2.04	1.97
24	2.54	2.44	2.33	2.27	2.21	2.15	2.08	2.01	1.94
25	2.51	2.41	2.30	2.24	2.18	2.12	2.05	1.98	1.91
26	2.49	2.39	2.28	2.22	2.16	2.09	2.03	1.95	1.88
27	2.47	2.36	2.25	2.19	2.13	2.07	2.00	1.93	1.85
28	2.45	2.34	2.23	2.17	2.11	2.05	1.98	1.91	1.83
29	2.43	2.32	2.21	2.15	2.09	2.03	1.96	1.89	1.81
30	2.41	2.31	2.20	2.14	2.07	2.01	1.94	1.87	1.79
40	2.29	2.18	2.07	2.01	1.94	1.88	1.80	1.72	1.64
60	2.17	2.06	1.94	1.88	1.82	1.74	1.67	1.58	1.48
120	2.05	1.95	1.82	1.76	1.69	1.61	1.53	1.43	1.31
∞	1.94	1.83	1.71	1.64	1.57	1.48	1.39	1.27	1.00

(4)　$\alpha = 0.01$

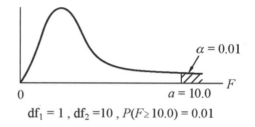

$df_1 = 1$, $df_2 = 10$, $P(F \geq 10.0) = 0.01$

df₂ \ df₁	1	2	3	4	5	6	7	8	9	10
1	4,052	5,000	5,403	5,625	5,764	5,859	5,928	5,982	6,023	6,056
2	98.5	99.0	99.2	99.2	99.3	99.3	99.4	99.4	99.4	99.4
3	34.1	30.8	29.5	28.7	28.2	27.9	27.7	27.5	27.3	27.2
4	21.2	18.0	16.7	16.0	15.5	15.2	15.0	14.8	14.7	14.5
5	16.3	13.3	12.1	11.4	11.0	10.7	10.5	10.3	10.2	10.1
6	13.7	10.9	9.78	9.15	8.75	8.47	8.26	8.10	7.98	7.87
7	12.2	9.55	8.45	7.85	7.46	7.19	6.99	6.84	6.72	6.62
8	11.3	8.65	7.59	7.01	6.63	6.37	6.18	6.03	5.91	5.81
9	10.6	8.02	6.99	6.42	6.06	5.80	5.61	5.47	5.35	5.26
10	10.0	7.56	6.55	5.99	5.64	5.39	5.20	5.06	4.94	4.85
11	9.65	7.21	6.22	5.67	5.32	5.07	4.89	4.74	4.63	4.54
12	9.33	6.93	5.95	5.41	5.06	4.82	4.64	4.50	4.39	4.30
13	9.07	6.70	5.74	5.21	4.86	4.62	4.44	4.30	4.19	4.10
14	8.86	6.51	5.56	5.04	4.70	4.46	4.28	4.14	4.03	3.94
15	8.68	6.36	5.42	4.89	4.56	4.32	4.14	4.00	3.89	3.80
16	8.53	6.23	5.29	4.77	4.44	4.20	4.03	3.89	3.78	3.69
17	8.40	6.11	5.19	4.67	4.34	4.10	3.93	3.79	3.68	3.59
18	8.29	6.01	5.09	4.58	4.25	4.01	3.84	3.71	3.60	3.51
19	8.19	5.93	5.01	4.50	4.17	3.94	3.77	3.63	3.52	3.43
20	8.10	5.85	4.94	4.43	4.10	3.87	3.70	3.56	3.46	3.37
21	8.02	5.78	4.87	4.37	4.04	3.81	3.64	3.51	3.40	3.31
22	7.95	5.72	4.82	4.31	3.99	3.76	3.59	3.45	3.35	3.26
23	7.88	5.66	4.76	4.26	3.94	3.71	3.54	3.41	3.30	3.21
24	7.82	5.61	4.72	4.22	3.90	3.67	3.50	3.36	3.26	3.17
25	7.77	5.57	4.68	4.18	3.86	3.63	3.46	3.32	3.22	3.13
26	7.72	5.53	4.64	4.14	3.82	3.59	3.42	3.29	3.18	3.09
27	7.68	5.49	4.60	4.11	3.78	3.56	3.39	3.26	3.15	3.06
28	7.64	5.45	4.57	4.07	3.75	3.53	3.36	3.23	3.12	3.03
29	4.60	5.42	4.54	4.04	3.73	3.50	3.33	3.20	3.09	3.00
30	7.56	5.39	4.51	4.02	3.70	3.47	3.30	3.17	3.07	2.98
40	7.31	5.18	4.31	3.83	3.51	3.29	3.12	2.99	2.89	2.80
60	7.08	4.98	4.13	3.65	3.34	3.12	2.95	2.82	2.72	2.63
120	6.85	4.79	3.95	3.48	3.17	2.96	2.79	2.66	2.56	2.47
∞	6.63	4.61	3.78	3.32	3.02	2.80	2.64	2.51	2.41	2.32

df₂ \ df₁	12	15	20	24	30	40	60	120	∞
1	6,106	6,157	6,209	6,235	6,261	6,287	6,313	6,339	6,366
2	99.4	99.4	99.4	99.5	99.5	99.5	99.5	99.5	99.5
3	27.1	26.9	26.7	26.6	26.5	26.4	26.3	26.2	26.1
4	14.4	14.2	14.0	13.9	13.8	13.7	13.7	13.6	13.5
5	9.89	9.72	9.55	9.47	9.38	9.29	9.20	9.11	9.02
6	7.72	7.56	7.40	7.31	7.23	7.14	7.06	6.97	6.88
7	6.47	6.31	6.16	6.07	5.99	5.91	5.82	5.74	5.65
8	5.67	5.52	5.36	5.28	5.20	5.12	5.03	4.95	4.86
9	5.11	4.96	4.81	4.73	4.65	4.57	4.48	4.40	4.31
10	4.71	4.56	4.41	4.33	4.25	4.17	4.08	4.00	3.91
11	4.40	4.25	4.10	4.02	3.94	3.86	3.78	3.69	3.60
12	4.16	4.01	3.86	3.78	3.70	3.62	3.54	3.45	3.36
13	3.96	3.82	3.66	3.59	3.51	3.43	3.34	3.25	3.17
14	3.80	3.66	3.51	3.43	3.35	3.27	3.18	3.09	3.00
15	3.67	3.52	3.37	3.29	3.21	3.13	3.05	2.96	2.87
16	3.55	3.41	3.26	3.18	3.10	3.02	2.93	2.84	2.75
17	3.46	3.31	3.16	3.08	3.00	2.92	2.83	2.75	2.65
18	3.37	3.23	3.08	3.00	2.92	2.84	2.75	2.66	2.57
19	3.30	3.15	3.00	2.92	2.84	2.76	2.67	2.58	2.49
20	3.23	3.09	2.94	2.86	2.78	2.69	2.61	2.52	2.42
21	3.17	3.03	2.88	2.80	2.72	2.64	2.55	2.46	2.36
22	3.12	2.98	2.83	2.75	2.67	2.58	2.50	2.40	2.31
23	3.07	2.93	2.78	2.70	2.62	2.54	2.45	2.35	2.26
24	3.03	2.89	2.74	2.66	2.58	2.49	2.40	2.31	2.21
25	2.99	2.85	2.70	2.62	2.53	2.45	2.36	2.27	2.17
26	2.96	2.81	2.66	2.58	2.50	2.42	2.33	2.23	2.13
27	2.93	2.78	2.63	2.55	2.47	2.38	2.29	2.20	2.10
28	2.90	2.75	2.60	2.52	2.44	2.35	2.26	2.17	2.06
29	2.87	2.73	2.57	2.49	2.41	2.33	2.23	2.14	2.03
30	2.84	2.70	2.55	2.47	2.39	2.30	2.21	2.11	2.01
40	2.66	2.52	2.37	2.29	2.20	2.11	2.02	1.92	1.80
60	2.50	2.35	2.20	2.12	2.03	1.94	1.84	1.73	1.60
120	2.34	2.19	2.03	1.95	1.86	1.76	1.66	1.53	1.38
∞	2.18	2.04	1.88	1.79	1.70	1.59	1.47	1.32	1.00

● 表五│二項分配累積機率表

$$P(X \le k) = \sum_{x=0}^{k} \binom{n}{x} p^x (1-p)^{n-x}$$

若 $n=10, p=0.30, k=3$，則

$$P(X \le 3) = \sum_{x=0}^{3} \binom{10}{x} (0.30)^x (1-0.30)^{10-x} = 0.650$$

							p							
n	k	.01	.05	.10	.20	.30	.40	.50	.60	.70	.80	.90	.95	.99
5	0	.951	.774	.590	.328	.168	.078	.031	.010	.002	.000	.000	.000	.000
	1	.999	.977	.919	.737	.528	.337	.188	.087	.031	.007	.000	.000	.000
	2	1.000	.999	.991	.942	.837	.683	.500	.317	.163	.058	.009	.001	.000
	3	1.000	1.000	1.000	.993	.969	.913	.812	.663	.472	.263	.081	.023	.001
	4	1.000	1.000	1.000	1.000	.998	.990	.969	.922	.832	.672	.410	.226	.049
6	0	.941	.735	.531	.262	.118	.047	.016	.004	.001	.000	.000	.000	.000
	1	.999	.967	.886	.655	.420	.233	.109	.041	.011	.002	.000	.000	.000
	2	1.000	.998	.984	.901	.744	.544	.344	.179	.070	.017	.001	.000	.000
	3	1.000	1.000	.999	.983	.930	.821	.656	.456	.256	.099	.016	.002	.000
	4	1.000	1.000	1.000	.998	.989	.959	.891	.767	.580	.345	.114	.033	.001
	5	1.000	1.000	1.000	1.000	.999	.996	.984	.953	.882	.738	.469	.265	.059
7	0	.932	.698	.478	.210	.082	.028	.008	.002	.000	.000	.000	.000	.000
	1	.998	.956	.850	.577	.329	.159	.063	.019	.004	.000	.000	.000	.000
	2	1.000	.996	.974	.852	.647	.420	.227	.096	.029	.005	.000	.000	.000
	3	1.000	1.000	.997	.967	.874	.710	.500	.290	.126	.033	.003	.000	.000
	4	1.000	1.000	1.000	.995	.971	.904	.773	.580	.353	.148	.026	.004	.000
	5	1.000	1.000	1.000	1.000	.996	.981	.937	.841	.671	.423	.150	.044	.002
	6	1.000	1.000	1.000	1.000	1.000	.998	.992	.972	.918	.790	.522	.302	.068

								p						
n	k	.01	.05	.10	.20	.30	.40	.50	.60	.70	.80	.90	.95	.99
8	0	.923	.663	.430	.168	.058	.017	.004	.001	.000	.000	.000	.000	.000
	1	.997	.943	.813	.503	.255	.106	.035	.009	.001	.000	.000	.000	.000
	2	1.000	.994	.962	.797	.552	.315	.145	.050	.011	.001	.000	.000	.000
	3	1.000	1.000	.995	.944	.806	.594	.363	.174	.058	.010	.000	.000	.000
	4	1.000	1.000	1.000	.990	.942	.826	.637	.406	.194	.056	.005	.000	.000
	5	1.000	1.000	1.000	.999	.989	.950	.855	.685	.448	.203	.038	.006	.000
	6	1.000	1.000	1.000	1.000	.999	.991	.965	.894	.745	.497	.187	.057	.003
	7	1.000	1.000	1.000	1.000	1.000	.999	.996	.983	.942	.832	.570	.337	.077
9	0	.914	.630	.387	.134	.040	.010	.002	.000	.000	.000	.000	.000	.000
	1	.997	.929	.775	.436	.196	.071	.020	.004	.000	.000	.000	.000	.000
	2	1.000	.992	.947	.738	.463	.232	.090	.025	.004	.000	.000	.000	.000
	3	1.000	.999	.992	.914	.730	.483	.254	.099	.025	.003	.000	.000	.000
	4	1.000	1.000	.999	.980	.901	.733	.500	.267	.099	.020	.001	.000	.000
	5	1.000	1.000	1.000	.997	.975	.901	.746	.517	.270	.086	.008	.001	.000
	6	1.000	1.000	1.000	1.000	.996	.975	.910	.768	.537	.262	.053	.008	.000
	7	1.000	1.000	1.000	1.000	1.000	.996	.980	.929	.804	.564	.225	.071	.003
	8	1.000	1.000	1.000	1.000	1.000	1.000	.998	.990	.960	.866	.613	.370	.086
10	0	.904	.599	.349	.107	.028	.006	.001	.000	.000	.000	.000	.000	.000
	1	.996	.914	.736	.376	.149	.046	.011	.002	.000	.000	.000	.000	.000
	2	1.000	.988	.930	.678	.383	.167	.055	.012	.002	.000	.000	.000	.000
	3	1.000	.999	.987	.879	.650	.382	.172	.055	.011	.001	.000	.000	.000
	4	1.000	1.000	.998	.967	.850	.633	.377	.166	.047	.006	.000	.000	.000
	5	1.000	1.000	1.000	.994	.953	834	.623	.367	.150	.033	.002	.000	.000
	6	1.000	1.000	1.000	.999	.989	.945	.828	.618	.350	.121	.013	.001	.000
	7	1.000	1.000	1.000	1.000	.998	.988	.945	.833	.617	.322	.070	.012	.000
	8	1.000	1.000	1.000	1.000	1.000	.998	.989	.954	.851	.624	.264	.086	.004
	9	1.000	1.000	1.000	1.000	1.000	1.000	.999	.994	.972	.893	.651	.401	.096

							p						
n	k	.01	.05	.10	.20	.30	.40	.50	.60	.70	.80	.90	.95	.99
15	0	.860	.463	.206	.035	.005	.000	.000	.000	.000	.000	.000	.000	.000
	1	.990	.829	.549	.167	.035	.005	.000	.000	.000	.000	.000	.000	.000
	2	1.000	.964	.816	.398	.127	.027	.004	.000	.000	.000	.000	.000	.000
	3	1.000	.995	.944	.648	.297	.091	.018	.002	.000	.000	.000	.000	.000
	4	1.000	.999	.987	.836	.515	.217	.059	.009	.001	.000	.000	.000	.000
	5	1.000	1.000	.998	.939	.722	.403	.151	.034	.004	.000	.000	.000	.000
	6	1.000	1.000	1.000	.982	.869	.610	.304	.095	.015	.001	.000	.000	.000
	7	1.000	1.000	1.000	.996	.950	.787	.500	.213	.050	.004	.000	.000	.000
	8	1.000	1.000	1.000	.999	.985	.905	.696	.390	.131	.018	.000	.000	.000
	9	1.000	1.000	1.000	1.000	.996	.966	.849	.597	.278	.061	.002	.000	.000
	10	1.000	1.000	1.000	1.000	.999	.991	.941	.783	.485	.164	.013	.001	.000
	11	1.000	1.000	1.000	1.000	1.000	.998	.982	.909	.703	.352	.056	.005	.000
	12	1.000	1.000	1.000	1.000	1.000	1.000	.996	.973	.873	.602	.184	.036	.000
	13	1.000	1.000	1.000	1.000	1.000	1.000	1.000	.995	.965	.833	.451	.171	.010
	14	1.000	1.000	1.000	1.000	1.000	1.000	1.000	1.000	.995	.965	.794	.537	.140
20	0	.818	.358	.122	.012	.001	.000	.000	.000	.000	.000	.000	.000	.000
	1	.983	.736	.392	.069	.008	.001	.000	.000	.000	.000	.000	.000	.000
	2	.999	.925	.677	.206	.035	.004	.000	.000	.000	.000	.000	.000	.000
	3	1.000	.984	.867	.411	.107	.016	.001	.000	.000	.000	.000	.000	.000
	4	1.000	.997	.957	.630	.238	.051	.006	.000	.000	.000	.000	.000	.000
	5	1.000	1.000	.989	.804	.416	.126	.021	.002	.000	.000	.000	.000	.000
	6	1.000	1.000	.998	.913	.608	.250	.058	.006	.000	.000	.000	.000	.000
	7	1.000	1.000	1.000	.968	.772	.416	.132	.021	.001	.000	.000	.000	.000
	8	1.000	1.000	1.000	.990	.887	.596	.252	.057	.005	.000	.000	.000	.000
	9	1.000	1.000	1.000	.997	.952	.755	.412	.128	.017	.001	.000	.000	.000
	10	1.000	1.000	1.000	.999	.983	.872	.588	.245	.048	.003	.000	.000	.000
	11	1.000	1.000	1.000	1.000	.995	.943	.748	.404	.113	.010	.000	.000	.000
	12	1.000	1.000	1.000	1.000	.999	.979	.868	.584	.228	.032	.000	.000	.000
	13	1.000	1.000	1.000	1.000	1.000	.994	.942	.750	.392	.087	.002	.000	.000

n	k							p						
		.01	.05	.10	.20	.30	.40	.50	.60	.70	.80	.90	.95	.99
20	14	1.000	1.000	1.000	1.000	1.000	.998	.979	.874	.584	.196	.011	.000	.000
	15	1.000	1.000	1.000	1.000	1.000	1.000	.994	.949	.762	.370	.043	.003	.000
	16	1.000	1.000	1.000	1.000	1.000	1.000	.999	.984	.893	.589	.133	.016	.000
	17	1.000	1.000	1.000	1.000	1.000	1.000	1.000	.996	.965	.794	.353	.075	.001
	18	1.000	1.000	1.000	1.000	1.000	1.000	1.000	.999	.992	.931	.608	.264	.017
	19	1.000	1.000	1.000	1.000	1.000	1.000	1.000	1.000	.999	.988	.878	.642	.182
25	0	.778	.277	.072	.004	.000	.000	.000	.000	.000	.000	.000	.000	.000
	1	.974	.642	.271	.027	.002	.000	.000	.000	.000	.000	.000	.000	.000
	2	.998	.873	.537	.098	.009	.000	.000	.000	.000	.000	.000	.000	.000
	3	1.000	.966	.764	.234	.033	.002	.000	.000	.000	.000	.000	.000	.000
	4	1.000	.993	.902	.421	.090	.009	.000	.000	.000	.000	.000	.000	.000
	5	1.000	.999	.967	.617	.193	.029	.002	.000	.000	.000	.000	.000	.000
	6	1.000	1.000	.991	.780	.341	.074	.007	.000	.000	.000	.000	.000	.000
	7	1.000	1.000	.998	.891	.512	.154	.022	.001	.000	.000	.000	.000	.000
	8	1.000	1.000	1.000	.953	.677	.274	.054	.004	.000	.000	.000	.000	.000
	9	1.000	1.000	1.000	.983	.811	.425	.115	.013	.000	.000	.000	.000	.000
	10	1.000	1.000	1.000	.994	.902	.586	.212	.034	.002	.000	.000	.000	.000
	11	1.000	1.000	1.000	.998	.956	.732	.345	.078	.006	.000	.000	.000	.000
	12	1.000	1.000	1.000	1.000	.983	.846	.500	.154	.017	.000	.000	.000	.000
	13	1.000	1.000	1.000	1.000	.994	.922	.655	.268	.044	.002	.000	.000	.000
	14	1.000	1.000	1.000	1.000	.998	.966	.788	.414	.098	.006	.000	.000	.000
	15	1.000	1.000	1.000	1.000	1.000	.987	.885	.575	.189	.017	.000	.000	.000
	16	1.000	1.000	1.000	1.000	1.000	.996	.946	.726	.323	.047	.000	.000	.000
	17	1.000	1.000	1.000	1.000	1.000	.999	.978	.846	.488	.109	.002	.000	.000
	18	1.000	1.000	1.000	1.000	1.000	1.000	.993	.926	.659	.220	.009	.000	.000
	19	1.000	1.000	1.000	1.000	1.000	1.000	.998	.971	.807	.383	.033	.001	.000
	20	1.000	1.000	1.000	1.000	1.000	1.000	1.000	.991	.910	.579	.098	.007	.000
	21	1.000	1.000	1.000	1.000	1.000	1.000	1.000	.998	.967	.766	.236	.034	.000
	22	1.000	1.000	1.000	1.000	1.000	1.000	1.000	1.000	.991	.902	.463	.127	.002
	23	1.000	1.000	1.000	1.000	1.000	1.000	1.000	1.000	.998	.973	.729	.358	.026
	24	1.000	1.000	1.000	1.000	1.000	1.000	1.000	1.000	1.000	.996	.928	.723	.222

⊙ 表六｜q 分配表

| df | a | \multicolumn{9}{c}{K=組數} | | | | | | | | |
		2	3	4	5	6	7	8	9	10
1	.05	18.0	27.0	32.8	37.1	40.4	43.1	45.4	47.4	49.1
	.01	90.0	13.5	164	18.6	202	216	227	237	246
2	.05	6.09	8.3	9.8	10.9	11.7	12.4	13.0	13.5	14.0
	.01	14.0	19.0	22.3	24.7	26.6	28.2	29.5	30.7	31.7
3	.05	4.50	5.91	6.82	7.50	8.04	8.48	8.85	9.18	9.46
	.01	8.26	10.6	12.2	13.3	14.2	15.0	15.6	16.2	16.7
4	.05	3.93	5.04	5.76	6.29	6.71	7.05	7.35	7.60	7.83
	.01	6.51	8.12	9.17	9.96	10.6	11.1	11.5	11.9	12.3
5	.05	3.64	4.60	5.22	5.67	6.03	6.33	6.58	6.80	6.99
	.01	5.70	6.97	7.80	8.42	8.91	9.32	9.67	9.97	10.2
6	.05	3.46	4.34	4.90	5.31	5.63	5.89	6.12	6.32	6.49
	.01	5.24	6.33	7.03	7.56	7.97	8.32	8.61	8.87	9.10
7	.05	3.34	4.16	4.69	5.06	5.36	5.61	5.82	6.00	6.16
	.01	4.95	5.92	6.54	7.01	7.37	7.68	7.94	8.17	8.37
8	.05	3.26	4.04	4.53	4.89	5.17	5.40	5.60	5.77	5.92
	.01	4.74	5.63	6.20	6.63	6.96	7.24	7.47	7.68	7.78
9	.05	3.20	3.95	4.42	4.76	5.02	5.24	5.43	5.60	5.74
	.01	4.60	5.43	5.96	6.35	6.66	6.91	7.13	7.32	7.49
10	.05	3.15	3.88	4.33	4.65	4.91	5.12	5.30	7.46	5.60
	.01	4.48	5.27	5.77	6.14	6.43	6.67	6.87	7.05	7.21
11	.05	3.11	3.82	4.26	4.57	4.82	5.03	5.20	5.35	5.49
	.01	4.39	5.14	5.62	5.97	6.25	6.48	6.67	6.84	6.99
12	.05	3.08	3.77	4.20	4.51	4.75	4.95	5.12	5.27	5.40
	.01	4.32	5.04	5.50	5.84	6.10	6.32	6.51	6.67	6.81
13	.05	3.06	3.73	4.15	4.45	4.69	4.88	5.05	5.19	5.32
	.01	4.26	4.96	5.40	5.73	5.98	6.19	6.37	6.53	6.67
14	.05	3.03	3.70	4.11	4.41	4.64	4.83	4.99	5.13	5.25
	.01	4.21	4.89	5.32	5.63	5.88	6.08	6.26	6.41	6.54
16	.05	3.00	3.65	4.05	4.33	4.56	4.74	4.90	5.03	5.15
	.01	4.13	4.78	5.19	5.49	5.72	5.92	6.08	6.22	6.35
18	.05	2.97	3.61	4.00	4.28	4.49	4.67	4.82	4.96	5.07
	.01	4.07	4.70	5.09	5.38	5.60	5.79	5.94	6.08	6.20
20	.05	2.95	3.58	3.96	4.23	4.45	4.62	4.77	4.90	5.01
	.01	4.02	4.64	5.02	5.29	5.51	5.69	5.84	5.97	6.09
24	.05	2.92	3.53	3.90	4.17	4.37	4.54	4.68	4.81	4.92
	.01	3.96	4.54	4.91	5.17	5.37	5.54	5.69	5.81	5.92
30	.05	2.89	3.49	3.84	4.10	4.30	4.46	4.60	4.72	4.83
	.01	3.89	4.45	4.80	5.05	5.24	5.40	5.54	5.56	5.76
40	.05	2.86	3.44	3.79	4.04	4.23	4.39	4.52	4.63	4.74
	.01	3.82	4.37	4.70	4.93	5.11	5.27	5.39	5.50	5.60
60	.05	2.83	3.40	3.74	3.98	4.16	4.31	4.44	4.55	4.65
	.01	3.76	4.28	4.60	4.82	4.99	5.13	5.25	5.36	5.45
120	.05	2.80	3.36	3.69	3.92	4.10	4.24	4.36	4.48	4.56
	.01	3.70	4.20	4.50	4.71	4.87	5.01	5.12	5.21	5.30
∞	.05	2.77	3.31	3.63	3.86	4.03	4.17	4.29	4.39	4.47
	.01	3.64	4.12	4.40	4.60	4.76	4.88	4.99	5.08	5.16

表七 | Wilcoxon 符號等級檢定臨界值表—成對母體檢定

單尾	雙尾	n=5	n=6	n=7	n=8	n=9	n=10	n=11	n=12
α=.05	α=.10	1	2	4	6	8	11	14	17
α=.025	α=.05		1	2	4	6	8	11	14
α=.01	α=.02			0	2	3	5	7	10
α=.005	α=.01				0	2	3	5	7

單尾	雙尾	n=13	n=14	n=15	n=16	n=17	n=18	n=19	n=20
α=.05	α=.10	21	26	30	36	41	47	54	60
α=.025	α=.05	17	21	25	30	35	40	46	52
α=.01	α=.02	13	16	20	24	28	33	38	43
α=.005	α=.01	10	13	16	19	23	28	32	37

單尾	雙尾	n=21	n=22	n=23	n=24	n=25	n=26	n=27	n=28
α=.05	α=.10	68	75	83	92	101	110	120	130
α=.025	α=.05	59	66	73	81	90	98	107	117
α=.01	α=.02	49	56	62	69	77	85	93	102
α=.005	α=.01	43	49	55	61	68	76	84	92

單尾	雙尾	n=29	n=30	n=31	n=32	n=33	n=34	n=35	n=36
α=.05	α=.10	141	152	163	175	188	201	214	228
α=.025	α=.05	127	137	148	159	171	183	195	208
α=.01	α=.02	111	120	130	141	151	162	174	186
α=.005	α=.01	100	109	118	128	138	149	160	171

單尾	雙尾	n=37	n=38	n=39	n=40	n=41	n=42	n=43	n=44
α=.05	α=.10	242	256	271	287	303	319	336	353
α=.025	α=.05	222	235	250	264	279	295	311	327
α=.01	α=.02	198	211	224	238	252	267	281	297
α=.005	α=.01	183	195	208	221	234	248	262	277

單尾	雙尾	n=45	n=46	n=47	n=48	n=49	n=50
α=.05	α=.10	371	389	408	427	446	466
α=.025	α=.05	344	361	379	397	415	434
α=.01	α=.02	313	329	345	362	380	398
α=.005	α=.01	292	307	323	339	356	373

本表摘錄自 McClave J.T.,P.G. Benson, "Statistics for Business and Economics" 4th ed., P1207.編製而成

表八│Manny-Whitney U 分配表 5

若 $n_1 = 2$, $n_2 = 5$, $u_0 = 3$，則 $P(U \leq 3) = 0.2857$。

n_1				2					3
u \ n_2	3	4	5	6	7	8	9	10	3
0	0.1000	0.0667	0.0476	0.0357	0.0278	0.0222	0.0182	0.0152	0.0500
1	0.2000	0.1333	0.0952	0.0714	0.0556	0.0444	0.0364	0.0303	0.1000
2	0.4000	0.2667	0.1905	0.1429	0.1111	0.0889	0.0727	0.0603	0.2000
3	0.6000	0.4000	0.2857	0.2143	0.1667	0.1333	0.1091	0.0909	0.3500
4		0.6000	0.4286	0.3214	0.2500	0.2000	0.1636	0.1364	0.5000
5			0.5714	0.4286	0.3333	0.2667	0.2182	0.1818	0.6500
6				0.5714	0.4444	0.3556	0.2909	0.2424	
7					0.5556	0.4444	0.3636	0.3030	
8						0.5556	0.4545	0.3479	
9							0.5455	0.4545	
10								0.5455	

n_1				3				4	
u \ n_2	4	5	6	7	8	9	10	4	5
0	0.0286	0.0179	0.0119	0.0083	0.0061	0.0045	0.0035	0.0143	0.0079
1	0.0571	0.0357	0.0238	0.0168	0.0121	0.0091	0.0070	0.0286	0.0159
2	0.1143	0.0714	0.0476	0.0333	0.0424	0.0182	0.0140	0.0571	0.0317
3	0.2000	0.1250	0.0833	0.0583	0.6667	0.0318	0.0245	0.1000	0.0556
4	0.3143	0.1964	0.1310	0.0917	0.0970	0.5000	0.0385	0.1714	0.0952
5	0.4286	0.2857	0.1905	0.1333	0.1394	0.0727	0.0559	0.2429	0.1429
6	0.5714	0.3929	0.2738	0.1917	0.1879	0.1045	0.0804	0.3429	0.2063
7		0.5000	0.3571	0.2583	0.2485	0.1409	0.1084	0.4429	0.2778
8			0.4524	0.3333	0.3152	0.1864	0.1434	0.5571	0.3651
9			0.5476	0.4167	0.3879	0.2409	0.1853		0.4524
10				0.5000	0.4606	0.3000	0.2343		0.5476
11					0.5394	0.4318	0.2867		
12						0.5000	0.3462		
13							0.4056		
14							0.4685		
15							0.5315		
16									
17									
18									
19									
20									

u	n_1		4				5		
	n_2	6	7	8	9	10	5	6	7	8
0		0.0048	0.0030	0.0020	0.0014	0.0010	0.0040	0.0022	0.0013	0.0008
1		0.0095	0.0061	0.0040	0.0028	0.0020	0.0079	0.0043	0.0025	0.0016
2		0.0190	0.0121	0.0081	0.0056	0.0040	0.0159	0.0087	0.0051	0.0031
3		0.0333	0.0212	0.0141	0.0098	0.0070	0.0278	0.0152	0.0088	0.0054
4		0.0571	0.0364	0.0242	0.0168	0.0120	0.0476	0.0260	0.0152	0.0093
5		0.0857	0.0545	0.0364	0.0252	0.0180	0.0754	0.0411	0.0240	0.0148
6		0.1286	0.0818	0.0545	0.0378	0.0270	0.1111	0.0628	0.0360	0.0225
7		0.1762	0.1152	0.0768	0.0531	0.0380	0.1548	0.0887	0.0530	0.0326
8		0.2381	0.1576	0.1071	0.0741	0.0529	0.2103	0.1234	0.0745	0.0466
9		0.3048	0.2061	0.1414	0.0993	0.0709	0.2738	0.1645	0.1010	0.0637
10		0.3810	0.2636	0.1838	0.1301	0.0939	0.3452	0.2143	0.1338	0.0855
11		0.4571	0.3242	0.2303	0.1650	0.1199	0.4206	0.2684	0.1717	0.1111
12		0.5429	0.3939	0.2848	0.2070	0.1518	0.5000	0.3312	0.2159	0.1422
13			0.4636	0.3414	0.2517	0.1868		0.3961	0.2652	0.1772
14			0.5364	0.4040	0.3021	0.2268		0.4654	0.3194	0.2176
15				0.4667	0.3552	0.2697		0.5346	0.3775	0.2618
16				0.5333	0.4126	0.3177			0.4381	0.3108
17					0.4699	0.3666			0.5000	0.3621
18					0.5301	0.4196				0.4165
19						0.4725				0.4716
20						0.5275				0.5284

u	n_1	5		6					7	
	n_2	9	10	6	7	8	9	10	7	8
0		0.0005	0.0003	0.0011	0.0006	0.0003	0.0002	0.0001	0.0003	0.0002
1		0.0010	0.0007	0.0022	0.0012	0.0007	0.0004	0.0002	0.0006	0.0003
2		0.0020	0.0013	0.0043	0.0023	0.0013	0.0008	0.0005	0.0012	0.0006
3		0.0035	0.0023	0.0076	0.0041	0.0023	0.0014	0.0009	0.0020	0.0011
4		0.0060	0.0040	0.0130	0.0070	0.0040	0.0024	0.0015	0.0035	0.0019
5		0.0095	0.0063	0.0206	0.0111	0.0063	0.0038	0.0024	0.0055	0.0030
6		0.0145	0.0097	0.0325	0.0175	0.0100	0.0060	0.0037	0.0087	0.0047
7		0.0210	0.0140	0.0465	0.0256	0.0147	0.0088	0.0055	0.0131	0.0070
8		0.0300	0.0200	0.0660	0.0367	0.0213	0.0128	0.0080	0.0189	0.0103
9		0.0415	0.0276	0.0898	0.0507	0.0296	0.0180	0.0112	0.0265	0.0145
10		0.0559	0.0376	0.1201	0.0688	0.0406	0.0248	0.0156	0.0364	0.0200
11		0.0734	0.0496	0.1548	0.0903	0.0539	0.0332	0.0210	0.0487	0.0270
12		0.0949	0.0646	0.1970	0.1171	0.0709	0.0440	0.0280	0.0641	0.0361
13		0.1199	0.0823	0.2424	0.1474	0.0906	0.0567	0.0363	0.0825	0.0469
14		0.1489	0.1032	0.2944	0.1830	0.1142	0.0723	0.0467	0.1043	0.0603
15		0.1818	0.1272	0.3496	0.2226	0.1412	0.0905	0.0589	0.1297	0.0760
16		0.2188	0.1548	0.4091	0.2669	0.1725	0.1119	0.0736	0.1588	0.0946
17		0.2592	0.1855	0.4686	0.3141	0.2068	0.1361	0.0903	0.1914	0.1159
18		0.3032	0.2198	0.5314	0.3654	0.2454	0.1638	0.1099	0.2279	0.1405
19		0.3497	0.2567		0.4178	0.2864	0.1942	0.1317	0.2675	0.1678
20		0.3986	0.2970		0.4726	0.3310	0.2280	0.1566	0.3100	0.1984
21		0.4491	0.3393		0.5274	0.3773	0.2643	0.1838	0.3552	0.2317
22		0.5000	0.3839			0.4259	0.3035	0.2139	0.4024	0.2679
23			0.4296			0.4749	0.3445	0.2461	0.4508	0.3063
24			0.4765			0.5251	0.3878	0.2811	0.5000	0.3472
25			0.5235				0.4320	0.3177		0.3894
26							0.4773	0.3564		0.4333
27							0.5227	0.3962		0.4775
28								0.4374		0.5225
29								0.4789		
30								0.5211		

u	n_2	n_1 7		8			9		10
		9	10	8	9	10	9	10	10
0		0.0001	0.0001	0.0001	0.0000	0.0000	0.0000	0.0000	0.0000
1		0.0002	0.0001	0.0002	0.0001	0.0000	0.0000	0.0000	0.0000
2		0.0003	0.0002	0.0003	0.0002	0.0001	0.0001	0.0000	0.0000
3		0.0006	0.0004	0.0005	0.0003	0.0002	0.0001	0.0001	0.0000
4		0.0010	0.0006	0.0009	0.0005	0.0003	0.0002	0.0001	0.0001
5		0.0017	0.0010	0.0015	0.0008	0.0004	0.0004	0.0002	0.0001
6		0.0026	0.0015	0.0023	0.0012	0.0007	0.0006	0.0003	0.0002
7		0.0039	0.0023	0.0035	0.0019	0.0010	0.0009	0.0005	0.0002
8		0.0058	0.0034	0.0052	0.0028	0.0015	0.0014	0.0007	0.0004
9		0.0082	0.0048	0.0074	0.0039	0.0022	0.0020	0.0011	0.0005
10		0.0115	0.0068	0.0103	0.0056	0.0031	0.0028	0.0015	0.0008
11		0.0156	0.0093	0.0141	0.0076	0.0043	0.0039	0.0021	0.0010
12		0.0209	0.0125	0.0190	0.0103	0.0058	0.0053	0.0028	0.0014
13		0.0274	0.0165	0.0249	0.0137	0.0078	0.0071	0.0038	0.0019
14		0.0356	0.0215	0.0325	0.0180	0.0103	0.0094	0.0051	0.0026
15		0.0454	0.0277	0.0415	0.0232	0.0133	0.0122	0.0066	0.0034
16		0.0571	0.0351	0.0524	0.0296	0.0171	0.0157	0.0086	0.0045
17		0.0708	0.0439	0.0652	0.0372	0.0217	0.0200	0.0110	0.0057
18		0.0869	0.0544	0.0803	0.0464	0.0273	0.0252	0.0140	0.0073
19		0.1052	0.0665	0.0974	0.0570	0.0338	0.0313	0.0175	0.0093
20		0.1261	0.0806	0.1172	0.0694	0.0416	0.0385	0.0217	0.0116
21		0.1496	0.0966	0.1393	0.0836	0.0506	0.0470	0.0267	0.0144
22		0.1755	0.1148	0.1641	0.0998	0.0610	0.0567	0.0326	0.0177
23		0.2039	0.1349	0.1911	0.1179	0.0729	0.0680	0.0394	0.0216
24		0.2349	0.1574	0.2209	0.1383	0.1864	0.0807	0.0474	0.0262
25		0.2680	0.1819	0.2527	0.1606	0.1015	0.0951	0.0564	0.0315
26		0.3032	0.2087	0.2869	0.1852	0.1185	0.1112	0.0667	0.0376
27		0.3403	0.2374	0.3227	0.2117	0.1371	0.1290	0.0782	0.0446
28		0.3788	0.2681	0.3605	0.2404	0.1577	0.1487	0.0912	0.0526
29		0.4185	0.3004	0.3992	0.2707	0.1800	0.1701	0.1055	0.0615
30		0.4591	0.3345	0.4392	0.3029	0.2041	0.1933	0.1214	0.0716
31		0.5000	0.3698	0.4796	0.3365	0.2299	0.2181	0.1388	0.0827
32			0.4063	0.5204	0.3715	0.2574	0.2447	0.1577	0.0952
33			0.4434		0.4074	0.2863	0.2729	0.1781	0.1088
34			0.4811		0.4442	0.3167	0.3024	0.2001	0.1237
35			0.5189		0.4813	0.3482	0.3332	0.2235	0.1399
36					0.5187	0.3809	0.3652	0.2483	0.1575
37						0.4143	0.3981	0.2745	0.1763
38						0.4484	0.4317	0.3019	0.1965
39						0.4827	0.4657	0.3304	0.2179
40						0.5173	0.5000	0.3598	0.2406
41								0.3901	0.2644
42								0.4211	0.2894
43								0.4524	0.3153
44								0.4841	0.3421
45								0.5159	0.3697
46									0.3980
47									0.4267
48									0.4559
49									0.4853
50									0.5147

◎ 表九│Kolmogorov-Smirnov 檢定 D 統計量表

本表所列 n 為樣本數，統計量 D 大於臨界值 D_α 的機率為 α。

若 $n=10$，$\alpha=0.05$，則 $P(D \geq 0.409) = 0.05$，即臨界值 $D_{0.05} = 0.409$。

| n | α | | | | |
	.20	.10	.05	.02	.01
1	.900	.950	.975	.990	.995
2	.684	.776	.842	.990	.929
3	.565	.636	.708	.785	.829
4	.493	.565	.624	.689	.734
5	.447	.509	.563	.627	.669
6	.410	.468	.519	.577	.617
7	.381	.436	.483	.538	.576
8	.358	.410	.454	.507	.542
9	.339	.387	.430	.480	.513
10	.323	.369	.409	.457	.489
11	.308	.352	.391	.437	.468
12	.296	.338	.375	.419	.449
13	.285	.325	.361	.404	.432
14	.275	.314	.349	.390	.418
15	.266	.304	.338	.377	.404
16	.258	.295	.327	.366	.392
17	.250	.286	.318	.355	.381
18	.244	.279	.309	.346	.371
19	.237	.271	.301	.337	.361
20	.232	.265	.294	.329	.352
21	.226	.259	.287	.321	.344
22	.221	.253	.281	.314	.337
23	.216	.247	.275	.307	.330
24	.212	.242	.269	.301	.323
25	.208	.238	.264	.295	.317
26	.204	.233	.259	.290	.311
27	.200	.229	.254	.284	.305
28	.197	.225	.250	.279	.300
29	.193	.221	.246	.275	.295
30	.190	.218	.242	.270	.290
31	.187	.214	.238	.266	.285
32	.184	.211	.234	.262	.281
33	.182	.208	.231	.258	.277
34	.179	.205	.227	.254	.273
35	.177	.202	.224	.251	.269
36	.174	.199	.221	.247	.265
37	.172	.196	.218	.244	.262
38	.170	.194	.215	.241	.258
39	.168	.191	.213	.238	.255
40	.165	.189	.210	.235	.252
>40	$\dfrac{1.07}{\sqrt{n}}$	$\dfrac{1.22}{\sqrt{n}}$	$\dfrac{1.36}{\sqrt{n}}$	$\dfrac{1.52}{\sqrt{n}}$	$\dfrac{1.63}{\sqrt{n}}$

表十｜連數分配表

若 $n_1 = 3$，$n_2 = 3$，且 $R_0 = 4$ 則 $P(R \le 4) = 0.7$。

(n_1, n_2)	2	3	4	5	6	7	8	9	10	11	12	13	14	15	16	17	18	19	20
(2,3)	.200	.500	.900	1.000															
(2,4)	.133	.400	.800	1.000															
(2,5)	.095	.333	.714	1.000															
(2,6)	.071	.286	.643	1.000															
(2,7)	.056	.250	.583	1.000															
(2,8)	.044	.222	.533	1.000															
(2,9)	.036	.200	.491	1.000															
(2,10)	.030	.182	.455	1.000															
(3,3)	.100	.300	.700	.900	1.000														
(3,4)	.057	.200	.543	.800	.971	1.000													
(3,5)	.036	.143	.429	.714	.929	1.000													
(3,6)	.024	.107	.345	.643	.881	1.000													
(3,7)	.017	.083	.283	.583	.833	1.000													
(3,8)	.012	.067	.236	.533	.788	1.000													
(3,9)	.009	.055	.200	.491	.745	1.000													
(3,10)	.007	.045	.171	.455	.706	1.000													
(4,4)	.029	.114	.371	.629	.886	.971	1.000												
(4,5)	.016	.071	.262	.500	.786	.929	.992	1.000											
(4,6)	.010	.048	.190	.405	.690	.881	.976	1.000											
(4,7)	.006	.033	.142	.333	.606	.833	.954	1.000											
(4,8)	.004	.024	.109	279	.533	.788	.929	1.000											
(4,9)	.003	.018	.085	.236	.471	.745	.902	1.000											
(4,10)	.002	.014	.068	.203	.419	.706	.874	1.000											
(5,5)	.008	.040	.167	.357	.643	.833	.960	.992	1.000										
(5,6)	.004	.024	.110	.262	.522	.738	.911	.976	.998	1.000									
(5,7)	.003	.015	.076	.197	.424	.652	.854	.955	.992	1.000									
(5,8)	.002	.010	.054	.152	.347	.576	.793	.929	.984	1.000									
(5,9)	.001	.007	.039	.119	.287	.510	734	.902	.972	1.000									
(5,10)	.001	.005	.029	..095	.239	.455	.678	.874	.958	1.000									
(6,6)	.002	.013	.067	.175	.392	.608	.825	.933	.987	.998	1.000								
(6,7)	.001	.008	0.043	.121	.296	.500	.733	.879	.966	.992	.999	1.000							
(6,8)	.001	.005	.028	.086	.226	.413	.646	.821	.937	.984	.998	1.000							
(6,9)	000	.003	.019	.063	.175	.343	.566	.762	.902	.972	.994	1.000							
(6,10)	.000	.002	.013	.047	.137	.288	.497	.706	.864	.958	.990	1.000							
(7,7)	.001	.004	.025	.078	.209	.383	.617	.791	.922	.975	.996	.999	1.000						
(7,8)	.000	.002	.015	.05	.149	.296	.514	.704	.867	.949	.988	.998	1.000	1.000					
(7,9)	.000	.001	.010	.035	.108	.231	.427	.622	.806	.916	.975	.994	.999	1.000					
(7,10)	.000	.001	.006	.024	.080	.182	.355	.549	.743	.879	.957	.990	.998	1.000					
(8,8)	.000	.001	.009	.032	.100	.214	.405	.595	.786	.900	.968	.991	.999	1.000	1.000				
(8,9)	.000	.001	.005	.020	.069	.157	.319	.500	.702	.843	.939	.980	.996	.999	1.000	1.000			
(8,10)	.000	.001	.003	.013	.048	.117	.251	.419	.621	.782	.903	.964	.990	.998	1.000	1.000			
(9,9)	.000	.001	.003	.012	.044	.109	.238	.399	.601	.762	.891	.956	.988	.997	1.000	1.000	1.000		
(9,10)	.000	.001	.002	.008	.029	.077	.179	.319	.510	.681	.834	.923	.974	.992	.999	1.000	1.000	1.000	
(10,10)	.000	.001	.001	.004	.019	.051	.128	.242	.414	.586	.758	.872	.949	.981	.996	.999	1.000	1.000	1.000

附錄 **2** 習題解答

Chapter 1

1. 利用表 1-1 之隨機號碼表的第 19 及第 20 行，由第 6 列開始，所選取的 5 名得獎者號碼為 50、6、48、7、32。

2. 抽樣區間長度為 100/10 = 10，起始號為 6，所選取 10 名員工的號碼為 6、16、26、36、46、56、66、76、86、96。

3. 100:80:120=5:4:6。部門 A、B、C 各選取 20、16、24 名。

4. 離散型態資料：(1)、(2)、(3)
   連續型態資料：(4)、(5)、(6)

5. 名目尺度：(1)、(2)
   順序尺度：(3)、(4)
   等距尺度：(5)、(6)
   比率尺度：(7)、(8)

Chapter 2

1. 次數分配表

年齡	次數
18	1
19	6
20	7
21	5
22	1
總計	20

次數分配圖

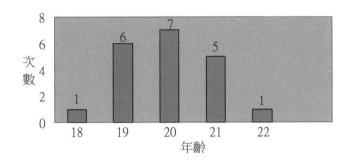

圓餅圖

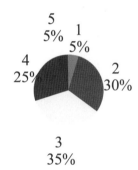

2. (1) 莖葉圖

2	34455555899
3	0122234444455555567789
4	001234

年齡	劃　記	次　　數	累積次數	相對次數
20－25	下	3	3	0.075
25－30	正下	8	11	0.2
30－35	正 正一	11	22	0.275
35－40	正 正丁	12	34	0.3
40－45	正一	6	40	0.15
總　　計		40		1.000

(2) 次數分配圖

直方圖

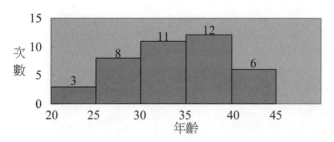

次數多邊圖

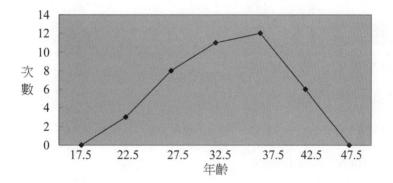

累積次數多邊圖

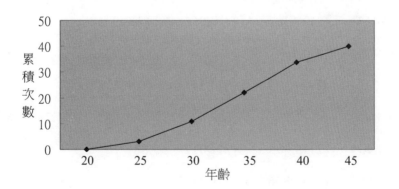

Chapter 3

1. (1)9.5   (2)9.6   (3)9.6   (4)6.4   (5)1.82
   (6)3.3125 (7)19.16%

2. (1)41   (2)42   (3)無   (4)31   (5)11.099
   (6)102   (7)24.63%

3. (1)40   (2)62.25   (3)63.75   (4)75.576

4. (1)14.55   (2)14.26   (3)7.29   (4)50.07%

5. $r = 0.868$

Chapter 4

1. (1)0.3087   (2)0.8319

2. (1)0.0021   (2)0.7351

3. (1)450   (2)6.71

4. (1)0.1606   (2)0.9826

5. (1)0.1008   (2)0.0498

6. (1)0.1804   (2)0.3233

7. (1)0.8413   (2)0.1587   (3)0.0668   (4)0.9332

8. (1)0.8413   (2)0.1587   (3)0.0668   (4)0.9332

9. (1)0.0013   (2)0.0228   (3)0.3413   (4)0.8185

10. (1)0.84   (2)−1.28   (3)0.67   (4)1.645   (5)1.28   (6)1.645

11. (1)54.935   (2)45.065   (3)44.12，55.88

12. (1)1.356   (2)−1.356   (3)1.7823

13. (1)15.507   (2)2.733

14. (1)2.24   (2)0.4

Chapter 5

1. 樣本平均數 $\overline{X}$ 為一平均數 165 公分，標準差 $\dfrac{10}{\sqrt{25}} = 2$ 公分之常態分配。

   (1) $P(\overline{X} > 168) = P(Z > 1.5) = 0.0668$

   (2) $P(\overline{X} < 160) = P(Z < -2.5) = 0.0062$

2. 樣本平均數 $\overline{X}$ 為一平均數 60，標準差 $\dfrac{10}{\sqrt{100}} = 1$（單位：千元）之常態分配。

   (1) $P(58 < \overline{X} < 59) = P(-2 < Z < -1) = 0.1359$

   (2) $P(60 < \overline{X} < 63) = P(0 < Z < 3) = 0.4987$

3. 樣本平均數差 $\overline{X}_2 - \overline{X}_1$ 為一平均數 10 分，標準差 $\sqrt{\dfrac{10^2}{10} + \dfrac{15^2}{15}} = 5$ 分之常態分配。

   (1) $P(\left|\overline{X}_1 - \overline{X}_2\right| < 15) = P(-5 < Z < 1) = 0.8413$

   (2) $P(\overline{X}_2 - \overline{X}_1 > 20) = P(Z > 2) = 0.0228$

4. 樣本平均數差 $\overline{X}_1 - \overline{X}_2$ 為一平均數 0.5 分，標準差 $\sqrt{\dfrac{1^2}{100} + \dfrac{1.2^2}{150}} = 0.14$ 分之常態分配。

   (1) $P(\left|\overline{X}_1 - \overline{X}_2\right| < 0.2) = P(-5 < Z < -2.14) = 0.0162$

   (2) $P(\overline{X}_1 - \overline{X}_2 > 0.1) = P(Z > -2.86) = 0.9979$

5. 樣本比例 $\overline{P}$ 為一平均數 0.75，標準差 $\sqrt{\dfrac{0.75 \times 0.25}{300}} = 0.025$ 之常態分配。

   (1) $P(\overline{P} \geq 0.8) = P(Z \geq 2) = 0.0228$

   (2) $P(\overline{P} < 0.7) = P(Z < -2) = 0.0228$

6. 樣本比例差 $\overline{P}_1 - \overline{P}_2$ 為一平均數 0.1，標準差 $\sqrt{\dfrac{0.9 \times 0.1}{100} + \dfrac{0.8 \times 0.2}{100}} = 0.05$ 之常態分配。

   (1) $P(\left|\overline{P}_1 - \overline{P}_2\right| < 0.05) = P(-3 < Z < -1) = 0.1574$

   (2) $P(\overline{P}_1 - \overline{P}_2 > 0) = P(Z > -2) = 0.9772$

Chapter 6

1. $65 \pm 1.645 \dfrac{15}{\sqrt{25}} = (60.065,\ 69.935)$

2. $135 \pm 1.96 \dfrac{15}{\sqrt{100}} = (132.06,\ 137.94)$

3. $35 \pm 2.1315 \dfrac{1.5}{\sqrt{16}} = (34.2,\ 35.8)$

4. $(45 - 40) \pm 2.575 \sqrt{\dfrac{10^2}{20} + \dfrac{12^2}{36}} = (-2.725,\ 12.725)$

5. $s_p^2 = \dfrac{8 \times 52 + 11 \times 71}{19} = 63$ ， $(80 - 84) \pm 2.093 \sqrt{63(\dfrac{1}{9} + \dfrac{1}{12})} = (-11.3255,\ 3.3255)$

6. $v = \dfrac{(24^2 / 16 + 36^2 / 12)^2}{\dfrac{(24^2/12)^2}{16-1} + \dfrac{(36^2/12)^2}{12-1}} = 18.082 \approx 18$

$(120 - 90) \pm 1.7341 \sqrt{\dfrac{24^2}{16} + \dfrac{36^2}{12}} = (9.19,\ 50.81)$

7. $(50 - 70) \pm 1.96 \sqrt{\dfrac{18^2}{36} + \dfrac{24^2}{36}} = (-29.8,\ -10.2)$

8. $0.8 \pm 1.96 \sqrt{\dfrac{0.8 \times 0.2}{100}} = (0.7216,\ 0.8784)$

9. $(0.8 - 0.1) \pm 1.645 \sqrt{\dfrac{0.8 \times 0.2}{100} + \dfrac{0.1 \times 0.9}{100}} = (0.61775,\ 0.78225)$

10. $3.325 < \dfrac{(10-1) \times 12^2}{\sigma^2} < 16.919$ ， $76.6 < \sigma^2 < 389.774$ ， $8.75 < \sigma < 19.74$

11. $0.484 < \dfrac{(5-1) \times 75}{\sigma^2} < 11.143$ ， $26.92 < \sigma^2 < 619.83$

12. $\dfrac{1}{3.29} < \dfrac{8.7^2/\sigma_1^2}{7.6^2/\sigma_2^2} < 4.57$ ， $0.287 < \dfrac{\sigma_1^2}{\sigma_2^2} < 4.311$

Chapter 7

1. $76 + 1.645\sqrt{\dfrac{50}{100}} = 78 - z_\beta\sqrt{\dfrac{50}{100}}$，$z_\beta = 1.18$，查表可得，β=0.5–0.381=0.119。

2. $48 - 1.645\dfrac{8}{\sqrt{36}} = 45 + z_\beta\dfrac{8}{\sqrt{36}}$，$z_\beta = 0.605$，查表可得，

   $\beta \approx 0.5 - 0.2274 = 0.2726$，$1 - \beta = 0.7274$。

3. $25 - 1.96\sqrt{\dfrac{80}{n}} = 23.5 + z_\beta\sqrt{\dfrac{80}{n}}$，$n = 373.248$，樣本數為 374。

4. 左尾檢定，$H_0 : \mu = 65$，$H_1 : \mu < 65$，$z = \dfrac{61.8 - 65}{\dfrac{10.5}{\sqrt{16}}} = -1.22 > -z_{0.05} = -1.645$，

   不能拒絕 H_0。該班學生的平均分數沒有低於常模之平均數。

5. $\bar{x} = 3.2$ $s^2 = 0.02$，右尾檢定，$H_0 : \mu \le 3$，$H_1 : \mu > 3$，$t = \dfrac{3.2 - 3}{\sqrt{\dfrac{0.02}{6}}} = 3.46 >$

   $t_{(0.05,5)} = 2.015$，拒絕 H_0。該速食品所含防腐劑的量高於國家所訂之標準 3 ppm。

6. $\bar{d} = -3.5$，$s_d = 3.271$。雙尾檢定，$H_0 : \mu_d = 0$，$H_1 : \mu_d \ne 0$，

   $t = \dfrac{-3.5 - 0}{\dfrac{3.271}{\sqrt{6}}} = -2.621 < -t_{(0.025,5)} = -2.5706$，拒絕 H_0。該部門員工進行教

   育訓練後，績效成績有顯著性差異。

7. 右尾檢定，$H_0 : p \le 0.85$，$H_1 : p > 0.85$，

   $z = \dfrac{135/150 - 0.85}{\sqrt{\dfrac{0.85 \times 0.15}{150}}} = 1.715 > z_{0.05} = 1.645$，拒絕 H_0。該經理的聲稱屬實。

8. 左尾檢定，$H_0 : \sigma \ge 5$，$H_1 : \sigma < 5$，

   $\chi^2 = \dfrac{(6-1) \times 3.5^2}{5^2} = 2.45 > \chi^2_{(0.95,5)} = 1.145$，不能拒絕 H_0。此些學童體重之標準差沒有較該母體小。

Chapter 8

1. $H_0 : \mu_1 = \mu_2$，$H_1 : \mu_1 \neq \mu_2$，$z = \dfrac{42-48}{\sqrt{12^2/36+10^2/20}} = -2 < -Z_{0.025} = -1.96$，拒

   絕 H_0。A、B 兩賣場每日的平均營業額有顯著不同。

2. (1) 先檢定兩母體變異數是否相等，$H_0 : \sigma_1^2 = \sigma_2^2$，$H_1 : \sigma_1^2 \neq \sigma_2^2$，

   $F = \dfrac{8.1^2}{6.3^2} = 1.65 < F_{(0.025,20,25)} = 2.30$，不能拒絕 H_0，所以假設 $\sigma_1^2 = \sigma_2^2$。

   (2) $H_0 : \mu_1 = \mu_2$，$H_1 : \mu_1 \neq \mu_2$，$s_p^2 = \dfrac{20 \times 8.1^2 + 25 \times 6.3^2}{45} = 51.21$，

   $t = \dfrac{167.5-165.8}{\sqrt{51.21 \times (1/21+1/26)}} = 0.81 < t_{(0.025,45)} \approx Z_{0.025} = 1.96$，不能拒絕

   H_0。兩班男學生平均身高沒有顯著不同。

3. (1) 先檢定兩母體變異數是否相等，$H_0 : \sigma_1^2 = \sigma_2^2$，$H_1 : \sigma_1^2 \neq \sigma_2^2$，

   $F = \dfrac{6.2^2}{3.2^2} = 3.754 > F_{(0.025,9,11)} = 3.59$，拒絕 H_0，所以假設 $\sigma_1^2 \neq \sigma_2^2$。

   (2) $H_0 : \mu_1 \geq \mu_2$，$H_1 : \mu_1 < \mu_2$，

   $v = \dfrac{(6.2^2/10+3.2^2/12)^2}{\dfrac{(6.2^2/10)^2}{10-1}+\dfrac{(3.2^2/12)^2}{12-1}} = 12.92 \approx 13$，

   $t = \dfrac{57-59.5}{\sqrt{6.2^2/10+3.2^2/12}} = -1.153 > -t_{(0.05,13)} = -1.7709$，不能拒絕 H_0。A

   班學生之平均分數沒有顯著小於 B 班學生。

4. $H_0 : \mu_1 \leq \mu_2$，$H_1 : \mu_1 > \mu_2$，$z = \dfrac{63500-61500}{\sqrt{5000^2/50+4500^2/50}} = 2.10 > Z_{0.05} = 1.645$

   ，拒絕 H_0。男性中級主管的平均月薪顯著高於女性中級主管。

5. $H_0 : p_1 \leq p_2$，$H_1 : p_1 > p_2$，$\bar{p} = (48+36)/(100+100) = 0.42$，

   $z = \dfrac{48/100-36/100}{\sqrt{0.42 \times 0.58 \times (1/100+1/100)}} = 1.719 > Z_{0.05} = 1.645$，拒絕 H_0。A 校學

   童患近視的比例高於 B 校。

6. $H_0 : \sigma_1^2 = \sigma_2^2$，$H_1 : \sigma_1^2 \neq \sigma_2^2$，$F = \dfrac{2.64}{0.72} = 3.67 > F_{(0.025,9,15)} = 3.12$，拒絕 H_0。

   A、B 兩製程之產品重量的變異數有顯著的不同。

Chapter 9

1. (1) 虛無假設 H_0：該骰子是均勻的

對立假設 H_1：該骰子不是均勻的

(2) 檢定統計量：

$$\chi^2 = \frac{(17-20)^2}{20} + \frac{(23-20)^2}{20} + \frac{(16-20)^2}{20}$$
$$+ \frac{(22-20)^2}{20} + \frac{(24-20)^2}{20} + \frac{(18-20)^2}{20} = 2.9$$

(3) 因為 $2.9 < \chi^2_{(0.05,5)} = 11.071$，所以不能拒絕 H_0。即該骰子不是均勻的。

2. (1) 虛無假設 H_0：星期之日不同不會影響請假的人數

對立假設 H_1：星期之日不同會影響請假的人數

(2) 檢定統計量：

$$\chi^2 = \frac{(8-10)^2}{10} + \frac{(12-10)^2}{10} + \frac{(6-10)^2}{10} + \frac{(11-10)^2}{10}$$
$$+ \frac{(9-10)^2}{10} + \frac{(10-10)^2}{10} + \frac{(14-10)^2}{10} = 4.2$$

(3) 因為 $4.2 < \chi^2_{(0.05,6)} = 12.592$，所以不能拒絕 H_0。即星期之日不同不會影響請假的人數。

3. (1) 虛無假設 H_0：乙地區人口的血型分佈和甲地區沒有差異

對立假設 H_1：乙地區人口的血型分佈和甲地區有差異

(2) 檢定統計量：

$$\chi^2 = \frac{(82-90)^2}{90} + \frac{(74-80)^2}{80} + \frac{(26-20)^2}{20} + \frac{(18-10)^2}{10} = 9.36$$

(3) 因為 $9.36 > \chi^2_{(0.05,3)} = 7.815$，所以拒絕 H_0。即乙地區人口的血型分佈和甲地區有顯著性差異。

4. 觀察次數與期望次數如下表所示：

產量 機器	不良品	良品	合計
A	15(25)	85(75)	100
B	20(25)	80(75)	100
C	40(25)	60(75)	100
合計	75	225	300

(1) 虛無假設 H_0：機器不同與不良品的產量無關

   對立假設 H_1：機器不同與不良品的產量有關

(2) 檢定統計量：

$$\chi^2 = \frac{(15-25)^2}{25} + \frac{(20-25)^2}{25} + \frac{(40-25)^2}{25}$$
$$+ \frac{(85-75)^2}{75} + \frac{(80-75)^2}{75} + \frac{(60-75)^2}{75} = 18.67$$

(3) 因為 $18.67 > \chi^2_{(0.05,2)} = 5.991$，所以拒絕 H_0。即機器不同與不良品的
   產量有關。

5. 觀察次數與期望次數如下表所示：

套餐 滿意度	A	B	C	D	合計
不滿意	8(13.65)	28(19.5)	21(18.2)	8(13.65)	65
普通	28(21.63)	24(30.9)	29(28.84)	27(21.63)	103
滿意	32(27.72)	38(39.6)	34(36.96)	28(27.72)	132
合計	63	90	84	63	300

(1) 虛無假設 H_0：滿意度與套餐的種類無關

   對立假設 H_1：滿意度與套餐的種類有關

(2)檢定統計量：

$$\chi^2 = \frac{(8-13.65)^2}{13.65} + \frac{(28-21.63)^2}{21.63} + \frac{(32-27.72)^2}{27.72} + \frac{(28-19.5)^2}{19.5}$$

$$+ \frac{(24-30.9)^2}{30.9} + \frac{(38-39.6)^2}{39.6} + \frac{(21-18.2)^2}{18.2} + \frac{(29-28.84)^2}{28.84}$$

$$+ \frac{(34-36.96)^2}{36.96} + \frac{(8-13.65)^2}{13.65} + \frac{(27-21.63)^2}{21.63}$$

$$+ \frac{(28-27.72)^2}{27.72} = 12.74$$

(3) 因為 $12.74 > \chi^2_{(0.05,6)} = 12.592$，所以拒絕 H_0。即滿意度與套餐的種類有關。

6. 觀察次數與期望次數如下表所示：

年齡＼顏色	白	紅	藍	灰	合計
25~30 歲	3(3)	5(3.33)	1(2)	1(1.67)	10
30~35 歲	4(3)	3(3.33)	2(2)	1(1.67)	10
35~40 歲	2(3)	2(3.33)	3(2)	3(1.67)	10
合計	9	10	6	5	30

(1) 虛無假設 H_0：年齡與汽車顏色的喜好無關
   對立假設 H_1：年齡與汽車顏色的喜好有關

(2) 檢定統計量：

$$\chi^2 = \frac{(3-3)^2}{3} + \frac{(4-3)^2}{3} + \frac{(2-3)^2}{3} + \frac{(5-3.33)^2}{3.33} + \frac{(3-3.33)^2}{3.33}$$

$$+ \frac{(2-3.33)^2}{3.33} + \frac{(1-2)^2}{2} + \frac{(2-2)^2}{2} + \frac{(3-2)^2}{2} + \frac{(1-1.67)^2}{1.67}$$

$$+ \frac{(1-1.67)^2}{1.67} + \frac{(3-1.67)^2}{1.67} = 4.67$$

(3) 因為 $4.67 < \chi^2_{(0.05,6)} = 12.592$，所以不能拒絕 H_0。即年齡與汽車顏色的喜好無關。

Chapter 10

1. (1) 虛無假設 H_0：三組學童的平均身高沒有差異

   對立假設 H_1：三組學童的平均身高有差異

   (2) 變異數分析表

變異來源	變異數	自由度	均方	F 值
因子（組間）	10	2	5	0.5
誤差（組內）	120	12	10	
總　和	130	14		

   (3) 因為 $0.5 < F_{(0.05,2,12)} = 3.89$，所以不能拒絕 H_0。即三組學童的平均身高沒有顯著性差異。

2. (1) 虛無假設 H_0：三種不同商品的平均銷售量沒有差異

   對立假設 H_1：三種不同商品的平均銷售量有差異

   (2) 變異數分析表

變異來源	變異數	自由度	均方	F 值
因子（組間）	13.33	2	6.67	2.67
誤差（組內）	30	12	2.5	
總　和	43.33	14		

   (3) 因為 $2.67 < F_{(0.05,2,12)} = 3.89$，所以不能拒絕 H_0。即三種不同商品的平均銷售量沒有顯著性差異。

3. (1) 虛無假設 H_0：此四天的平均銷售量沒有差異

   對立假設 H_1：此四天的平均銷售量有差異

   (2) 變異數分析表

變異來源	變異數	自由度	均方	F 值
因子（組間）	123.846	3	41.282	32.5
誤差（組內）	28	22	1.27	
總　和	151.846	25		

(3) 因為 $32.5 > F_{(0.05,3,22)} = 3.05$，所以拒絕 H_0。即此四天的平均銷售量有

顯著性差異。

4. (1) 虛無假設 H_0：該日三個經銷商的平均銷售量沒有差異

對立假設 H_1：該日三個經銷商的平均銷售量有差異

(2) 變異數分析表

變異來源	變異數	自由度	均方	F 值
因子（組間）	142.94	2	71.47	28.2
誤差（組內）	38	15	2.53	
總　和	180.94	17		

(3) 因為 $28.2 > F_{(0.05,2,15)} = 3.68$，所以拒絕 H_0。即該日三個經銷商的平均

銷售量有顯著性差異。

5. (1) (a)虛無假設 H_0：年齡層不同對銷售量沒有影響

對立假設 H_1：年齡層不同對銷售量有影響

(b)虛無假設 H_0：套餐不同對銷售量沒有影響

對立假設 H_1：套餐不同對銷售量有影響

(2) 變異數分析表

變異來源	變異數	自由度	均方	F 值
年齡層因子	15.5	2	7.75	0.322
套餐因子	14.25	3	4.75	0.197
誤差	144.5	6	24.08	
總　和	174.25	11		

(3) (a)因為 $0.322 < F_{(0.05,2,6)} = 5.14$，所以不能拒絕 H_0。即年齡層不同對

銷售量沒有影響。

(b)因為 $0.197 < F_{(0.05,3,6)} = 4.76$，所以不能拒絕 H_0。即套餐不同對銷

售量沒有影響。

6. (1) (a)虛無假設 H_0：受訓者性別不同對學會該技術所需的平均時間沒

有影響

對立假設 H_1：受訓者性別不同對學會該技術所需的平均時間有影響

(b) 虛無假設 H_0：教導方式不同對學會該技術所需的平均時間沒有影響

對立假設 H_1：教導方式不同對學會該技術所需的平均時間有影響

(c) 虛無假設 H_0：受訓者性別及教導方式沒有交互作用存在

對立假設 H_1：受訓者性別及教導方式有交互作用存在

(2) 變異數分析表

變異來源	變異數	自由度	均方	F 值
性別因子	4.5	1	4.5	0.18
教導方式因子	0.33	2	0.167	0.006
交互作用	226.33	2	113.167	4.567
誤差	297.33	12	24.778	
總　和	528.5	17		

(3) (a) 因為 $0.18 < F_{(0.05,1,12)} = 4.75$，所以不能拒絕 H_0。即性別不同對學會該技術所需的平均時間沒有影響。

(b) 因為 $0.006 < F_{(0.05,2,12)} = 3.89$，所以不能拒絕 H_0。即教導方式不同對學會該技術所需的平均時間沒有影響。

(c) 因為 $4.567 > F_{(0.05,2,12)} = 3.89$，所以拒絕 H_0。即性別與教導方式有交互作用存在。

Chapter 11

1. (1) 略。

(2) $S_{xx} = \sum_{i=1}^{n}(x_i - \bar{x})^2 = \sum_{i=1}^{n} x_i^2 - \dfrac{(\sum_{i=1}^{n} x_i)^2}{n} = 39.09 - \dfrac{17.1^2}{8} = 2.53875$

$S_{xy} = \sum_{i=1}^{n}(x_i - \bar{x})(y_i - \bar{y}) = \sum_{i=1}^{n} x_i y_i - \dfrac{\sum_{i=1}^{n} x_i \sum_{i=1}^{n} y_i}{n}$

$= 180.32 - \dfrac{17.1 \times 78.6}{8} = 12.3125$

$$S_{yy} = \sum_{i=1}^{n} (y_i - \bar{y})^2 = \sum_{i=1}^{n} y_i^2 - \frac{(\sum_{i=1}^{n} y_i)^2}{n} = 838.38 - \frac{78.6^2}{8} = 66.135$$

$$r = \frac{12.3125}{\sqrt{2.53875 \times 66.135}} = 0.95$$

(3) $\hat{Y} = -0.54 + 4.85X$

(4) 當影印機使用時間增加一年，維修費用會增加 4,850 元。

(5) $\hat{Y} = -0.54 + 4.85 \times 2 = 9.16$，維修費用的預測值為 9,160 元。

(6) $r^2 = 0.9029$，在此迴歸模式中，由影印機使用時間長短所引起的變異佔了總變異的 90.29 %。

(7) $SSE = S_{yy} - \frac{S_{xy}^2}{S_{xx}} = 66.135 - \frac{12.3125^2}{2.53875} = 6.4215$，故 σ^2 之不偏估計值為

$\sigma^2 = SSE/(n-2) = 6.4215/6 = 1.07025$。

(8) 查表得知，$t_{(0.005, 6)} = 3.7074$，對斜率 β_1 而言，其 99% 之信賴區間

為 $4.85 \pm 3.7074 \sqrt{\frac{1.07025}{2.53875}} = 4.85 \pm 2.407$，即 $(2.443, 7.257)$ 為其 99%

之信賴區間。也就是說，我們有 99% 的把握，確信斜率 β_1 之值會

落在 2.443 至 7.257 之間。

(9) $SSR = \frac{S_{xy}^2}{S_{xx}} = \frac{12.3125^2}{2.53875} = 59.7135$，變異數分析表如下：

變異數分析表變異來源	變異數	自由度	均方	F 值
迴歸	59.7135	1	59.7135	55.79
殘差	6.4125	6	1.07025	
總和	66.135	7		

(10) 在 $\alpha = 0.05$ 時之顯著水準之下，欲檢定迴歸係數 β_1 是否為零，其統計假設為 $H_0 : \beta_1 = 0$，$H_1 : \beta_1 \neq 0$。用變異數分析法(ANOVA)檢定，查表得知，$F_{(0.05, 1, 6)} = 5.99$。因為 $55.79 > 5.99$，所以，拒絕 $H_0 : \beta_1 = 0$ 之假設。即影印機使用時間的長短與維修費用之間有迴歸關係存在，影印機使用時間這項因子應該引入迴歸模式中。

(11) $9.16 \pm 3.7074 \sqrt{1.07025(\frac{1}{8} + \frac{(2-2.1375)^2}{2.53875})} = 9.16 \pm 1.39$，即

(7.77, 10.55) 為其 99% 之信賴區間。

(12) $9.16 \pm 3.7074 \sqrt{1.07025(1 + \frac{1}{8} + \frac{(2-2.1375)^2}{2.53875})} = 9.16 \pm 4.08$，即

(5.08, 13.24) 為其 99% 之信賴區間。

2. (1) 略。

(2) $S_{xx} = \sum_{i=1}^{n}(x_i - \overline{x})^2 = \sum_{i=1}^{n}x_i^2 - \frac{(\sum_{i=1}^{n}x_i)^2}{n} = 43592 - \frac{652^2}{10} = 1081.6$

$S_{xy} = \sum_{i=1}^{n}(x_i - \overline{x})(y_i - \overline{y}) = \sum_{i=1}^{n}x_iy_i - \frac{\sum_{i=1}^{n}x_i \sum_{i=1}^{n}y_i}{n}$

$= 96419 - \frac{652 \times 1466}{10} = 835.8$

$S_{yy} = \sum_{i=1}^{n}(y_i - \overline{y})^2 = \sum_{i=1}^{n}y_i^2 - \frac{(\sum_{i=1}^{n}y_i)^2}{n} = 215764 - \frac{1466^2}{10} = 848.4$

$r = \frac{835.8}{\sqrt{1081.6 \times 848.4}} = 0.8725$

(3) $\hat{Y} = 96.2 + 0.77X$

(4) 當投資金額增加一萬元時，月營業額會增加 0.77 萬元。

(5) $\hat{Y} = 96.2 + 0.77 \times 64 = 145.48$ ，月營業額的預測值為 145.48 萬元。

(6) $r^2 = 0.76$，在此迴歸模式中，由投資金額所引起的變異佔了總變異的 76 %。

(7) $SSE = S_{yy} - \frac{S_{xy}^2}{S_{xx}} = 848.4 - \frac{835.8^2}{1081.6} = 202.54$，故 σ^2 之不偏估計值為

$\sigma^2 = SSE/(n-2) = 202.54/8 = 25.32$ 。

(8) 查表得知，$t_{(0.05, 8)} = 1.8595$，對斜率 β_1 而言，其 90% 之信賴區間

為 $0.77 \pm 1.8595 \sqrt{\frac{25.32}{1081.6}} = 0.77 \pm 0.285$ ，即 (0.485, 1.055) 為其 90%

之信賴區間。也就是說，我們有 90% 的把握，確信斜率 β_1 之值

會落在 0.485 至 1.055 之間。

(9) $SSR = \frac{S_{xy}^2}{S_{xx}} = \frac{835.8^2}{1081.6} = 645.86$，變異數分析表如下：

變異來源	變異數	自由度	均方	F 值
迴歸	645.86	1	645.86	25.51
殘差	202.54	8	25.32	
總和	848.4	9		

(10) 在 $\alpha = 0.05$ 時之顯著水準之下，欲檢定迴歸係數 β_1 是否為零，其統計假設為 $H_0 : \beta_1 = 0$，$H_1 : \beta_1 \neq 0$。用變異數分析法(ANOVA)檢定，查表得知，$F_{(0.05, 1, 8)} = 5.32$。因為 $25.51 > 5.32$，所以，拒絕 $H_0 : \beta_1 = 0$ 之假設。即投資金額與月營業額之間有迴歸關係存在，投資金額這項因子應該引入迴歸模式中。

(11) $145.48 \pm 1.8595\sqrt{25.32(\dfrac{1}{10} + \dfrac{(64-65.2)^2}{1081.6})} = 145.48 \pm 2.98$，即 (142.50, 148.46) 為其 90% 之信賴區間。

(12) $145.48 \pm 1.8595\sqrt{25.32(1 + \dfrac{1}{10} + \dfrac{(64-65.2)^2}{1081.6})} = 145.48 \pm 9.82$，即 (135.66, 155.30) 為其 90% 之信賴區間。

3. (1) 略。

(2) $S_{xx} = \displaystyle\sum_{i=1}^{n}(x_i - \bar{x})^2 = \sum_{i=1}^{n}x_i^2 - \dfrac{(\sum_{i=1}^{n}x_i)^2}{n} = 150 - \dfrac{36^2}{12} = 42$

$S_{xy} = \displaystyle\sum_{i=1}^{n}(x_i - \bar{x})(y_i - \bar{y}) = \sum_{i=1}^{n}x_iy_i - \dfrac{\sum_{i=1}^{n}x_i\sum_{i=1}^{n}y_i}{n}$

$= 116.58 - \dfrac{36 \times 29.77}{12} = 27.27$

$S_{yy} = \displaystyle\sum_{i=1}^{n}(y_i - \bar{y})^2 = \sum_{i=1}^{n}y_i^2 - \dfrac{(\sum_{i=1}^{n}y_i)^2}{n} = 93.8453 - \dfrac{29.77^2}{12} = 19.99$

$r = \dfrac{27.27}{\sqrt{42 \times 19.99}} = 0.94$

(3) $\hat{Y} = 0.533 + 0.649X$

(4) 當廣告播放次數增加一次時，銷售額會增加 6,490 元。

(5) $\hat{Y} = 0.533 + 0.649 \times 6 = 4.427$，銷售額的預測值為 44,270 元。

(6) $r^2 = 0.8857$，在此迴歸模式中，由廣告播放次數所引起的變異佔了總變異的 88.57 %。

(7) $SSE = S_{yy} - \dfrac{S_{xy}^2}{S_{xx}} = 19.99 - \dfrac{27.27^2}{42} = 2.284$，故 σ^2 之不偏估計值為 $\sigma^2 = SSE/(n-2) = 2.284/10 = 0.2284$。

(8) 查表得知，$t_{(0.025,\ 10)} = 2.2281$，對斜率 β_1 而言，其 95% 之信賴區間為 $0.649 \pm 2.2281\sqrt{\dfrac{0.2284}{42}} = 0.649 \pm 0.164$，即 $(0.485, 0.813)$ 為其 95% 之信賴區間。也就是說，我們有 95% 的把握，確信斜率 β_1 之值會落在 0.485 至 0.813 之間。

(9) $SSR = \dfrac{S_{xy}^2}{S_{xx}} = \dfrac{27.27^2}{42} = 17.706$，變異數分析表如下：

變異來源	變異數	自由度	均方	F 值
迴歸	17.706	1	17.706	77.52
殘差	2.284	10	0.2284	
總和	19.99	11		

(10) 在 $\alpha = 0.05$ 時之顯著水準之下，欲檢定迴歸係數 β_1 是否為零，其統計假設為 $H_0 : \beta_1 = 0$，$H_1 : \beta_1 \neq 0$。用變異數分析法(ANOVA)檢定，查表得知，$F_{(0.05,\ 1,\ 8)} = 4.96$。因為 $77.52 > 4.96$，所以，拒絕 $H_0 : \beta_1 = 0$ 之假設。即廣告播放次數與銷售額之間有迴歸關係存在，廣告播放次數這項因子應該引入迴歸模式中。

(11) $4.427 \pm 2.2281\sqrt{0.2284(\dfrac{1}{12} + \dfrac{(6-3)^2}{42})} = 4.427 \pm 0.581$，即 $(3.846, 5.008)$ 為其 95% 之信賴區間。

(12) $4.427 \pm 2.2281\sqrt{0.2284(1 + \dfrac{1}{12} + \dfrac{(6-3)^2}{42})} = 4.427 \pm 1.213$，即 $(3.214, 5.640)$ 為其 95% 之信賴區間。

Chapter 12

1. 虛無假設 H_0：員工經過訓練後，文書處理所需的時間沒有差異

   對立假設 H_1：員工經過訓練後，文書處理所需的時間有差異

   (1) 符號檢定

訓練前	11	7	10	9	6	16	5	7	12	13	11	10
訓練後	9	8	7	11	9	10	9	9	12	9	12	12
$x_i - y_i$	2	−1	3	−2	−3	6	−4	−2	0	4	−1	−2
符號	+	−	+	−	−	+	−	−	X	+	−	−

   由上表可知，$k = 4$，$n = 11$，故採用大樣本的雙尾檢定，$z = \dfrac{k - np}{\sqrt{np(1-p)}}$

   $= \dfrac{4 - 11 \times 0.5}{\sqrt{11 \times 0.5 \times 0.5}} = -0.9 > -Z_{0.025} = -1.96$，所以不能拒絕 H_0。也就是

   說，員工經過訓練後，文書處理所需的時間沒有顯著性差異。

   (2) 威爾康森符號等級檢定

訓練前	訓練後	$x_i - y_i$	$|x_i - y_i|$	等級	正數等級	負數等級
11	9	2	2	4.5	4.5	
7	8	−1	1	1.5		1.5
10	7	3	3	7.5	7.5	
9	11	-2	2	4.5		4.5
6	9	−3	3	7.5		7.5
16	10	6	6	11	11	
5	9	−4	4	9.5		9.5
7	9	−2	2	4.5		4.5
12	12	0	0			
13	9	4	4	9.5	9.5	
11	12	−1	1	1.5		1.5
10	12	−2	2	4.5		4.5
					$R^+ = 32.5$	$R^- = 33.5$

   由於 $n = 11$，所以 $R^+ + R^- = n(n+1)/2 = 66$。此為雙尾檢定，由 R^+ 與 R^- 中選取較小者，$R_0 = 32.5$，查等級和統計量表，找出臨界值，得知 $R_{(0.05,11)} = 11$，因為 $32.5 > 11$，所以不能拒絕 H_0。也就是說，員工經過訓練後，文書處理所需的時間沒有顯著性差異。

2. 虛無假設 H_0：男、女服務生經過訓練後，學習服務儀態所需的時間沒有差異

對立假設 H_1：男、女服務生經過訓練後，學習服務儀態所需的時間有差異

將兩組樣本混合，由小而大依序排列，得觀察值及其對應的等級如下：

男性	15(11)	10(6)	12(9)	14(10)	10(6)	
女性	6(1)	9(4)	11(8)	8(3)	7(2)	10(6)

男性、女性樣本資料的等級和，$R_1 = 42$，$R_2 = 24$。

$$U_1 = n_1 n_2 + \frac{n_1(n_1+1)}{2} - R_1 = 5 \times 6 + \frac{5(5+1)}{2} - 42 = 3$$

$$U_2 = n_1 n_2 + \frac{n_2(n_2+1)}{2} - R_2 = 5 \times 6 + \frac{6(6+1)}{2} - 24 = 27$$

$u_0 = 3$。由於 $n_1 = 5$，$n_2 = 6$ 為小樣本，查 U 統計量分配表，$P(U \le 3) = 0.0152 < 0.025$，所以拒絕 H_0。也就是說，男、女服務生經過訓練後，學習服務儀態所需的時間有顯著性差異。

3. 虛無假設 H_0:消費者對此兩種品牌評分後之中位數相等
對立假設 H_1:消費者對此兩種品牌評分後之中位數不相等

(1) 柯莫果夫－史邁諾夫檢定

將兩組樣本資料各自排序，計算各數值在各組的相對累積次數

品牌 A	次數	相對累積次數	品牌 B	次數	相對累積次數
67	1	1/6	67	1	1/7
69	1	2/6	75	2	3/7
72	1	3/6	76	1	4/7
77	1	4/6	78	2	6/7
81	1	5/6	84	1	1
82	1	1			

兩組資料混合後，計算各數值之相對累積次數差的絕對值

	67	69	72	75	76	77	78	81	82	84
品牌 A	1/6	2/6	3/6	3/6	3/6	4/6	4/6	5/6	1	1
品牌 B	1/7	1/7	1/7	3/7	4/7	4/7	6/7	6/7	6/7	1
差的絕對值	1/42	8/42	5/14	3/42	3/42	3/42	8/42	1/42	1/7	0

由上表可知，差的絕對值之最大值 D =5/14，查 D 統計量表，得知 $5/14 < D_{(0.05,13)} = 0.361$，所以不能拒絕 H_0。也就是說，消費者對此兩種品牌評分後之中位數是相等的。

(2) 中位數檢定

將兩組樣本混合，由小而大依序排列後，得知中位數 η =76。

	品牌 A	品牌 B	合計
$\leq \eta$	3	4	7
$> \eta$	3	3	6
合計	6	7	13

$$\chi^2 = \frac{(6+7)(3\times3 - 4\times3)^2}{6\times7\times7\times6} = 0.066$$

因為 $0.066 < \chi^2_{(0.05,1)} = 3.841$，所以不能拒絕 H_0。也就是說，消費者對此兩種品牌評分後之中位數是相等的。

4. 虛無假設 H_0：顧客對其三個不同部門員工服務滿意度的中位數相等

對立假設 H_1：顧客對其三個不同部門員工服務滿意度的中位數不相等

(1) 克拉斯卡－瓦立斯檢定

將三組樣本混合，由小而大依序排列，得觀察值及其對應的等級如下：

A 部門	9(21.5)	8(18)	8(18)	5(4.5)	8(18)	6(8.5)		
B 部門	4(1.5)	7(13)	5(4.5)	5(4.5)	6(8.5)	9(21.5)	6(8.5)	7(13)	8(18)
C 部門	5(4.5)	7(13)	8(18)	6(8.5)	4(1.5)	7(13)	7(13)		

三個不同部門的等級和，$R_A = 88.5$，$R_B = 93$ 及 $R_C = 71.5$。

檢定統計量：$K = \dfrac{12}{22(22+1)}(\dfrac{88.5^2}{6}+\dfrac{93^2}{9}+\dfrac{71.5^2}{7})-3(22+1)=2.068$

因為 $2.068 < \chi^2_{(0.05,2)} = 5.991$，所以不能拒絕 H_0。也就是說，顧客對其三個不同部門員工服務滿意度的中位數是相等的。

(2) 中位數檢定

將三組樣本資料混合，由小而大依序排列後，得知中位數 $\eta = 7$，三組樣本資料，小於等於 ($\leq$) 及大於 ($>$) 中位數 η 的次數如下。

	A 部門	B 部門	C 部門	合計
$\leq \eta$	2	7	6	15
$> \eta$	4	2	1	7
合計	6	9	7	22

計算各細格之期望次數

	A 部門	B 部門	C 部門	合計
$\leq \eta$	2(45/11)	7(135/22)	6(105/22)	15
$> \eta$	4(21/11)	2(63/22)	1(49/22)	7
合計	6	9	7	22

$$\chi^2 = \frac{(23/11)^2}{45/11}+\frac{(23/11)^2}{21/11}+\frac{(19/22)^2}{135/22}+\frac{(19/22)^2}{63/22}+\frac{(27/22)^2}{105/22}$$

$$+\frac{(27/22)^2}{49/22}=4.73$$

因為 $4.73 < \chi^2_{(0.05,2)} = 5.991$，所以不能拒絕 H_0。也就是說，顧客對其三個不同部門員工服務滿意度的中位數是相等的。

5. 虛無假設 H_0：主管對此三種促銷活動的滿意度相同

對立假設 H_1：主管對此三種促銷活動的滿意度不同

等級和，$R_A = 13$，$R_B = 15$，$R_C = 20$。

檢定統計量：$\chi^2 = \dfrac{12}{8 \times 3 \times (3+1)}(13^2+15^2+20^2)-3 \times 8 \times (3+1)=3.25$

因為 $3.25 < \chi^2_{(0.05,2)} = 5.991$，所以不能拒絕 H_0。也就是說，主管對此三種促銷活動的滿意度是相同的。

6. 虛無假設 H_0 :觀察值序列是隨機的

　對立假設 H_1 :觀察值序列不是隨機的

(1) 在序列一中， $n_1 = 4$ ， $n_2 = 6$ ， $R_0 = 4$ ，查連數分配表，得知 $P(R \leq 4) = 0.19 > 0.025$ 及 $P(R \geq 4) = 1 - 0.048 = 0.952 > 0.025$ 。所以不能拒絕 H_0 ，也就是說，此觀察值序列是隨機的。

(2) 在序列二中， $n_1 = 12$ ， $n_2 = 11$ ， $R_0 = 12$ ，採大樣本之雙尾檢定。

$$z = \frac{12 - [2 \times 12 \times 11/(12+11)+1]}{\sqrt{2 \times 12 \times 11 \times (2 \times 12 \times 11 - 12 - 11)/[(12+11)^2(12+11-1)]}}$$

$$= -0.0875$$

因為 $-0.0875 > -Z_{0.025} = -1.96$ ，所以不能拒絕 H_0 。也就是說，此觀察值序列是隨機的。

國家圖書館出版品預行編目資料

統計學 / 楊惠齡編著. – 第四版. – 新北市：
新文京開發, 2019.06
面 ； 公分

ISBN 978-986-430-513-1(平裝)

1. 統計學

510 108009280

統計學（第四版） （書號：H170e4）

編 著 者	楊惠齡
出 版 者	新文京開發出版股份有限公司
地　　址	新北市中和區中山路二段 362 號 9 樓
電　　話	(02) 2244-8188（代表號）
F A X	(02) 2244-8189
郵　　撥	1958730-2
初　　版	西元 2009 年 01 月 20 日
二　　版	西元 2010 年 01 月 20 日
三　　版	西元 2015 年 06 月 01 日
四　　版	西元 2019 年 06 月 15 日

有著作權　不准翻印　　　　　　　　建議售價：520 元

法律顧問：蕭雄淋律師

ISBN 978-986-430-513-1

New Wun Ching Developmental Publishing Co., Ltd.

New Age · New Choice · The Best Selected Educational Publications — NEW WCDP

新文京開發出版股份有限公司

NEW
WCDP

新世紀‧新視野‧新文京 — 精選教科書‧考試用書‧專業參考書